Hans-Joachim Höhn

Zeit-Diagnose

Hans-Joachim Höhn

Zeit-Diagnose

Theologische Orientierung
im Zeitalter der Beschleunigung

Einbandgestaltung: Peter Lohse, Büttelborn

Einbandabbildung: picture alliance / OKAPIA KG,
© Walter Geierperger/OKAPIA

Die Deutsche Bibliothek verzeichnet diese Publikation
in der Deutschen Nationalbibliografie;
detaillierte bibliografische Daten sind im Internet über
http://dnb.ddb.de abrufbar.

Die Herausgabe dieses Werkes wurde durch
die Vereinsmitglieder der WBG ermöglicht.
Satz: Fotosatz Janß, Pfungstadt
Gedruckt auf säurefreiem und alterungsbeständigem Papier
Printed in Germany

Besuchen Sie uns im Internet: www.wbg-darmstadt.de

ISBN-13: 978-3-534-17212-2
ISBN-10: 3-534-17212-4

Inhalt

Vorwort

Wer auf unbekanntem Terrain ein bestimmtes Ziel erreichen will, ist auf Ortskundige angewiesen, die Auskunft geben können. Ebenso wichtig wie eine präzise Kenntnis des Ziels ist aber auch die Angabe des kürzesten Weges oder der schnellsten Verkehrsverbindung. Von Touristen wird an Einheimische daher meist die Doppelfrage gestellt, wo sich eine berühmte Sehenswürdigkeit befindet und wie man am schnellsten zu ihr findet. Dass verlässliche Orientierungen auf präzise Orts- und Zeitangaben angewiesen sind, gilt auch für die Ethik. Dabei gewinnt die Zeitdimension immer größere Bedeutung. Wie man am schnellsten vorankommt, ist für viele Zeitgenossen zur lebenspraktischen Leitfrage geworden. Das ist leicht nachvollziehbar, wenn das Ziel feststeht. Aber auch dort, wo jemand erst noch herausfinden will, was und wohin er oder sie eigentlich will, ist Tempo angesagt. Es gilt keine Zeit zu verlieren. Das Primärziel ethischer Orientierung scheint die Reduzierung von Zeitverlusten und die Realisierung von Zeitgewinnen zu sein. Und wo ein Dissens über Ziele und Wege besteht, kann man sich zumindest auf den Imperativ verständigen: „Was immer Du tust und willst, erledige es möglichst rasch, damit wir an den Handlungsresultaten erkennen, was es mit Deinem Wollen und Tun auf sich hat!"

Wie man unter Zeitdruck zuverlässige Orientierungen bereitstellen kann, entwickelt sich für die Ethik zu einer zentralen Aufgabe, an der sich ihre Relevanz für die Lebensführungskompetenz von Individuen entscheidet. Die Sparte der Ratgeberliteratur für Zeitmanagement profitiert in hohem Maße von einer ungebrochenen Nachfrage, wie man aus der Not der Zeitknappheit die Tugend der Zeitsouveränität machen kann. In einer Gesellschaft, die Lösungen favorisiert, die sich im Handumdrehen realisieren lassen oder auf Knopfdruck abrufbar sein sollen, besteht jedoch eine große Verlegenheit, wenn Orientierungen für das Agieren sozialer Systeme anstehen, von denen Steuerungs- oder Anpassungsleistungen im Blick auf einen fulminanten technisch-wissenschaftlichen und sozio-kulturellen Wandel erwartet werden. Wenn es um die Ermittlung sozialen Orientierungsbedarfs, um die Begründung und Operationalisierung normativer Handlungsregeln geht, gewinnt die Zeitdimension auch hier beträchtlich an Bedeutung. Bisher ist diese Herausforderung in der Sozialethik nicht systematisch reflektiert worden – zu ihrem eigenen Nachteil!

Die folgenden Überlegungen wollen als ein Plädoyer für die Einsicht verstanden werden, dass von der Bewältigung dieser Herausforderung nicht allein die Sicherung der „Moralität" der Modernisierung der Gesellschaft, sondern auch die Zeit- und Sachgemäßheit der Sozialethik abhängen. Zu einem Plädoyer gehört es, in einem Streitfall Indizien, Beweise und Zeugenaussagen zusammenzutragen und daraus ein Gesamtbild entstehen zu lassen, das bestimmte Schlussfolgerungen erlaubt. Nicht immer sind diese Folgerungen zwingend, aber sie sollten doch nahe liegen. Plädoyers sind stets auch Appelle an die kritische Urteilskraft ihrer Adressaten. Sie wollen nicht zu etwas nötigen, sondern von etwas überzeugen.

Zwar versucht dieses Buch mit seinem Plädoyer für eine im Zeitalter beschleunigter sozialer Veränderungen notwendige „Ethik der Zeit" einen großen Bogen zu schlagen von der Grundlagenreflexion bis hin zur Entwicklung von Handlungsperspektiven für ein Umgehen mit den Zeitstrukturen sozialer Systeme. Dennoch kann dabei nicht jenes Maß an Ausführlichkeit realisiert werden, das mit der Idee der Vollständigkeit verknüpft ist. Dies ist nicht zuletzt dem Thema geschuldet. Wer über Ethik im Zeitalter der Beschleunigung schreibt, steht unter Zeitdruck und unterliegt den Restriktionen der Zeitknappheit. Ethische Überlegungen stehen auch dann unter diesen Zwängen, wenn von ihnen erwartet wird, dass ihre Beiträge zur Lösung anstehender Probleme über den Tag hinaus Bestand haben sollen. Es mag mir daher nachgesehen werden, dass ich angesichts meines eigenen begrenzten Zeitbudgets und im Blick auf die nicht unbegrenzten Zeitressourcen der Leserinnen und Leser diesem Buch einen Umfang gegeben habe, der keine allzu zeitraubende Lesearbeit erfordert.

Mein besonderer Dank gilt dem Verlag und dem Lektorat der Wissenschaftlichen Buchgesellschaft, das den Anstoß für dieses Projekt gegeben und mich zu rechten Zeit daran erinnert hat, es zum Abschluss zu bringen. Gewidmet sind diese Studien meiner Frau Gabriele. „Die Liebe bleibt" (1 Kor 13,8) – auch wenn die Zeit vergeht.

Köln, im März 2006 Hans-Joachim Höhn

1. Problemskizze: Sozialethik und Zeitdiagnose

Was vor einigen Jahrzehnten noch ein Grund war, dem Christentum soziales Versagen vorzuwerfen – das fehlende Engagement in politischen, sozialen und kulturellen Fragen – wird seit einigen Jahren zum Anlass genommen, ihm ein Versagen in Religionsdingen vorzuhalten. Man legt ihm zur Last, sich im Einlassen auf moralische Fragen selbst säkularisiert zu haben. In Gestalt einer gesellschaftlich angepassten „Zivilreligion" biete es spirituellen Flankenschutz bei der Bewältigung innerweltlicher Probleme, die sich angeblich ebenso gut auch ohne solche Hilfe lösen lassen. Die Glaubenswelt der Christen sehen ihre Kritiker so weit psychologisiert und soziologisiert, dass daraus ein Gemisch aus Psychotherapie, Meditationsanleitungen, Sozialarbeit und Kulturmanagement geworden sei, aber nichts mehr von Transzendenz und Erlösung, vom Sakralen, Heiligen und Mystischen vernehmbar werde.[1] So ändern sich die Zeiten! Ist es also wieder Zeit, von Mystik statt von Politik, von Kontemplation statt von Aktion zu reden? Oder ist hier bloß ein bestimmter Zeitgeist am Werk, der im Christentum als religiöses Zeugnis nur gelten lässt, was sich abseits des Politischen manifestiert?

Beide Fragen steigern die ohnehin beträchtliche Verlegenheit bei den Versuchen, das Religiöse im Säkularen zu behaupten. Um zu verhindern, dass die Zeit über das Christentum hinweggeht, scheint es entweder angezeigt, sich ständig und ausschließlich tagesaktuellen Themen zu widmen. Oder es legt sich nahe, eine Zuständigkeit für das Zeitlose und Überzeitliche zu behaupten. Allerdings reißt diese Alternative auseinander, was zusammengehört: Zeit- und sachgemäß ist christliches Handeln in der Tat nur dann, wenn es sich auch Fragen stellt, die über den Tag hinaus von Belang sind. Dazu muss der oft unbemerkte Horizont der Zeit selbst, vor dem sich etwas als belangvoll erweist, eigens thematisiert werden. Kaum anders lässt sich bestimmen, was „an" der Zeit ist. Die Beschäftigung mit der Zeit ist jedoch immer ein Geschehen „in" der Zeit. Sie ist sowohl Gegenstand als auch Bedingung dieser Erörterung. Dabei kann die Befragung der Zeit an-

[1] Vgl. auf dieser Linie R. Safranski, Religiöse Sehnsucht – Sehnsucht nach Religion, in: W. Ruff (Hg.), Religiöses Erleben verstehen, Göttingen 2002, 11–26.

gemessen nicht ohne die Frage nach der Zeit der Befragung vorgenommen werden.

Christliches Handeln, das sich vom Evangelium her dafür sensibilisieren lässt, was in der Zeit an der Zeit ist, steht daher unter der Verpflichtung, sich seines jeweiligen Zeitkolorits zu vergewissern und resonanzfähig zu sein für die jeweiligen sozialen Herausforderungen. Eine solche Offenheit und Aufgeschlossenheit ist nicht mit Anpassung zu verwechseln. Christliche Zeitgenossenschaft kann durchaus in einem widerständigen Sich-Einlassen auf den Geist der Zeit bestehen. Widerspruch ist spätestens dann angezeigt, wenn Christentumskritiker einen Gegensatz zwischen Aktion und Kontemplation oder zwischen Mystik und Politik ausmachen. Ein solcher Gegensatz lässt sich theologisch nicht begründen.

1.1. Gesellschaft begreifen – Gesellschaft gestalten: Christliche Sozialethik zwischen Theorie und Praxis

Dass der christliche Glaube zu tun gibt, gehört zu den Anfangssätzen theologischer Reflexion. Damit wird frühzeitig klargestellt, dass die Grundverfassung des Glaubens durch seine Praxis definiert wird.[2] Er besteht nicht bloß in „Gedanken und Worten“, sondern will in unterschiedlichen Lebensbereichen „am Werk“ sein. Wenn dem Christentum etwas an den Menschen und ihren Nöten liegt, kommt es nicht an der Einsicht vorbei, dass „jeder Tag seine Plage“ hat (vgl. Mt 7,34). Evangeliumsgemäß ist christliches Leben nur dann, wenn es den Menschen gerecht wird, die Tag für Tag von den Nöten des Lebens geplagt werden. Christen geraten daher in einen Selbstwiderspruch, wenn sie behaupten an Gott zu glauben und diese Behauptung für ihre Lebenspraxis keine Konsequenzen hat. Ein derart folgenloser Glaube ist ein „toter Glaube“ (vgl. Jak 2,17). Folglich rückt das „wahre“ Christsein in die Nähe jener Angelegenheiten, die besser getan als gedacht werden.

In der Tat kann über den Glauben nur so nachgedacht werden, dass sein Inhalt nicht bloß gedacht wird. Allerdings nimmt sein Inhalt bald Schaden, wenn er unbedacht oder gedankenlos praktiziert wird. Zumal der christ-

[2] Die praktische Verfassung des christlichen Glaubens als Grund und Richtmaß theologischen Denkens herausgearbeitet zu haben, ist das bleibende Verdienst von Politischer Theologie und Befreiungstheologie, von denen wiederum theologische Handlungstheorien ihren Impetus empfangen haben. Vgl. dazu E. Arens, Christopraxis. Grundzüge theologischer Handlungstheorie, Freiburg/Basel/Wien 1992; Ders. (Hg.), Gottesrede – Glaubenspraxis. Perspektiven theologischer Handlungstheorie, Darmstadt 1994.

liche Glaube nicht bloß zu tun, sondern auch zu denken gibt. Gerade seine Praxis führt dazu, dass das Subjekt des Glaubens auf andere Gedanken kommt und andere nachdenklich macht. Damit ist nicht die Lizenz verknüpft, den Glauben zu „verkopfen", sondern die Verpflichtung gegeben, angesichts der an ihn gestellten Herausforderungen nicht „kopflos" zu (re)agieren. Sich mit dem Glauben zu beschäftigen und ihn ins Werk zu setzen, bedeutet stets auch Kopfarbeit. Aber gerade bei dieser Form der Nachdenklichkeit wird man nicht umhin können, zur rechten Zeit an den Vorrang der Praxis vor der Theorieproduktion zu erinnern.

Dieser Verschränkung von Theorie und Praxis haben alle theologischen Disziplinen Rechnung zu tragen. Dies gilt natürlich auch für eine Christliche Sozialethik, welche auf die gesellschaftlichen Voraussetzungen und Konsequenzen christlicher Glaubenspraxis zu reflektieren hat. Geleitet von einer klaren Option für die Opfer struktureller Ungerechtigkeit soll sie nach dem Beitrag dieser Praxis für den Aufbau und Erhalt gerechter Strukturen menschlichen Miteinanders fragen. Nicht nur wissenschaftstheoretische Gründe legen es nahe, für die Grundlegung und den Aufbau einer christlichen Gesellschaftsethik das Layout einer Theorie sozialen Handelns zu wählen.[3] Vor allem ist es ihr religiöser Bezugsrahmen[4], der dieses Theorieformat verlangt: Der christliche Glaube ist selbst die Konsequenz einer Praxis, in der sein Grund im Widerstreit von Freiheit und Unterdrückung erfahrbar geworden ist. Gerade weil das Grundereignis des Glaubens – die Offenbarung der unbedingten Zuwendung Gottes zum geschundenen, gequälten und missachteten Menschen – nicht jenseits des Politischen und Ökonomischen stattgefunden hat, ist seine Praxis folgenreich für jene Bereiche, die scheinbar diesseits des Religiösen liegen. Das Christentum ist politisch dadurch, dass es nicht christlich wäre, wenn es unberührt bliebe von der aus politischer Gewalt und ökonomischer Macht resultierenden Unfreiheit und Ohnmacht des Menschen; es wäre nicht christlich, wenn es sich unbeeindruckt zeigte von gesellschaftlichen Schieflagen und Pathologien, die aus technisch-wissenschaftlichen und ökonomischen Modernisierungsprozessen resultieren.[5] Die theologische Identität einer

[3] Vgl. hierzu u. a. F. Hengsbach, Christliche Gesellschaftsethik als normative Handlungstheorie, in: JCSW 42 (2002) 85–116; H.-J. Höhn, Handlungstheorie und Sozialethik. Reflexionsstufen einer Ethik sozialen Handelns, in: JCSW 29 (1989) 29–60.

[4] Vgl. M. Heimbach-Steins, Sozialethik als kontextuelle theologische Ethik, in: JCSW 42 (2002) 46–64; J. Müller/J. Banawiratma, Kontextuelle Sozialtheologie, Freiburg/Basel/Wien 1995.

[5] Die Kategorien „Moderne/Modernisierung" werden nachfolgend sukzessive präzisiert und zunächst als „Containerbegriffe" benutzt, die in sozial- und kulturgeschichtlicher Perspektive ein „Projekt" und einen Prozess beschreiben, die mit der

Christlichen Sozialethik als Handlungstheorie christlicher Zeitgenossenschaft hängt somit daran, dass sie Antworten geben kann auf die Fragen: Welche Konsequenzen hat christliches Handeln im Kontext des Politischen und Ökonomischen, wenn es auf evangeliumsgemäße Weise sach- und zeitgemäß ist? Inwieweit kommt dieses Handeln den heutigen Modernisierungsverlierern zugute?

Mit dieser auf den ersten Blick anwendungsorientierten Frage, die auf den Öffentlichkeitsanspruch und die soziale Relevanz christlichen Handelns abzielt, ist zugleich angedeutet, welche speziellen Begründungsleistungen von einer christlichen Sozialethik erwartet werden. Sie hat Hinsichten und Kriterien zu ermitteln, angesichts derer sich die Konsequenzen christlichen Handelns für Aufbau und Erhalt einer gerechten Ordnung des Sozialen unter den Bedingungen weltanschaulicher Pluralität als zustimmungsfähig erweisen lassen. Zustimmungsfähig müssen diese Konsequenzen in dem Sinne sein, dass man sie vernünftigerweise wollen kann. Nur dann sind sie auch politisch belangvoll. Zu diesem Zweck ist jedoch nicht auf die Geltungsgrundlage des Glaubens, sondern der Vernunft zu rekurrieren, auf deren Basis sich Kriterien des allgemein Zustimmungsfähigen identifizieren lassen.

Daran ändert sich nichts in einer „postsäkularen Gesellschaft" (J. Habermas), die erkennen muss, dass trotz zahlreicher Entmythologisierungs- und Säkularisierungswellen religiöse Sinnsysteme fortbestehen und sogar eine wichtige „vorpolitische" Ressource eines liberalen Gemeinwesens bilden können. Selbst religiös „unmusikalische" Denker räumen ein, dass es moralische Einstellungen und Empfindungen gibt, für die nur in religiöser Sprache hinreichend differenzierte Ausdrucksmöglichkeiten zur Verfügung stehen. Dazu zählen vor allem „Sensibilitäten für verfehltes Leben, für gesellschaftliche Pathologien, für das Misslingen individueller Lebensentwürfe und die Deformation entstellter Lebenszusammenhänge."[6] Aber

(europäischen) Aufklärung ihren Anfang nehmen. Mit der Aufklärung beginnt jener politisch-kulturelle Prozess, in dem der Mensch aus einem schicksalhaften Komplex von Natur und Geschichte heraustritt, sich über die Bedingungen der eigenen Existenz im ganzen klar werden will, allein unter dem Imperativ der Vernunft sich der normativen Grundlagen seiner Weltgestaltung vergewissert und dabei Wissenschaft, Wirtschaft und Technik als Leitmedien (vernunft)autonomer Weltgestaltung installiert. Vgl. hierzu ausführlicher H.-J. Höhn, Das Erbe der Aufklärung. Beiträge zur Theorie der Moderne, in: Ders. (Hg.), Theologie, die an der Zeit ist, Paderborn 1992, 17–34.

[6] J. Habermas, Vorpolitische Grundlagen des demokratischen Rechtsstaates?, in: Ders./J. Ratzinger, Dialektik der Säkularisierung, Freiburg/Basel/Wien 2005, 31. Vgl. auch Ders., Zwischen Naturalismus und Religion, Frankfurt 2005, 119–154, 216–323; Ders., Glaube und Wissen, Frankfurt 2001.

nicht allein für die Wahrnehmung „beschädigten Lebens“ (Adorno), sondern auch für die Bestimmung der Gehalte geglückten Daseins kann und muss sich die säkulare Vernunft im Blick auf religiöses Denken aufgeschlossen zeigen. Es gibt nach J. Habermas durchaus philosophische Gründe, die dafür sprechen, dass wir den Gehalt der Begriffe Moralität und Sittlichkeit, Person und Individualität, Freiheit und Emanzipation, Humanität und Gerechtigkeit nicht „ernstlich verstehen können, ohne uns die Substanz des heilsgeschichtlichen Denkens jüdisch-christlicher Herkunft anzueignen“.[7] Nach Habermas führt die Tradition des Christentums im Blick auf die ethische Vernunft inspirierende, ja unaufgebbare semantische Gehalte mit sich. Ohne deren sozialisatorische Vermittlung könnte „eines Tages dieses semantische Potential unzugänglich werden; dieses muß sich jede Generation von neuem erschließen, wenn nicht noch der Rest des intersubjektiv geteilten Selbstverständnisses, welches einen humanen Umgang miteinander ermöglicht, zerfallen soll“.[8] Die Moderne hat nicht pauschal „die“ Religion hinter sich, sondern bestimmte Formen einer Säkularisierung der Religion und ist – angesichts der Dialektik mancher Modernisierungsprozesse – mit der Entmythologisierung ihrer selbst konfrontiert.

Gleichwohl bedeutet das nicht, dass die Moderne ihre eigene normative Kraft völlig aufgezehrt hat und ihre Leitideen – Autonomie und Emanzipation – jetzt wieder Platz für jene Autoritäten machen müssen, an deren Stelle sie sich gesetzt haben. Religion und Glaube können nicht einfachhin ihre alten Ränge in Kultur und Gesellschaft wieder beanspruchen. Denn es braucht eine „sozialisatorische Vermittlung“ ihrer semantischen Gehalte, die dem Anspruchsprofil der Moderne entspricht. Mit dem humanen Gedächtnis der Gesellschaft, mit ihren religiös-kulturellen Traditionen darf nicht traditionalistisch, sondern muss kommunikativ und innovativ umgegangen werden. Ihre Inspirationen und Ansprüche an Modelle und Ideale eines „guten Lebens“ müssen dabei in eine säkulare Sprache übersetzt und darin argumentativ vertreten werden, wollen sie die Zustimmung säkularisierter Zeitgenossen finden.[9] Regenerative Kraft für das normative Bewußtsein einer Gesellschaft können diese Gehalte um so eher entwickeln, je mehr es gelingt, sie aus einer säkularen Gegenperspektive plausibel zu machen.

Die Beteiligung an solchen Übersetzungen macht eine Christliche Sozialethik keineswegs zu einer Angelegenheit grauer Theorie, für deren Pra-

[7] Ders., Nachmetaphysisches Denken, Frankfurt ^{2}1988, 23.

[8] Ebd.

[9] Vgl. hierzu auch E. Mack, Gerechtigkeit und gutes Leben. Christliche Ethik im politischen Diskurs, Paderborn/München/Wien/Zürich 2002.

xisrelevanz man schwarzsehen muss. Vielmehr trägt sie dazu bei, dass christliches Handeln ganz bei seiner Sache bleiben kann. Die Ermittlung und Herbeiführung von Konsequenzen christlicher Glaubenspraxis kann nicht unabhängig erfolgen von der Identifikation bestimmter Bedingungen, unter denen christliches Handeln steht. Es handelt sich hierbei um Bedingungen, die auf verschiedenen Ebenen zu orten sind und unterschiedliche Arrangements ihrer Rekonstruktion und Identifikation verlangen. Eine zentrale Aufgabe Christlicher Sozialethik besteht in der Bestimmung von empirisch feststellbaren Umständen, unter denen christliches Handeln faktisch steht. Es wäre aber unzureichend, daraus eine Normativität des Faktischen zu machen. Es gibt weitere Bedingungen, die für dieses Handeln konstitutiv und normativ sind, die vom Evangelium her vorgegeben sind. Was derart in der Sozialethik „Sache" ist, hat in mehrfacher Hinsicht Folgen für ihr Theoriedesign und für ihre Praxisrelevanz. Eine erste Folge besteht in ihrem interdisziplinären Charakter.

Wenn als Ziel einer Christlichen Sozialethik das Begreifen und Gestalten der Strukturen und Prozesse moderner Gesellschaften definiert wird, in denen die solidarische Verwirklichung individueller Freiheit möglich werden soll, hängt die Kompetenz dieser Disziplin davon ab, dass ihre Vertreter/innen die Probleme des Begreifens und Gestaltens, d. h. die Vermittlung von Theorie und Praxis nicht allein aus der Theorie kennen. Ebenso wie Fragen der Reflexion und Konkretion greifen hier analytische und normative Aufgaben ineinander. Dies legt auch das Verständnis gesellschaftlicher Wirklichkeit nahe, wie es etwa von Seiten der Philosophie formuliert wird, indem sie Faktisches und Normatives legiert: „Eine moderne Gesellschaft ist ... ein System der Kooperation, dessen Rechte und Pflichten sich lohnen müssen".[10] Eine solche Definition hat durchaus Einfluss und Rückwirkungen auf Selbstverständnis, Ansatz und Methode der Sozialethik. Sie ist eine Disziplin, die ihrerseits auf Kooperationen angewiesen ist.

Die Christliche Sozialethik kann die ihr gestellten Aufgaben nur als eine „interdisziplinäre Disziplin" bewältigen. Sie muss Bezug nehmen auf die Ergebnisse empirisch-historischer Sozialforschung, auf die philosophischen Diskurse zur Begründung ethischer Normen sowie auf die Vermittlung ihrer Prinzipien und Postulate mit den spezifischen Handlungslogiken der funktionalen Teilsysteme moderner Gesellschaften.[11] Erst in der Auseinandersetzung mit dem jeweiligen soziologischen, philosophischen und

[10] O. Höffe, Individuum und Gemeinsinn – Thesen zu einer Sozialethik des 21. Jahrhunderts, in: E. Teufel (Hg.), Was hält die moderne Gesellschaft zusammen?, Frankfurt 1996, 16.

[11] Vgl. H.-J. Höhn (Hg.), Christliche Sozialethik interdisziplinär, Paderborn/München/Wien/Zürich 1997.

ökonomischen (bzw. technischen oder politischen) status quaestionis kommt sie zu eigenen Aussagen. Ohne diesen beträchtlichen Aufwand ist eine begleitende Reflexion der zeitgemäßen Übersetzung des Glaubens in die soziale Lebenswelt kaum möglich, wie auch einer sachgemäßen theologischen Kritik gesellschaftlicher Verhältnisse die analytische Schärfe fehlen würde. Eine sich allein auf die prophetischen Traditionen der Bibel stützende Gesellschaftskritik droht zum bloßen Alarmismus oder zur kulturpessimistischen Weltverdrossenheit zu führen.

Die Zeiten sind längst vorbei, da eine Christliche Sozialethik lediglich als Hermeneutik kirchenoffizieller Lehr- und Mahnschreiben auftreten konnte. Die sozialethische Zunft muss versuchen, auf anderen Wegen Profil zu gewinnen. Dass sie dabei auch auf die Wege anderer Disziplinen einzuschwenken hat, steht außer Frage. Die Publikationen der letzten Jahre, die sich vor allem auf Fragen der Normenbegründung, Gesellschaftsanalyse und sozio-kulturellen Normenimplementierung konzentriert haben, zeichnen sich darum durch ausführliche Bezugnahmen auf die jeweils aktuellen und einflussreichsten Ansätze der philosophischen Ethik und Gesellschaftstheorie aus.[12] Ihr Primärziel besteht darin, Anschluss zu gewinnen an die unter „nachmetaphysischen" Vorzeichen stehenden Debatten um Ort und Funktion moralischer Kommunikation. Denn das Instrument metaphysisch-naturrechtlicher Argumentation, mit dem Theologie und Kirche „in den Gesprächen mit der säkularen Gesellschaft und mit anderen Glaubensgemeinschaften an die gemeinsame Vernunft appelliert und die Grundlagen für eine Verständigung über die ethischen Prinzipien des Rechts in einer säkularen pluralistischen Gesellschaft" gesucht haben, ist längst „stumpf geworden"[13]. Zum anderen geht es um die Ermittlung von Regeln und Verfahren ethischer Urteilsfindung, die auch in weltanschaulich pluralen Gesellschaften Konsensbildungen in moralischen Fragen ermöglichen.

Die soziologisch-ethische Doppelaufgabe der Sozialethik besteht nach Überzeugung der meisten Fachvertreter/innen vor diesem Hintergrund darin, über eine Analyse der Struktur moderner Gesellschaften, ihrer Wandlungstendenzen und Umbrüche anhand eines rational ausweisbaren „moral point of view" diese Strukturen und Prozesse sozialen Wandels unter dem Aspekt der sozialen Gerechtigkeit, des Gemeinwohls und der

[12] Vgl. hierzu etwa Th. HAUSMANNINGER (Hg.), Christliche Sozialethik zwischen Moderne und Postmoderne, Paderborn/München/Wien/Zürich 1993.

[13] J. RATZINGER, Was die Welt zusammenhält, in: J. Habermas/Ders., Dialektik der Säkularisierung, 50. Unter dieser Rücksicht bedeutet es zumindest einen terminologischen Anachronismus, das Naturrechtsdenken als sozialethische Basistheorie fortschreiben zu wollen, wie dies vorgeschlagen wird von A. ANZENBACHER, Sozialethik als Naturrechtsethik, in: JCSW 42 (2002) 14–32.

Umweltverträglichkeit ethisch zu qualifizieren sowie Wege einer optimalen Operationalisierung sozialethischer Basisprinzipien (z. B. Solidarität, ökologische Nachhaltigkeit) zu suchen.[14]

Es geht also zunächst um den Nachweis, dass je moderner die moderne Gesellschaft wird, Ethik nicht als umso verzichtbarer erscheint, sondern sich als tauglich erweist für die Bewältigung von Fragen, die Ökonomie, Politik und Technik hervorbringen, jedoch mit eigenen Mitteln nicht lösen können. Aber der Anspruch der Ethik würde halbiert, würde man sie bloß als Reparaturwerkstatt gesellschaftlicher Restprobleme in Anspruch nehmen. Auch in den Fragen nach der Konstitution sozialer Ordnung geht es bereits um ethische Belange: Gibt es nicht-ökonomische Funktionsbedingungen der Ökonomie, zu denen die ökonomische Vernunft um ihrer eigenen Rationalität willen ein vernunftgemäßes Verhältnis unterhalten muss? Ist eine liberale Demokratie nicht doch weitaus stärker, als bisher bestritten oder behauptet wurde, auf religiös-moralische Ressourcen angewiesen, die sie innerhalb ihres eigenen Regelwerkes nicht reproduzieren kann?

Bei der Beantwortung dieser Fragen werden von einer sach- und zeitgemäßen Sozialethik materiale und formale Anschlussleistungen verlangt. Materialiter geht es um die Bezugnahme auf das ethisch-politische Projekt der Moderne: die Herstellung sozialer Gerechtigkeit auf dem Weg der solidarischen Verwirklichung individueller Freiheit. Formal geht es um die Vermittlung dieser Ziele mit dem ökonomischen Projekt der Moderne: die Herstellung von Wohlstand als Resultat marktförmiger und konkurrenzbestimmter Interaktionen. Ein Kernproblem ist dabei die Zuordnung von Prinzipien der solidarischen und zweckfreien Anerkennung von Personen mit Prinzipien des wechselseitigen Vorteilstausches unter freien Individuen als Marktsubjekten. In Zeiten, die das Projekt der Moderne nur noch als ein ökonomisches verstehen, sind besondere Anstrengungen verlangt, um die soziale Relevanz ethischer Imperative zu verdeutlichen. Die Sozialethik muss zeigen, dass es ökonomisch bedingte soziale Fragen gibt, für deren ethische Bewältigung keine ökonomischen oder technischen Äquivalente existieren[15]. Damit sind jedoch noch nicht alle Begründungspflichten erfüllt. Es ist eigens nachzuweisen, dass die in Aussicht genommenen ethischen Bewältigungsstrategien allgemein einsichtig gemacht werden können. Hier steht die Gültigkeit, die normative Richtigkeit dessen, was sein soll, und seine allgemeine Zustimmungsfähigkeit auf dem Prüfstand.

[14] Vgl. M. Heimbach-Steins (Hg.), Christliche Sozialethik. Bd. I, Regensburg 2004.

[15] Vgl. hierzu auch H.-J. Höhn, Markt ohne Grenzen? Thesen zum Profil christlicher Wirtschaftsethik, in: U. Nothelle-Wildfeuer/N. Glatzel (Hg.), Christliche Sozialethik im Dialog, Grafschaft 2000, 417–433.

Dabei kann auch nicht auf den Nachweis verzichtet werden, mit welchen Mitteln diese Zustimmungsfähigkeit aufgewiesen werden kann.

Die Begründungsleistungen der Sozialethik beziehen sich somit auf die gesellschaftlichen Nötigkeitsbedingungen moralischer Werte und Normen sowie auf die Möglichkeitsbedingungen ihrer Begründung. Neben diesen Relevanz- und Plausibilitätsproblemen sind aber auch immer die empirischen Geltungsbedingungen moralischer Normen im Blick zu behalten: Wer den Nachweis führt, dass eine Norm gültig ist, d. h. hinsichtlich ihrer Notwendigkeit und Plausibilität hinreichend begründet, muss auch wollen, dass sie gilt, d. h. in der Lebenswelt und/oder in den funktionalen Teilsystemen zur Geltung kommt und dort wirksam wird. Unter dieser Rücksicht zählt somit auch die Analyse der Geltungsbedingungen für die Umsetzbarkeit moralischer Normen zu den Begründungspflichten der Sozialethik. Wenn es stimmt, dass die Geltungsbedingungen die Gültigkeit einer Norm tangieren, dann handelt es sich hierbei nicht bloß um Anwendungsdiskurse, vielmehr sind diese – in Erinnerung an den Grundsatz „ultra posse nemo tenetur“ – auch für Begründungsfragen relevant.

Da eine Christliche Sozialethik nicht mehr davon ausgehen kann, dass gesellschaftliche Integrations- und Koordinationsleistungen auf der Basis von religiös-metaphysischen Weltbildern gelingen können, muss sie sich an nicht-theologischen „Begründungsdiskursen“ beteiligen. Wenn sie sich nicht damit abfinden will, in der Verwaltung der Sondermoral einer religiösen „Parallelgesellschaft“ zu verkümmern, bleibt ihr nur die Möglichkeit, ihre Prinzipien und Postulate vor die Instanz der diskursiven Vernunft zu bringen. Allein vor ihr kann unter den wertpluralistischen Bedingungen der Moderne über die allgemeine Zustimmungsfähigkeit moralischer Orientierungen produktiv gestritten werden. Unumgänglich ist ebenso die Auseinandersetzung mit struktur- und institutionenethisch konzipierten Entwürfen, deren Zentralthema die Frage nach der gesellschaftlichen Implementierung moralischer Normen ist. Schließlich ist auch zu sondieren, wie es um die lebensweltlichen Ressourcen und Resonanzräume des sozialen Engagements von Christen bestellt ist bzw. welche Akteure, Gruppierungen, Initiativen, Verbände als Subjekt gesellschaftsverändernder, wertorientierter sozialer Interaktion in Frage kommen.

Zusammenfassend lassen sich folgende Reflexionsstufen einer wissenschaftlich anspruchsvollen und interdisziplinär angelegten Sozialethik bestimmen:

(1) Aufweis der Relevanz moralischer Praxis für die Bewältigung von Fragen, die Ökonomie, Politik, Technik und Medien hervorbringen, aber mit eigenen Mitteln nicht lösen können (Bestimmung der Nötigkeitsbedingungen von „Moral“);

(2) Nachweis der Rechtfertigungs- und allgemeinen Zustimmungsfähigkeit der Inhalte und Folgen moralischer Praxis (Erfüllung der rationalen Plausibilitäts- und Gültigkeitsbedingungen von „Moral“);
(3) Identifizierung der empirischen Implementierungs- und Geltungsbedingungen moralischer Normen sowie der Akteure ethisch-sozialer Initiativen (Nachweis der Operationalisierbarkeit von „Moral“).

Ein sozialethischer Entwurf, der sich auf diesen Reflexionsstufen bewegt, erfüllt auf den ersten Blick alle Anforderungen der Interdisziplinarität und akademischen Qualitätssicherung.[16] Bei näherem Hinsehen nimmt sich jedoch das kooperative Moment dieser Interdisziplinarität oft sehr gering aus. Meist verhält es sich so, dass die Christliche Sozialethik – nach einem Diktum Niklas Luhmanns über die Theologie im Allgemeinen – mehr nimmt, als sie gibt. Dass sie vornehmlich als Abnehmerin von Theorien, Methoden und Begriffen auftritt, macht sie für die übrigen Wissenschaften nur bedingt interessant. Ein Austausch zum allseitigen Vorteil liegt erst dort vor, wo alle Beteiligten etwas produktiv einbringen, das für alle belangvoll erscheint. Die Christliche Sozialethik gerät jedoch in einige Verlegenheit, wenn sie nach einem Beitrag gefragt wird, der den Erkenntnisstand anderer Disziplinen vermehrt. Ebenso ist die Frage nach ihrem wissenschaftlichen „Proprium“ zwar oft gestellt, aber meist nur vage beantwortet worden.[17]

So sind Theologen bei der Teilnahme an ökologisch-ethischen Debatten zwar zunächst willkommen. Denn „sie stehen nicht unter Motiv- oder Interessenverdacht, bieten argumentative Kompetenz und sind unbestreitbar guten Willens“.[18] Doch fällt manchem Vertreter anderer Disziplinen auf: „Ihre Beiträge zur ökologischen Diskussion bleiben gleichwohl mehr als dürftig. Weithin wiederholen sie nur, was ohnehin gedacht und gemeint wird ohne spezifisch religiösen Bezug. (...) Man liest, dass Technik, Wissenschaft und ökonomische Verhältnisse nicht selbst zum allein dominierenden Herrschaftsträger ... werden sollen. Wer so formuliert, kann es ebensogut auch bleiben lassen. Es reicht nicht. Und es hilft nichts, wenn man solche Aussagen dann nochmals theologisch reformuliert und sie auf Gott bezieht.“[19]

[16] Vgl. H.-J. Höhn, Relevanz und Qualität der Theologie – eine sozialethische Perspektive, in: C. Sedmak (Hg.), Was ist gute Theologie?, Innsbruck/Wien 2003, 176–191.

[17] Vgl. etwa G. Kruip, Sprengkraft gelebter Hoffnung. Wieviel religiöses Profil braucht die Christliche Sozialethik?, in: HK 56 (2002) 197–202.

[18] N. Luhmann, Ökologische Kommunikation, Opladen 1986, 183. Vgl. hierzu als Dementi H.-J. Höhn, Ökologische Sozialethik. Grundlagen und Perspektiven, Paderborn/München/Wien/Zürich 2001.

[19] N. Luhmann, Ökologische Kommunikation, 183 f.

Verwundern muss dies niemanden: Bei der Rekonstruktion eines Verfahrens zur Rechtfertigung allgemein geltungsfähiger moralischer Normen gibt es keine Alternative zur praktischen Vernunft und deren Autonomie (und für die Aufgabe einer Letztbegründung von Moral überhaupt dürfte für geraume Zeit kein Weg an einer Diskurstheorie der praktischen Vernunft vorbeiführen).[20] Bei der Ermittlung der sozio-kulturellen Bedingungen und Folgen sozialen Handelns gibt es ebensowenig eine Alternative zum Ansatz empirischer Sozialforschung.[21] Und hinsichtlich einer effizienten Umsetzung moralischer Zielvorstellungen ist die Logik der Ökonomik[22] dem überkommenen Repertoire einer sich um Praxisrelevanz mühenden Sozialethik deutlich überlegen, die sich entweder appellativ-paränetisch an das soziale Gewissen (von Menschen guten Willens) richtet oder im Design der Diskursethik auf den zwanglosen Zwang triftiger rationaler Argumente (und den Willen zur Vernunft) setzt.

Damit gerät eine Christliche Sozialethik in die „Klemme" zwischen verschiedene, höchst eigenständige Disziplinen, die ihr allenfalls die Funktion des Moderierens und Dolmetschens zwischen dem Normativen und dem Faktischen überlassen. Originäre sozialethische Orientierungsleistungen scheint sie nicht erbringen zu können. Damit wird aber jenes Niveau unterboten, das interdisziplinäre Arbeit auszeichnet. Sie lebt davon, dass sich verschiedene Disziplinen mit ihrem jeweils eigenen Methoden- und Begriffsrepertoire gegenseitig herausfordern und in ihren Theorieformaten voranbringen. Die Christliche Sozialethik löst jedoch auf Seiten ihrer primären Bezugswissenschaften primär Immunreaktionen aus.[23] Offensichtlich hat sie nichts Eigenes anzubieten, was auf den Reflexionsstufen der Sozialanalyse, Normenbegründung und -operationalisierung für die anderen von Belang ist.

Daran wird sich auch nichts ändern, solange sie in Ansatz, Methode und leitendem Interesse als Dublette von Soziologie, philosophischer Ethik

[20] Vgl. H.-J. Höhn, Zwischen Naturrecht und Diskursethik. Überlegungen zur Begründungsproblematik einer Christlichen Sozialethik, in: A. Rauscher (Hg.), Christliche Soziallehre heute, Köln 1999, 49–91.

[21] Vgl. P. Rottländer, Ethik und empirische Sozialforschung, in: H.-J. Höhn (Hg.), Christliche Sozialethik interdisziplinär, 89–104.

[22] Vgl. etwa K. Homann/A. Suchanek, Ökonomik, Tübingen 2000; A. Suchanek, Normative Umweltökonomik, Tübingen 2000; Ders., Ökonomische Ethik, Tübingen 2001.

[23] Es fällt z. B. auf, dass bisher kein Vertreter der Diskursethik, mit der sich viele christliche (Sozial-)Ethiker/innen in den 1990er Jahren ausführlich auseinandergesetzt haben (vgl. etwa W. Lesch/A. Bondolfi (Hg.), Theologische Ethik im Diskurs, Tübingen/Basel 1995), das Diskursangebot von Seiten der Theologie ernsthaft aufgegriffen hat.

und Ökonomik auftritt. Zwar resultiert diese Praxis aus dem zweifellos notwendigen Bemühen, sich gegenüber diesen Disziplinen auf deren eigenem Feld als dialog- und konkurrenzfähig zu erweisen. Aber es bleibt diffus, worin die originär theologisch-ethischen Orientierungsleistungen bestehen. Zum Mangel an materialem „input" kommt ein psychologisches Problem hinzu: Welcher Soziologe, Philosoph oder Ökonom nimmt einem Theologen den Anspruch ab, ein zumindest ebenso guter Soziologe, Philosoph oder Ökonom zu sein? Erst wenn es gelingt, ein für die theologische Theoriebildung konstitutives Thema auf den skizzierten Reflexionsstufen so zu formatieren, dass es sich auch als konstitutiv für Fragen der sozialwissenschaftlichen und ethischen Theoriebildung erweist, steigen die Aussichten, dass die interdisziplinäre Handelsbilanz für die Theologie wieder günstiger ausfällt. Dies impliziert einen Paradigmenwechsel sowohl bei der Bestimmung der gesellschaftlichen Nötigkeitsbedingungen sozialethischer Orientierungsleistungen als auch bei der Erörterung ihrer Plausibilitätsbedingungen.

1.2. Zeit des Wandels – Wandel der Zeit: Sozialethik unter Modernisierungsdruck

Die Analyse neuer sozialer Fragen hat sich in den letzten Jahren innerhalb der Soziologie vorwiegend als Strukturanalyse vollzogen, wie auch die Sozialethik ihren Aufweis der gesellschaftlichen Nötigkeitsbedingungen moralischer Parameter sozialen Handelns mit diesem Ansatz korrelierte: Man begreift moderne Gesellschaften als ein komplexes Gefüge, das seine Grundfunktionen auf verschiedene Handlungsbereiche verteilt. Diese lassen sich als Teilsysteme definieren, die auf die Erfüllung bestimmter Funktionen (z. B. Wirtschaft, Verwaltung, Bildung, Gesundheit) spezialisiert sind und aufgrund ihrer Spezialisierung besonders effizient und kompetent arbeiten. Auftretende Probleme identifiziert man als Ausdruck der Optimierungsbedürftigkeit der bestehenden „arbeitsteiligen" funktionalen Organisation der Gesellschaft. Sie werden daher am besten über ein Neuarrangement der verteilten Zuständigkeiten oder über die Schaffung weiterer funktionaler Teilsysteme zu bewältigen sein.[24] Die Christliche

[24] Einen Überblick der verschiedenen Theorievarianten, die sich gleichwohl auf diesen gemeinsamen Nenner bringen lassen, gibt U. Schimank, Theorien gesellschaftlicher Differenzierung, Opladen 1996. Zur sozialethischen Rezeption siehe etwa Th. Hausmanninger, Sozialethik als Strukturenethik, in: H.-J. Höhn (Hg.), Christliche Sozialethik interdisziplinär, 59–88. Zur Sache selbst siehe auch A. Nassehi, Differenzierungsfolgen. Beiträge zur Soziologie der Moderne, Opladen 1999.

Sozialethik hat diese Vorstellung funktionaler Differenzierung mit der Ausbildung entsprechender „Bereichsethiken“ (z. B. Wirtschaftsethik, Medienethik) adaptiert und sich vor allem an der Frage abgearbeitet, wie unter den Vorzeichen einer Gesellschaft mit verteilten Zuständigkeiten eine Kompatibilität hergestellt werden kann zwischen der Eigenlogik der instrumentellen und strategischen Vernunft in Wirtschaft, Technik und Politik einerseits und den Forderungen der ethischen Vernunft andererseits, die Gestaltung menschlichen Miteinanders gerade nicht allein der instrumentellen und zweckrationalen Vernunft zu überlassen.

Ein solcher Ansatz, der sich auf eine struktur-funktionale Betrachtung sozialer Wirklichkeit konzentriert, erfasst jedoch nicht alle Dimensionen des gesellschaftlichen Lebens und seiner Veränderungen. Der Wandel im Ablauf und in den Folgen sozialen Wandels zeigt sich nämlich nicht nur im Strukturgefüge moderner Gesellschaften. Er verändert auch den Zeithorizont, innerhalb dessen sich die Umbrüche vollziehen. Zur Wahrnehmung der sozialen Folgen dieser Umbrüche gilt es nicht nur zu reflektieren, wie sich soziale Strukturen in und mit der Zeit verändern. Es ist auch zu fragen, wie sich der gesellschaftliche Umgang mit der Zeit selbst wandelt. Methodisch heißt das, Gesellschaftsanalyse und Sozialethik unter einem Blickwinkel zu betreiben, der die Veränderung gesellschaftlicher Zeitverhältnisse im Kontext von Modernisierungsprozessen erfasst. Diesen Perspektivenwechsel von der Struktur- zur Zeitanalyse legt nicht zuletzt die Tatsache nahe, dass in vielen drängenden (sozial)ethischen Herausforderungen der Gegenwart der Zeitfaktor eine zentrale Rolle spielt.

Besonders augenfällig ist dies im Überschneidungsfeld von Sozial- und Wirtschaftspolitik. So wirft etwa der demographische Wandel der Bevölkerung mit der steigenden „Lebenserwartung“ die Notwendigkeit einer verlängerten Lebensarbeitszeit auf, um die Belastung der Rentenkassen „strecken“ zu können. Gleichzeitig steht angesichts hoher Arbeitslosenzahlen die gewerkschaftliche Forderung nach (Wochen- bzw. Jahres-)Arbeitszeitverkürzung im Raum, um die vorhandene Arbeit besser zwischen Arbeitsuchenden und „Werktätigen“ verteilen zu können. In den Tarifauseinandersetzungen wird von der Arbeitgeberseite hingegen die Heraufsetzung der Arbeitszeit verlangt, um mit sinkenden Lohnkosten international besser konkurrenzfähig sein zu können, was wiederum der Sicherung der heimischen Arbeitsplätze zugute kommen soll.[25] In welchem Maße sich hierbei ethische Probleme ergeben, wird spätestens dann deutlich, wenn die Rechnung aufgemacht wird über die Kosten für den Erhalt der sozialen Alterssicherungssysteme. Wenn immer weniger jüngere Berufstätige für immer mehr ältere, aus dem Berufsleben aus Altersgründen bereits ausge-

[25] Vgl. hierzu u. a. R. Raehlmann, Zeit und Arbeit, Wiesbaden 2004.

schiedene Menschen jene Lasten zu schultern haben, die aus dem „Generationenvertrag“ entstehen, wird die Frage der „Generationengerechtigkeit“ virulent.[26]

Aber auch im Kontext von Wissenschaft und Technik führt die Größe „Zeit“ zu ethischen Problemstellungen: Wenn es um die Produktion gentechnisch veränderter Nahrungsmittel geht, steht zur Diskussion die Irreversibilität von Entscheidungen, die heute getroffen werden und deren möglicherweise negative Folgen erst spätere Generationen treffen. Hier wird an eine Grundfrage der Ethik gerührt: Inwiefern lassen sich Handlungen rechtfertigen, von denen nicht absehbar ist, welche Spätfolgen und Nebenwirkungen sie haben, die eventuell das erhoffte Gut zerstören, das diese Handlungen primär zu realisieren versprachen? Ist andererseits die Unterlassung von Handlungen, die gesellschaftlich erwünschte Güter und Werte zum Gegenstand haben, nur deswegen zu rechtfertigen, weil sie risikobehaftet sind?

Es ist der Faktor Zeit, der in vielen Fällen zunächst „bloß“ technische Sachverhalte zu ethischen Problemen macht und der gleichzeitig die Möglichkeiten und Grenzen ihrer gesellschaftlichen Bewältigung vorgibt. Zeitmangel und Zeitdruck definieren die Rahmenbedingungen sozialen und ethischen Handelns in der Gegenwart. Für viele anstehende Fragen z. B. in den Biotechnologien braucht die Menschheit eigentlich Bedenkzeit, die ihr zugleich unter dem Erwartungsdruck der erhofften Verbesserungen wieder streitig gemacht wird. Die Last der Verantwortung wiegt zudem durch die Kopplung von Wissen und Nichtwissen um künftige Gefährdungslagen noch schwerer: Einerseits wissen wir seit dem Reaktorunfall von Tschernobyl (1986) recht präzise, was uns droht, wenn sich der GAU eines Kernkraftwerkes ereignet. Andererseits wissen wir kaum etwas über die Fernwirkungen gentechnisch veränderter Pflanzen in der Nahrungskette. Die Vermehrung gentechnischen Wissens führt keineswegs zur Reduktion des Nichtwissens. Sowohl die Zunahme des Wissens als auch die Zunahme des Unwissens erhöhen die Last menschlicher Verantwortung hinsichtlich des Tuns und Lassens. Dabei verändern sich auch permanent die bisherigen außermoralischen Anhaltspunkte für das Verantwortbare und für das Unverantwortliche. Aufgrund der enormen Innovationsrate in den Biotechnologien kommt in immer kürzeren Abständen eine Unbekanntheits-

[26] Vgl. hierzu W. Veith, Solidarität der Generationen, in: A. Baumgartner/G. Putz (Hg.), Sozialprinzipien, Innsbruck/Wien 2001, 107–124; Ders., Von der sozialen zur intergenerationellen Gerechtigkeit, in: A. Bohmeyer/J. Frühbauer (Hg.), Profile. Christliche Sozialethik zwischen Theologie und Philosophie, Münster 2005, 51–65, sowie die Beiträge von J. Tremmel und U. Dellinger zum Thema „Generationengerechtigkeit“ in: ApuZ B 8 (2005) 18–37 (Lit.).

komponente in die Welt. Die Ereignisse nehmen eine Verlaufsform an, deren Zeitmaß aus keiner „Naturzeit" und keiner Generationenfolge mehr abgeleitet werden kann. Alles ändert sich schneller, als man früher erwarten konnte und bisher erlebt hat.[27]

Paradoxerweise führen gerade diese Innovationen und die rasante Vermehrung des Wissens in der Gegenwart dazu, dass im Vergleich zu früheren Generationen der Bestand des Verlässlichen und die Reichweite der „Zukunftsgewissheit" abnehmen. Während in der Vormoderne die Zukunft hinsichtlich der sozio-kulturellen Lebensverhältnisse im Wesentlichen der damaligen Gegenwart entspricht, nimmt diese Entsprechung mit der Dynamik modernisierungsbedingter Innovationen ständig ab. „Genau komplementär zur Dynamik unserer zivilisatorischen Evolution rückt damit diejenige Zukunft immer näher an die Gegenwart heran, in die wir nicht mehr hineinzuschauen vermögen".[28]

Diese Form einer sozio-kulturell bedingten Zukunftsungewissheit versieht die klassische Grundfrage der Ethik mit einer speziellen Note. Ging es ihr immer schon um die Verantwortbarkeit von Handlungen, deren Wirkungen hinsichtlich des Erreichens eines erstrebten Gutes ungewiss sind, so erscheint diese Ungewissheit immer weniger als ein schicksalhaft hinzunehmender Umstand unseres Wollens und Tuns, sondern immer mehr als etwas gesellschaftlich Produziertes. Ungewissheit ist hier nicht die Folge von Unwissenheit, sondern Konsequenz eines enormen wissenschaftlich-technischen Wissenszuwachses.

Die Thematisierung solcher „Zeitfragen" führt die Sozialethik keineswegs auf ein abseitiges Feld. Mit der Reflexion gesellschaftlicher Zeitverhältnisse sind alles andere als nachrangige soziale und ethische Fragen verbunden. Ebensowenig lässt sie sich an sogenannte „Bereichsethiken" (z. B. Technikethik, Bioethik) delegieren. Insofern sich die neuen ethische Fragen, die in der „Wissensgesellschaft" auftreten, durch den Faktor „Zeit" definieren und dieser Faktor zugleich einer „sozialen Beziehungsform" (N. Elias) korreliert, die kulturell geprägt, gesellschaftlich organisiert und biographisch-individuell stilisiert wird, rückt die Bearbeitung dieser Fragen vielmehr in den Kernbereich der Gesellschaftsethik. Sie muss sich sowohl um eine (kultur)soziologische Theorie der Zeit bemühen[29], als auch auf den ethischen Aspekt gesellschaftlicher Zeitverhältnisse eingehen.

[27] Vgl. hierzu u. a. D. Mieth, Ethik angesichts der Beschleunigung der Biotechnik, in: ApuZ B 33–34 (2000) 3–9.

[28] H. Lübbe, Der Lebenssinn der Industriegesellschaft, Berlin/Heidelberg/New York 1990, 69. Siehe dazu die ethische „Anschlussreflexion" von J.-P. Wils, Jenseits von Zeit und Raum, in: Ders., Die große Erschöpfung, Paderborn 1994, 55–86.

[29] Vgl. dazu etwa H. Rosa, Beschleunigung. Die Veränderung der Zeitstrukturen

Beiden Aufgaben kann sich auch eine christlich inspirierte Sozialethik nicht entziehen. Die im letzten Jahrzehnt dominierende Konzentration der Sozialethik auf das Thema der Normenbegründung schien der direkte Weg, um den Anspruch einzulösen, Orientierungswissen in einer hochkomplexen Gesellschaft bereitstellen zu können. Aber vielleicht wurde damit der zweite Schritt vor dem ersten getan. Vielleicht ist es sinnvoller, als erste Reflexionsstufe der Ethik nicht die (Letzt)Begründung moralischer Normen anzusetzen, sondern eine Sondierung der konkreten Zeitumstände sozialen und sittlichen Handelns vorzunehmen. Ein solcher Ansatz trägt der Tatsache Rechnung, dass sich sittliches Handeln stets im Medium der Zeit vollzieht[30] und dieses Medium zugleich Bestandteil der gesellschaftlichen Konstruktion der Wirklichkeit ist. Die solchermaßen „vergesellschaftete Zeit" führt – wie noch ausführlicher zu zeigen ist – zu genuin sozialethischen Problemstellungen. Konzentriert auf die Zeitdimension des Sozialen und der Vernunft, die in gleicher Weise soziales Handeln und ethische Vernunft mitkonstituiert, kann somit eine bislang wenig beachtete Hinsicht thematisiert werden, unter der eventuell originäre und zugleich interdisziplinär anschlussfähige wissenschaftliche Orientierungsleistungen einer Christlichen Sozialethik möglich sind.

1.3. Zeichen der Zeit: Sozialanalyse als Zeitdiagnose

Von der Sozialethik weithin unbemerkt hat sich in der (deutschsprachigen) Soziologie innerhalb der letzten Jahre eine intensive Diskussion darüber entwickelt, ob und inwiefern die gesellschaftsanalytische und sozialkritische Aufgabe dieser Disziplin auch mit dem Instrumentar einer „Zeitdiagnose" in Angriff genommen werden kann.[31] Man mag dahinter zunächst die Ambi-

in der Moderne, Frankfurt 2005; A. Nassehi, Die Zeit der Gesellschaft. Auf dem Weg zu einer soziologischen Theorie der Zeit, Opladen 1993; L. Stanko/J. Ritsert, „Zeit" als Kategorie der Sozialwissenschaften, Münster 1994; B. Adam, Das Diktat der Uhr. Zeitformen, Zeitkonflikte, Zeitperspektiven, Frankfurt 2005 (engl.: Time Watch. The Social Analysis of Time, Cambridge 1995); Dies., Time and Social Theory, Cambridge 1990.

[30] Vgl. hierzu G. Horntrich, Gut in der Zeit. Zur zeitlichen Genese des Subjekts aus sozialwissenschaftlichen und theologisch-ethischen Perspektiven, Münster 2003, bes. 212–346; G. Höver, Sittlich handeln im Medium der Zeit, Würzburg 1988; M. Meesters, Die Bedeutung des Faktors Zeit im Rahmen einer theologischen Ethik, Frankfurt 1981.

[31] U. Schimank/U. Volkmann, (Hg.), Soziologische Gegenwartsdiagnosen I–II, Opladen 2000/2002; J. Weiss, Die Soziologie als Gegenwartswissenschaft, in:

tion vermuten, Hegels Definition der Philosophie als „ihre Zeit in Gedanken erfaßt"[32] ein soziologisches Pendant zu geben. In der Tat lassen sich bereits bei Klassikern der Soziologie (z. B. G. Simmel, K. Mannheim) entsprechende Ansätze finden, die in der zweiten Hälfte des 20. Jahrhunderts von Vertretern der Kritischen Theorie (M. Horkheimer/Th. W. Adorno, H. Marcuse) mit stark kulturkritischen Akzenten versehen oder von Vertretern empirischer Sozialforschung sozialpsychologisch variiert (H. Schelsky) werden. Großen Einfluss hat auch K. Jaspers' Studie „Die geistige Situation der Zeit" (1931), die immer wieder zur Referenz zeitdiagnostischer Essays in Philosophie und Soziologie wird.[33] Eine besondere Konjunktur dieses Genres bringt ab den 1980er Jahren der Diskurs um die „Postmoderne"[34] sowie die mit dem Jahr 2000 verbundene Spannung des „Milleniumswechsels".[35] Von monographischem Rang und zu soziologischen Bestsellern avanciert sind in dieser Zeit vor allem U. Becks „Risikogesellschaft"[36] und G. Schulzes „Erlebnisgesellschaft".[37] Um sie gruppieren sich zahlreiche andere Sozialanalysen, die jeweils ein Spezifikum moderner Gesellschaften fokussieren: Mediengesellschaft, Wissensgesellschaft, Zivilgesellschaft, Spaßgesellschaft, Zweidrittelgesellschaft etc.[38]

R. Hettlage/L. Vogt (Hg.), Identitäten in der modernen Welt, Wiesbaden 2000, 425–433; W. Reese-Schäfer, Zeitdiagnose als wissenschaftliche Aufgabe, in: Berliner Journal für Soziologie 6 (1996) 377–390; J. Friedrichs u. a. (Hg.), Die Diagnosefähigkeit der Soziologie, Opladen 1998; H.-P. Müller, Sinn deuten. Über soziologische Zeitdiagnostik, in: Merkur 51 (1997) 352–357; S. Papcke, Wo bitte geht es zur Realität? Sozialwissenschaften und Zeitdiagnose, in: C. Leggewie (Hg.), Wozu Politikwissenschaft?, Darmstadt 1994, 243–257.

32 G. W. F. Hegel, Grundlinien der Philosophie des Rechts (Werke 7), Frankfurt 1970, 26.

33 Vgl. etwa J. Habermas (Hg.), Stichworte zur „Geistigen Situation der Zeit". 2 Bde., Frankfurt 1979.

34 Vgl. W. Reese-Schäfer, Die seltsame Konvergenz der Zeitdiagnosen, in: U. Beck/A. Kieserling (Hg.), Ortsbestimmungen der Soziologie, Baden-Baden 2000, 101–116; M. Schröer, Soziologie und Zeitdiagnose. Moderne oder Postmoderne, in: G. Kneer u. a. (Hg.), Soziologie. Zugänge zur Gesellschaft. Bd. 1, Münster/Hamburg 1994, 225–246.

35 Vgl. P. Sloterdijk (Hg.), Vor der Jahrtausendwende. Berichte zur Lage der Zukunft. 2 Bde., Frankfurt 1990.

36 U. Beck, Risikogesellschaft. Auf dem Weg in eine andere Moderne, Frankfurt 1986.

37 G. Schulze, Die Erlebnisgesellschaft. Kultursoziologie der Gegenwart, Frankfurt/New York 1992.

38 Vgl. A. Pongs (Hg.), In welcher Gesellschaft leben wir eigentlich? Gesellschaftskonzepte im Vergleich. 2 Bde., München 1999/2000; G. Kneer u. a. (Hg.), Soziologische Gesellschaftsbegriffe. Konzepte moderner Zeitdiagnosen, München 1997.

Derartige Versuche, die Charakteristika moderner Gesellschaften auf *einen* Begriff zu bringen, stoßen in der sozialwissenschaftlichen Zunft aber auch auf Kritik. Manche ins Grundsätzliche weisende Aussage entpuppt sich als Produkt einer voreiligen Generalisierung von Einzelbeobachtungen oder rückt sie in die Nähe fragwürdiger Trendscouts, die sich in den Dienst der Konsumindustrie gestellt haben und weniger Wert auf empirische Studien als auf spekulative Eigenkreationen zur Beschreibung des Zeitgeistes legen und sich einen prophetischen Gestus zulegen.[39] Das Gesetz von Angebot und Nachfrage kann sich hier durchaus negativ auf die Qualität des Angebotenen auswirken. „Angesichts der pluralen Deutungskonkurrenz, der medialen Aufmerksamkeitsfilter und dem Erfolgsgebot „Stimme trifft Stimmung“ ist die Verführung besonders groß, den Wahrheitswert einer Zeitdiagnose, ihre Solidität und Seriosität, zugunsten ihres Spektakularitätswertes, ihrer Sensationalität und Emotionalität zurückzudrängen“[40].

Ihren eigentlichen Grund hat die Reserviertheit von Soziologen gegenüber soziologischen Zeitdiagnosen aber in der Sache, um die es ihnen geht: Moderne Gesellschaften führen eine Mehrfachexistenz und tragen daher „Alias-Namen“. Gegenläufige Entwicklungen, Pluralisierung und Entdifferenzierung, die Gleichzeitigkeit des Ungleichzeitigen, Steigerung der Erlebens-, Handlungs- und Wahlmöglichkeiten, Decodierung und Rekombination des Überkommenen sind ihre Charakteristika. Es scheint unmöglich, angesichts der solchermaßen multiplen Identität des zu Beschreibenden eine eindeutige soziologische Identifikation vornehmen zu können. Was Diagnose sein sollte, wird daher selbst zum erklärungsbedürftigen Symptom. Geboten werden zudem kaum mehr als Momentaufnahmen, Schlaglichter auf eine Gesellschaft, die sich in einem ständigen Übergang befindet. Daher verwundert es nicht, dass viele der soziologischen Wortfavoriten nur Saisonbegriffe sind. Die Dauer ihrer Gültigkeit wird durch kurze Halbwertzeiten definiert. Manche Zeitgenossen irritiert zudem die Divergenz und Konkurrenz von Optik und Variabilität sozialwissenschaftlicher Zeitanalysen. Es scheint unmöglich, angesichts der ständig wechselnden Identifizierungen die Identität des Beschriebenen zu bestimmen. Und erst recht scheinen alle Bemühungen vergebens, Voraussagen aus dem Gang der Dinge abzuleiten.

Dennoch liefern diese Einwände keine zureichenden Gründe, das Projekt Zeitdiagnose aufzugeben. Der ständige Wechsel der Zustandsbe-

[39] Vgl. exemplarisch M. Horx, Wie wir leben werden. Unsere Zukunft beginnt jetzt, Frankfurt/New York 2006. Siehe hierzu die Kritik an den Protagonisten der Zeitgeist- und Zukunftsforschung von H. Rust, Trend-Forschung. Das Geschäft mit der Zukunft, Reinbek 1996.

[40] H.-P. Müller, Sinn deuten, 357.

schreibungen moderner Gesellschaften ist höchst aufschlussreich für die soziologische und sozialethische Grundfrage „Wo leben wir eigentlich? Woran sind wir mit dieser Zeit? Wie geht es weiter und vor allem – wohin?". Die Vielfalt und Vielzahl der Zeitdiagnosen und Sozialanalysen demonstrieren, was sie beschreiben: die Tendenz zur multiplen Identität, die Konkurrenz von Orientierungsmustern, die Notwendigkeit permanenter Selbstvergewisserung, die Dominanz des Passageren, die Gleichzeitigkeit des Ungleichzeitigen, der unaufhaltbare Drang zur Selbstüberbietung. Wenngleich also die Intervalle immer kürzer werden, in denen etwas für moderne Gesellschaften Repräsentatives hervortritt, manifestiert sich in diesen Phänomenen dennoch eindrucksvoll das, was Gesellschaften „modern" macht: die Tendenz zur Differenzierung und Pluralisierung des sozialen Lebens, das Erleben der „Dekonstruktion" sozialer Ordnungsmuster, das Aufkommen polyzentrischer Sozialzusammenhänge.

Zeitdiagnosen sind vor der Selbstauslieferung an modische Trends nur gefeit, wenn sie einen größeren Radius bei der Erfassung ihres Gegenstandes anlegen. Erst dann können sie einen Beitrag zu den Selbstverständigungsdiskursen einer Gesellschaft leisten, wenn sie eine evaluative Kompetenz aufweisen, d. h. Maß nehmen können an den normativen Vorstellungen und Selbstbildern, die eine Gesellschaft von sich selbst entwirft, und diese in einen ideen-, und sozialgeschichtlichen, aber auch ideologiekritischen Zusammenhang stellen. Dazu bedarf es nicht zuletzt detaillierter historisch-empirischer Analysen und einer elaborierten Sozial- bzw. Kulturtheorie, die einer Zeitdiagnose qua Gegenwartsdiagnose erst ein solides wissenschaftliches Fundament verleihen. Erst dann ist es auch möglich und erlaubt, die „Zeichen der Zeit" auf einen Begriff zu bringen, der ein Struktur- und Entwicklungsprinzip angibt, „das nicht nur die in Frage stehende Wirklichkeit »ausdrückt«, sondern dieser Zeit auch seinen Stempel aufdrückt."[41]

Dass die moderne Gesellschaft im Zeichen der Beschleunigung steht und die „Kinesis" ihr Struktur- und Entwicklungsprinzip bildet, ist die Leitthese der folgenden Überlegungen. Bei der „Beweisaufnahme" zur Erhärtung dieser These greifen sie historiographische Studien zur neuzeitlichen Zeiterfahrung und -deutung auf[42], verwerten Material kulturgeschichtlicher Zeitforschung[43], nehmen Bezug auf bereits vorliegende Arbeiten zur

[41] H.-P. Müller, Sinn deuten, 354.

[42] R. Koselleck, Zeitschichten. Studien zur Historik, Frankfurt 2003; Ders., Vergangene Zukunft. Zur Semantik geschichtlicher Zeiten, Frankfurt 1989.

[43] Vgl. J. Rüsen (Hg.), Zeit deuten. Perspektiven – Epochen – Paradigmen, Bielefeld 2003; H.-J. Bieber u. a. (Hg.), Die Zeit im Wandel der Zeit, Kassel 2002; U. Raulff, Der unsichtbare Augenblick. Zeitkonzepte in der Geschichte, Göttingen ²2000; R. Wendorff, Zeit und Kultur. Geschichte des Zeitbewußtseins in Europa, Opladen ³1985.

Rekonstruktion und Kritik der Zeitverhältnisse einer technisch-industriellen Zivilisation[44] und suchen nach Möglichkeiten einer sozialethischen Hermeneutik dieser sozialwissenschaftlichen Befunde. Es soll gezeigt werden, dass das gemeinsame Merkmal sowohl der gesellschaftlichen Modernisierungsprozesse in Gestalt funktionaler Differenzierung, Entfaltung ökonomischer Produktivkräfte, wachsender Naturbeherrschung und kultureller Pluralisierung als auch der damit einhergehenden sozialethischen Herausforderungen die Erfahrung einer enormen Beschleunigung des sozialen Lebens ist.

Genauerhin geht es darum, quer zu den bereits genannten Reflexionsstufen einer Christlichen Sozialethik den Faktor „Zeit“ in Anschlag zu bringen und eine „temporale Neuformatierung“ dieser Reflexionsstufen anzuregen. Diese Neuformatierung beginnt auf der ersten Reflexionsstufe mit einer Identifikation der veränderten gesellschaftlichen Zeitverhältnisse, in denen die Nötigkeitsbedingungen von Moral aufscheinen. Sie hat dann die Zeitlichkeit der ethischen Vernunft (bzw. die Zeitstruktur des Ethischen) im Prozess der Normenbegründung zu thematisieren und schließlich die Frage nach der Implementierbarkeit moralischer Normen im Rekurs auf den Zeithorizont und die Zeitstruktur sozialer Systeme anzugehen:

(1) Analyse der Zeitstruktur und Zeitökonomie moderner Gesellschaften, die dem Beschleunigungsimperativ unterstehen und soziale Fragen aufwerfen, die sich allein mit den Instrumenten technischer, ökonomischer, politischer und medialer „Kinetik“ nicht lösen lassen;
(2) Aufweis der temporalen Verfassung der praktischen Vernunft und ihrer Bedeutung für den Zeitindex moralischer Normen;
(3) Identifizierung der Implementierungs- und Geltungsbedingungen moralischer Normen im Kontext des Zeithorizontes politisch-ökonomischer Modernisierungsprozesse.

Diese Neuformatierung ihrer Reflexionsstufen gehört für eine Christliche Sozialethik eher in den Bereich der Grundlagenreflexion als zum Genre der Ratgeber für ein effizientes Zeitmanagement. Aber gerade bei „Zeitfragen“ hat die Reflexion selbst schon aufklärenden und kritischen Charakter, so dass der von jeder Ethik erwartete Beitrag für konkrete Handlungsorientierungen auch im Folgenden geleistet wird. Aufklärung und Kritik sind unabdingbar für ethische Orientierungsleistungen, die dazu

[44] Vgl. etwa H. Rosa, Beschleunigung, a. a. O.; H. Lübbe, Im Zug der Zeit. Verkürzter Aufenthalt in der Gegenwart, Berlin/Heidelberg 1992 sowie Kh. Geissler, Vom Tempo der Welt. Am Ende der Uhrzeit, Freiburg/Basel/Wien 1999.

verhelfen wollen, sich in unterschiedlichen, wechselnden Situationen zurechtzufinden und Handlungsmöglichkeiten zu erschließen.[45] Für die Klärung jener Fragen, die sich aus den Zeitverhältnissen moderner Gesellschaften ergeben, soll dabei ein Layout sozialethischer Argumentation, Begriffs- und Theoriebildung erprobt werden, für das der wortspielerische Titel „KinEthik" stehen könnte. Diese Kombination der Begriffe „Kinesis" und „Ethik" verweist darauf, dass heute alle gesellschaftlichen Transformations- und Modernisierungsprozesse unter einem „kinetischen" Imperativ stehen. Es ist die kategorische Aufforderung zu Flexibilität und Mobilität, der zunehmend alle Muster sozialer Ordnung und des Umgangs mit der Kategorie „Zeit" bestimmt, woraus neue soziale und ethische Problemlagen entstehen.

Das Projekt einer „KinEthik" beginnt auf der ersten Reflexionsstufe mit einer Sondierung der kulturellen Antriebsmomente, welche die Moderne zum Zeitalter der Beschleunigung machen und alle bisherigen gesellschaftlichen „Immobilien" (wozu auch Moral und Religion zählen) unter Bewährungsdruck setzen (Kap. 2). Es gilt dann, die Zeitlichkeit des ethischen Sollensanspruchs zu thematisieren (Kap. 3) und schließlich die Frage nach der Orientierungsleistung einer „Ethik der Zeit" im Rekurs auf den Zeithorizont und die Zeitstruktur moderner sozialer Systeme anzugehen (Kap. 4). In diesem Kontext soll das Proprium einer Christlichen Sozialethik derart verdeutlicht werden, dass durch die Anwendung eines genuin christlichen Zeitverständnisses das Projekt der „temporalen Neuformatierung" sozialethischer Reflexionsstufen größere Tiefenschärfe erhält.

Wer über die Bedeutung des Christentums in der Gesellschaft von heute nachdenkt, muss dabei nicht nur etwas vom theologischen Selbstverständnis des christlichen Glaubens verstehen. Wer nicht zugleich auch etwas von der Gesellschaft versteht, sich nicht in ihren Strukturen und Wandlungsprozessen auskennt, hat nichts begriffen vom Ort und von den Aufgaben der Christen in der Welt von heute und versteht darum letztlich auch nichts von der Praxis des christlichen Glaubens. Um ihren Ort und ihre Bedeutung in der Moderne theologisch zu bestimmen, bedarf es daher stets einer Bezugnahme auf sozialwissenschaftliche Analysen und Diagnosen von Modernisierungsprozessen. Dies gilt natürlich auch für den Neuansatz einer KinEthik, die ein zentrales Anliegen der katholischen Soziallehre aufgreift und ihm ein zeitgemäßes Format geben will:

[45] Zum Status ethischen Orientierungswissens vgl. W. STEGMAIER (Hg.), Orientierung. Philosophische Perspektiven, Frankfurt 2005; DERS., Art. „Weltorientierung, Orientierung", in: HWP XII (2004) 498–507; DERS., Praktische Vernunft und ethische Orientierung, in: Internationale Zeitschrift für Philosophie 1 (1994) 163–173.

Das II. Vatikanische Konzil hat in seiner Pastoralkonstitution „Gaudium et spes“ (1965) nachdrücklich darauf verwiesen, dass es Auftrag und Ziel der katholischen Soziallehre ist, „nach den Zeichen der Zeit zu forschen und sie im Licht des Evangeliums zu deuten, so daß sie in einer der jeweiligen Generation angemessenen Weise auf die bleibenden Fragen der Menschen nach dem Sinn des gegenwärtigen und des zukünftigen Lebens und nach dem Verhältnis beider zueinander Antwort geben kann“ (GS nr. 4; vgl. auch PT nr. 39–45)[46]. Hier wird eine Kurzformel geboten, die prägnant den Auftrag benennt, wie er für das soziale Engagement der Christen typisch ist. Sie deutet aber auch den besonderen Zeitindex der diese Praxis begleitenden Reflexion an, der es um kritische Situationswahrnehmung, kriteriologische Vergewisserung am Evangelium und Freisetzung von Handlungsimpulsen geht.[47] Wenn eine christliche Sozialethik etwas zur Orientierung in den sozialen Auseinandersetzungen und Konflikten moderner Gesellschaften beitragen will, muss sie sowohl auf die Zeitsignatur des sozialen Lebens als auch auf die geistige Signatur der Zeit eingehen. Ob man ethische Suchbewegungen erfolgreich unterstützen kann,

[46] Vgl. hierzu H.-J. Sander, Theologischer Kommentar zur Pastoralkonstitution über die Kirche in der Welt von heute *Gaudium et spes*, in: P. Hünermann/B. J. Hilberath (Hg.), Herders theologischer Kommentar zum Zweiten Vatikanischen Konzil, Freiburg/Basel/Wien 2005, 581–869, bes. 715–719, 725–729; J. Comblin, Die Zeichen der Zeit, in: Conc 41 (2005) 412–423; A. Wollbold, „Nach den Zeichen der Zeit zu forschen und sie im Licht des Evangeliums zu deuten“, in: B. Pittner/Ders. (Hg.), Zeiten des Übergangs, Leipzig 2000, 354–366; H. Schmidinger (Hg.), Die Zeichen der Zeit., Innsbruck/Wien 1998; H.-J. Sander, Die Zeichen der Zeit, in: G. Fuchs/A. Lienkamp (Hg.), Visionen des Konzils, Münster 1997, 85–102; H. Schützeichel, Die Zeichen der Zeit erkennen: Fundamentaltheologische Überlegungen, in: TThZ 91 (1982) 304–313; R. Guelluy, Les exigences méthodologiques d'une théologie des signes des temps, in: RThL 12 (1981) 415–428; H. Schöpfer, Zeichen der Zeit als hermeneutische Grundlage für gesellschaftlich engagierte Theologie, in: ZMR 63 (1979) 81–103; C. Boff, Sinais de los tempos. Principios de leitura, Sao Paolo 1979; M.-D. Chenu, Les signes des temps, in: NRTh 97 (1965) 29–39, Ders., Les signes des temps, in: Y. Congar/M. Peuchemaurd (Hg.), L'Église dans le monde de ces temps, Bd. 2, Paris 1967, 205–225.

[47] Der in dieser Reihung anklingende methodische Dreischritt „Sehen – Urteilen – Handeln“ wurde ursprünglich in der von dem belgischen Priester und späteren Kardinal Joseph Cardijn (1882–1967) gegründeten Christlichen Arbeiterjugend im Rahmen einer „revision de vie“ praktiziert und ist mit der Enzyklika „Mater et magistra“ (1961) von Papst Johannes XXIII. als Vorgehensweise der Katholischen Soziallehre übernommen worden (vgl. MM nr. 236). Er findet sich ebenso in der Methodologie der lateinamerikanischen Theologie der Befreiung. Vgl. etwa C. Boff, Theologie und Praxis. Die erkenntnistheoretischen Grundlagen der Theologie der Befreiung, München/Mainz 1983.

hängt wesentlich davon ab, dass die jeweiligen Anregungen möglichst nahe bei ihrer Sache und auf der Höhe ihrer Zeit sind. Sie sind mit ihrer Zeit gleichauf, wenn sie die dominanten geistigen Strömungen erfassen, die das aktuelle Lebensgefühl bestimmen. Es wäre ignorant, in allem, was den Geist der Zeit ausmacht, nur Geistloses oder einen Ungeist am Werk zu wähnen. Wer das tut, sieht am Ende (nur) noch Gespenster …[48]

Zur Wahrnehmung christlicher Zeitgenossenschaft gehört unabdingbar eine „dialogische" Beziehung zwischen Kirche und Welt (vgl. GS nr. 40 ff., nr. 90), die bei aller notwendigen Sozialkritik in der Welt nicht bloß alles Negative und alles Negative nicht bloß in der Welt wahrnimmt. Vielmehr gilt es auch das anzuerkennen, „was an Gutem in der heutigen gesellschaftlichen Dynamik vorhanden ist", und mit Achtung zu blicken „auf alles Wahre, Gute und Gerechte, das sich die Menschheit in den verschiedenen Institutionen geschaffen hat und immer neu schafft" (GS nr. 42). Diese Anerkennung lebt im und vom Dialog mit allen Menschen guten Willens, mit den Angehörigen anderer Religionen und Konfessionen. Dabei gelten nach „außen" wie nach „innen" dieselben Regeln des Gebens und Nehmens (GS nr. 42–44), des Hörens aufeinander und des Lernens voneinander: „Anerkennung aller rechtmäßiger Verschiedenheit, gegenseitige Hochachtung, … im Notwendigen Einheit, im Zweifel Freiheit, in allem die Liebe" (GS nr. 92).

Wenn in „Gaudium et spes" davon die Rede ist, dass „Freude und Hoffnung, Trauer und Angst der Menschen von heute, besonders der Armen und Bedrängten" (GS nr. 1) auch Freude und Hoffnung, Trauer und Angst der Christen sind, denen es bei ihrer Zeitgenossenschaft um die Mitarbeit am „rechten Aufbau der menschlichen Gesellschaft" (GS nr. 3) gehen muss, dann ist die Verschränkung von Theorie und Praxis, von Hermeneutik und Pragmatik unabweisbar. Die Wahrnehmung sozialer Herausforderungen wird von den Zeichen der Zeit mitkonstituiert und zugleich führt ihre Deutung im Lichte des Evangeliums dazu, dass die Veränderung der sozialen Wirklichkeit mit dem Setzen neuer Zeichen beginnt. Eine Ethik der Zeit integriert ein hermeneutisches Moment, indem sie die „Zeichen der Zeit" deutet (vgl. Mt 16,3), und ein pragmatisches Moment, indem sie dazu anleitet, selbst Zeichen zu setzen.

[48] Gegen solche Schwarz- und Geisterseher in der Kirche, welche die Welt schlecht machen, um mit der eigenen Weltfremdheit gut dastehen zu können, wendet sich Papst Johannes XXIII. in seinem Einberufungsschreiben des II. Vatikanischen Konzils: „Ja wir möchten uns die Forderung Christi zu eigen machen, die ‚Zeichen der Zeit' (Mt 6,13) zu unterscheiden, und glauben deshalb, in all der großen Finsternis nicht wenige Anzeichen zu sehen, die eine bessere Zukunft der Kirche und der menschlichen Gesellschaft erhoffen lassen" (zitiert nach: H. Schützeichel, Die Zeichen der Zeit erkennen, 306).

Mit diesem Ansatz markiert die Pastoralkonstitution einen Paradigmenwechsel in Anspruch und Methode katholischer Sozialethik und -verkündigung: weg von einem statischen, ordnungsethisch-naturrechtlichen Typ, der deduktiv von überzeitlichen und geschichtlich unwandelbaren Normen ausgeht, zu einem veränderungsethisch-dialogischen Typ, der einem evolutiv-dynamischen Gesellschafts- und Geschichtsverständnis verpflichtet ist, induktiv vorgeht und deliberativ erörtert, wie sich eine Gesellschaft auf ein beschleunigtes Tempo sozialen Wandels, auf unerwartete, „umstürzende" Entwicklungen in Wissenschaft und Technik, auf dramatische kulturelle Umbrüche einstellen kann. Die Zeichen der Zeit markieren Zäsuren im Zeitgeschehen. In ihnen manifestiert sich, dass „etwas in Gang kommt", das den Lauf der Welt – zum Guten wie zum Schlechten – verändern kann.[49]

So griffig die Formel „Zeichen der Zeit" klingt, so schwierig ist aber auch ihre Anwendung.[50] Zweifellos muss es um mehr und anderes gehen, als in der Manier der „Trendsurfer" auf kurzfristige Moden aufmerksam zu machen und „in/out"-Listen zusammenzustellen.[51] Die Halbwertzeit solcher Erkenntnisse nimmt in dem Maße ab, wie die Zeitabstände, in denen neue Trendbücher erscheinen, immer kürzer werden. Größere Tiefen- und Trennschärfe lässt sich für die Aufforderung, die „Zeichen der Zeit" zu deuten, dann erreichen, wenn sie zugleich Bestandteil des alten christlichen Bemühens um eine „Scheidung der Geister" ist.[52] Hier geht es um eine Unterscheidung von Inspirationen und Impulsen, welche für zukunftsträchtige Veränderungen[53] und welche für Strohfeuer des Fortschrittes stehen.

[49] Vgl. H.-J. Höhn, Nach den Zeichen der Zeit forschen! „Gaudium et spes" und die Aufgaben christlicher Zeitgenossenschaft, in: W. Boscheinen/H. Nitsche (Hg.), Freude und Hoffnung. 40 Jahre Pastoralkonstitution. Bd. 2, Bad Honnef 2005, 61–73; Ders., Vernunft – Glaube – Politik. Reflexionsstufen einer Christlichen Sozialethik, Paderborn/München/Wien/Zürich 1989, 19–27.

[50] Vgl. K. Lehmann, Neue Zeichen der Zeit. Unterscheidungskriterien zur Diagnose der Situation der Kirche in der Gesellschaft und zum kirchlichen Handeln heute, Bonn 2005.

[51] Vgl. F. Dievernich/T. Gössling (Hg.), Trends und Trendsurfen, Marburg 1998.

[52] Vgl. hierzu ausführlicher M. Heimbach-Steins, Unterscheidung der Geister – Strukturmoment christlicher Sozialethik, Münster 1994.

[53] In diesem Sinn hatte Johannes XXIII. in seiner Enzyklika „Pacem in terris" (1963) als Zeichen der Zeit identifiziert: das Ringen der Arbeiter um wirtschaftlichen und sozialen Aufstieg, die Emanzipationsbewegung der Frauen, den Selbstbestimmungswillen der Kolonialvölker, die Forderung nach institutioneller Verankerung der Menschenrechte sowie die Entlarvung des Rüstungswahns (PT nr 40–44, 126–129). Hierbei handelt es sich überdies nicht um ein katholisches „Sondergut". Die Rede von den Zeichen der Zeit hat auch einen festen Platz in der evangelischen Kirche des 19. Jahrhunderts. Vgl. dazu W. Kahle, Die Zeichen der Zeit, in: ZRG 24 (1972) 289–315.

Für Christen gilt es zu prüfen, ob diese Veränderungen auch für einen Vorgang stehen, in dem sich „herausstellt“, ob und wie das Evangelium vom Menschen als Adressaten einer unbedingten Zuwendung Gottes erfahrbar wird. Ist hier etwas „im Kommen“, in dem sich das Entgegenkommen Gottes in Zeit und Geschichte manifestiert? Oder weisen diese Zeichen andererseits darauf hin, was der „Ankunft“ Gottes entgegensteht? Oder verweisen sie auf Konstellationen und Situationen, in denen sich die Bedeutung des Evangeliums in einer Weise manifestiert, welche in Diskontinuität steht zu allem bisherigen Reden von Gott und Welt?

Die nachfolgend konzipierte Ethik gesellschaftlicher Zeitverhältnisse bezieht die „Zeichen der Zeit“ vor diesem Hintergrund nicht auf singuläre geschichtliche Ereignisse, in denen fromme Geister bereits einen „Fingerzeig“ Gottes sehen wollen. Vielmehr interessiert sie sich dafür, wie sich soziale Zeitstrukturen als Rahmenbedingungen für die Wahrnehmung von singulären Ereignissen verändern und was für diesen Wandel „bezeichnend“ ist bzw. unter welchem Vorzeichen er steht. Sie geht dabei Zäsuren im Zeitgeschehen nach, in denen sich ein veränderter Umgang mit den Modi der Zeit – Vergangenheit, Gegenwart Zukunft – manifestiert. Und sie fragt nach dem Veränderungspotential, das in christlichen Umgangsformen mit diesen Zeitmodi enthalten ist. Auf diesem Weg werden Zeichen einer theologischen „Heterochronie“ erkennbar.[54] Sie beschreibt keine Zeit jenseits dieser Welt, sondern Zeitmuster und Zeitmaße, die sich in Differenz zur herrschenden Zeitordnung setzen, weil sie etwas zur Geltung bringen, das dort ausgeschlossen, verdrängt und unterschlagen wird, aber für die Auseinandersetzung um die Humanität „kinetischer“ Ideale und Projekte relevant ist.

Zeitdiagnose, Sozialanalyse und Sozialethik in dieser Weise zu verknüpfen, verhindert dabei zu einem guten Teil die Flucht ins Prinzipielle, das Abgleiten in eine welt- und geschichtsenthobene Spekulation über Sinn und Zweck moralischer Normen. Außerdem erleichtert sie den Aufbau eines kontextuellen Theorietyps, der dort ansetzt, wo sich die soziologische und ethische Reflexion zu bewähren hat: in der Empirie – und in der Zeit. Man kann nur so über die bestehenden gesellschaftlichen Verhältnisse reden, dass man sie gleichzeitig darauf befragt, inwieweit sie selbst ihre Herkunft und ihre Zukunftsfähigkeit thematisieren. Eine theologische KinEthik bezieht ihre Hermeneutik der Zeit und ihrer Zeichen

[54] Der Begriff „Heterochronie“ steht in Korrelation zum Begriff der „Heterotopie“ von M. Foucault, Des espaces autres, in: Ders., Dits et Écrits. Vol. V, Paris 1994, 752–762 (deutsch in: Ders., Schriften in vier Bänden. Dits et Écrits. Bd. IV, Frankfurt 2005, 931–942); Ders., Die Heteroropien. Der utopische Körper, Frankfurt 2005, 7–22.

jedoch nicht allein aus der Zeit, die sie deuten will. Typisch ist für sie, dass sie sowohl unter dem Aspekt der Simultaneität als auch unter dem Aspekt der Differenz operiert. Nach den Zeichen der Zeit zu fragen heißt für Christen, dass sich das Volk Gottes bemüht, „in den Ereignissen, Bedürfnissen und Wünschen, die es zusammen mit den übrigen Menschen teilt, zu unterscheiden, was darin wahre Zeichen der Gegenwart oder des Ratschlusses Gottes sind" (GS nr. 11). Das Projekt, die Zeichen der Zeit wahrzunehmen, zu deuten und in dieser Zeit wiederum selbst Zeichen zu setzen, macht eine KinEthik darum zu mehr als zu einem ethischen Projekt. Denn die Frage, wie man in der Zeit die Zeit gebrauchen soll, wird hier mit der Erwägung verknüpft, dies als Frage nach dem Umgang mit den Zeichen dieser Zeit zu verstehen, wobei es sich um Zeichen handelt, an denen sich mehr als nur die Zeit anzeigt.[55] In welcher Weise solche Anzeichen einer „anderen" Wirklichkeit wahrnehmbar werden, welche Bedeutung hierbei moralischen und religiösen Erfahrungen zukommt, ist Thema von Überlegungen, mit denen das Buch abschließt (Kap. 5). Sie stehen im Kontext der Diskussion um die Selbstverortung theologischen Denkens, die nicht nur Verfechter und Verächter sozialethischer Diskurse angeht.[55a]

[55] Vgl. H.-J. SANDER, Das singuläre Geschichtshandeln Gottes – eine Frage der pluralen Topologie der Zeichen der Zeit, in: P. Hünermann/B. J. Hilberath (Hg.), Die Dokumente des Zweiten Vatikanischen Konzils: Theologische Zusammenschau und Perspektiven, Freiburg/Basel/Wien 2006, 134–147; DERS., Die Zeichen der Zeit erkennen und Gott benennen. Der semiotische Charakter von Theologie, in: ThQ 182 (2002) 27–40.

[55a] Vgl. E. ARENS/H. HOPING (Hg.), Wieviel Theologie verträgt die Öffentlichkeit?, Freiburg/Basel/Wien 2000.

2. Die Vergesellschaftung der Zeit: Der kinetische Imperativ der Moderne

Seit den Anfängen soziologischer Zeitforschung gilt „Zeit" ebenso wie „Raum" nicht als physikalische oder ontologische Hintergrundkonstante sozialer Phänomene, sondern als eine Form der Weltdeutung sowie als ein Strukturelement menschlichen Miteinanders und sozialer Ordnung. Von allen soziologischen Theorien und Schulen, welche die Ansätze der soziologischen Klassiker fortgeschrieben haben,[56] lassen vor allem wissens- und kultursoziologische Ansätze eine besondere Affinität zum Projekt einer „KinEthik" erkennen. Dies betrifft zunächst die definitorische Fassung des Grundbegriffs „Zeit", der nicht essentialistisch, d. h. nach „Wesen" und „Sein" der Zeit fragend, bestimmt wird, sondern über eine Analyse seiner gesellschaftlichen Verwendungsweisen und kulturellen Funktionen seine Kontur erhält. In wissenssoziologischer Perspektive gilt die Zeit als ein variabel gestaltbares und historisch wandelbares Orientierungsmittel, mit dessen Hilfe die Mitglieder einer Gesellschaft Ereignisabläufe ordnen und die Verlaufsformen sozialer Prozesse koordinieren.[57] Erworben wird die Fähigkeit zum Gebrauch dieses Orientierungsmittels durch Interaktionen mit der natürlichen und sozialen Umwelt auf verschiedenen Ebenen: als kognitive Fähigkeit zur Unterscheidung von Ereignissen nach dem Code „früher/später" oder „gestern – heute – morgen", als reflexive Fähigkeit zur Deutung individuellen wie kollektiven Tuns und Widerfahrens im Spannungsfeld von Erinnerung und Erwartung bzw. im Erfahrungshorizont von Vergangenheit, Gegenwart und Zukunft sowie als kulturelle Fähigkeit zum Gebrauch formaler Bezugssysteme (z. B. Uhren, Kalender),

[56] Vgl. die Literaturberichte von A. Maurer, Stand und Perspektiven zeitsoziologischer Forschung, in: H. Meyer (Hg.), Soziologie in Deutschland und die Transformation großer gesellschaftlicher Systeme, Berlin 1992, 590–607; W. Bergmann, Das Problem der Zeit in der Soziologie, in: KZSS 35 (1983) 462–504. Die aktuelle zeitsoziologische Diskussion dokumentiert das seit 1992 erscheinende Periodikum „Time & Sociology".

[57] Vgl. N. Elias, Über die Zeit (Arbeiten zur Wissenssoziologie II), Frankfurt 1988, XLV f. Zur sozialtheoretischen Einordnung dieses Ansatzes siehe R. Rosemann, Die Zeit als Paradigma in der Wissenssoziologie von Norbert Elias, Münster 2003. Zum Ganzen siehe auch F. Fürstenberg/I. Mörth, Zeit als Strukturelement von Lebenswelt und Gesellschaft, Linz 1986.

die unabhängig von der inhaltlichen Bestimmtheit von Ereignissen und Handlungsabläufen die Datierung und Koordinierung von Prozessen ganz unterschiedlicher Art ermöglichen.

Aber auch systemtheoretisch operierende Studien[58] unterstreichen die Bedeutung von Zeitkonzepten als Arrangements der Komplexitätsreduktion und der Strukturierung von Verhaltenserwartungen. Die Möglichkeit sozialen Handelns ergibt sich hier aus der Art und Weise, wie Handlungszusammenhänge temporal strukturiert werden als Erwartung von Verhaltens- und Erwartungserwartungen. Die soziale Wirklichkeit wird nicht bloß in und durch Zeit gestaltet, sondern auch in und mit der Zeit, so dass ihre Temporalstrukturen einem evolutionären Wandel parallel zu den Organisationsformen, zu den Binnen- und Umweltbeziehungen von Gesellschaften ausgesetzt sind.[59] Eine Ethik gesellschaftlicher Zeitverhältnisse kann diese Untersuchungen vor allem dort nicht übergehen, wo es um die Frage geht, wie Gesellschaften „Zeit in der Zeit unterscheiden“[60], d. h. welche Zeitrechnung sie praktizieren und wie sie ihr Zeitgedächtnis organisieren, mit welchen semantischen Mitteln sie ihre Modernität thematisieren oder Gegenwart, Vergangenheit, Zukunft aufeinander beziehen.

Die Bedeutung des Faktors „Zeit“ für sozialethische Überlegungen, inwieweit bestimmte Vorstellungen von der Zeit und ihrer Normativität zum Bestandteil sozialer Ordnung und der gesellschaftlichen Konstruktion der Wirklichkeit zählen, haben daneben zahlreiche „zeithistorische“ Studien eindrucksvoll erwiesen, welche die unterschiedlichen Phasen und Schübe einer Vergesellschaftung der Zeit rekonstruiert haben: von der Abhängigkeit sozialer Prozesse von den Rhythmen und Zyklen der Natur bis hin zur modernen Beherrschung der Zeit und alles Zeitlichen, die sich von natürlichen Vorgaben und Zwängen befreit hat.[61] Technisch-industriellen Gesellschaften ist es erstmals möglich, das natürliche Evolutionsgeschehen

[58] Vgl. etwa A. NASSEHI, Die Zeit der Gesellschaft, bes. 249–382 (Lit.).

[59] Siehe hierzu die konzisen Feststellungen von N. LUHMANN, Die Gesellschaft der Gesellschaft. Bd. 2, Frankfurt 1997, 997–1016; DERS., Temporalisierung von Komplexität, in: Ders., Gesellschaftsstruktur und Semantik. Bd. 1, Frankfurt 1980, 235–300. Vgl. ferner DERS., Soziale Systeme. Grundriß einer allgemeinen Theorie, Frankfurt 1984, 377–487; W. BERGMANN, Die Zeitstrukturen sozialer Systeme, Berlin 1981.

[60] N. LUHMANN, Die Gesellschaft der Gesellschaft, 998.

[61] Vgl. hierzu etwa H. ROSA, Beschleunigung, a. a. O.; Kh. GEISSLER, Vom Tempo der Welt, Freiburg/Basel/Wien 1999; G. J. WHITROW, Die Erfindung der Zeit, Wiesbaden 1999; P. GENDOLLA, Zeit. Zur Geschichte der Zeiterfahrung, Köln 1992; G. DUX, Die Zeit in der Geschichte. Ihre Entwicklungslogik vom Mythos zur Weltzeit, Frankfurt 1989; R. WENDORFF, Zeit und Kultur. Geschichte des Zeitbewußtseins in Europa, Opladen [3]1985.

nicht mehr nur über die Rückkopplung sozio-kultureller und biologischer Parameter zu beeinflussen. Vielmehr können sie durch gezielte Eingriffe in die Erbinformationen und den genetisch gesteuerten Reproduktionsprozess Ergebnisse erzielen, für die der „naturbelassene“ Lauf der Welt noch unübersehbare Zeiträume gebraucht hätte. Für die Natur hat das Zeitalter ihrer technischen Reproduzierbarkeit begonnen und im Blick auf die naturalen Zeitgeber ist das Stadium der Entkoppelung technischer Abläufe von natürlichen Rhythmen und Zyklen eingetreten. Wo man die Nacht zum Tage machen kann, sind Zeitordnungen nicht mehr das dem menschlichen Denken und Handeln Vorgegebene, sondern zunehmend das seinen Gestaltungsmöglichkeiten Aufgegebene. Zeitverhältnisse und Zeitordnungen werden damit unübersehbar zu integralen Bestandteilen der Selbstwahrnehmung und -beschreibung moderner Gesellschaften. Dabei fällt auf, in welch hohem Maß sich am Ende dieser Entwicklung ihr normatives Selbstverständnis um *eine* Kategorie zentriert: *Beschleunigung*.[62]

Dabei lassen sich drei Beschleunigungsformen bzw. Dimensionen unterscheiden, die insgesamt das temporale Charakteristikum der Moderne ausmachen: a) technische Beschleunigung in Gestalt der Erhöhung „maschineller“ Geschwindigkeiten im Bereich des Transports, der Kommunikation und Produktion (von Gütern und Dienstleistungen); b) Beschleunigung des sozialen Wandels in Gestalt verkürzter Veränderungsraten von Verhaltensorientierungen, Beziehungsmustern und sozialen Strukturen sowie c) Beschleunigung des Lebenstempos in Gestalt der Verdichtung von Erlebnisepisoden in den verschiedenen Phasen einer Biographie, aber auch in der Erhöhung des Tempos lebensweltlicher Aktivitäten.[63]

Ehe es im Folgenden darum geht, die sozialethische Brisanz dieser Dynamik zu thematisieren (2.3.), ist zunächst der ideen- und kulturgeschichtliche Ort der Kategorie ‚Beschleunigung‘ näher zu bestimmen (2.1.) und ihrer Bedeutung als „ideé directrice“ für gesellschaftliche Modernisierungsprozesse nachzugehen (2.2.). Nur so lässt sich zeigen, dass die Prä-

[62] In der instruktiven Studie von B. Borscheid, Das Tempo-Virus. Eine Kulturgeschichte der Beschleunigung, Frankfurt 2004, wird materialreich dargelegt, wie mit dem Aufstieg des Fernhandels seit dem 15. Jahrhundert ein Prozess beginnt, der Geschwindigkeit als treibende Kraft für die Erlangung von Wohlstand und Fortschritt zunächst im Transport-, Militär- und Produktionssektor begreift, ihn dann aber mit der zunehmenden Industrialisierung auf alle anderen Arbeits- und Lebensbereiche ausweitet: Information und Kommunikation, Kunst und Sport, Evolution und Elektronik. Zu weniger phänomenologisch angelegten als gesellschaftstheoretisch ambitionierten Reflexionen dieser Entwicklung vgl. den Literaturbericht von H. Rosa, Temporalstrukturen in der Spätmoderne, in: Handlung, Kultur, Interpretation 10 (2001) 335–381.

[63] Vgl. H. Rosa, Beschleunigung, 124–138.

misse der „KinEthik", wonach die Moderne als Zeitalter der Beschleunigung zu beschreiben ist, keine voreilige Generalisierung einer Einzelbeobachtung darstellt. Vielmehr kann damit der „heiße" Kern jener Projekte der Moderne identifiziert werden, die der Logik der Steigerung, des Wachstums, der Optimierung folgen und für die jede Form des Stillstands Rückschritt bedeutet. Nichts prägt diese Epoche „so sehr wie die Vorstellung, die beste aller Welten sei noch nicht verwirklicht",[64] woraus gefolgert wurde, man solle so rasch wie möglich daran gehen, eine bessere Welt herbeizuführen.

Obwohl von den zahlreichen Weltverbesserungsprogrammen der Moderne sich etliche nur als teilweise erfolgreich, andere sogar als undurchführbar erwiesen haben, hat dies nicht zur Revision der Leitidee der beschleunigten Veränderung geführt. Sie hat offensichtlich von allen Visionen und Utopien, welche die Moderne in ihr Programm aufgenommen hat, am wenigsten an Faszination eingebüßt.[65] Mit ihr hat sich das Fortschrittspathos der Aufklärung über die Dialektik der Aufklärung hinweggerettet. In ihrem Gefolge präsentiert und behauptet sich die Moderne als Epoche der kompromisslosen Bevorzugung des Neuen vor dem Alten. Zu ihrem Pathos gehört die Überzeugung, dass jetzt die Zeit für das Neue gekommen ist. Im Neuen liegt die Zukunft. Ihr muss das Alte Platz machen.[66] Seit der Aufklärung gilt: Aus Tradition soll Innovation werden und über die rechten Innovationen soll die Vernunft bestimmen. Auf diese Weise soll auch das bisherige Verhältnis zwischen dem Schicksalhaften und dem Machbaren zugunsten des Machbaren verändert werden. Erst dann kann von einer autonomen Gestaltung menschlicher Daseinsverhältnisse gesprochen werden, wenn alles, was bisher eine unbeeinflussbare Bedingung des Daseins war, umgewandelt wird in eine Konsequenz menschlichen Wollens und Tuns. Das gilt auch für die Zeit, die bisher etwas Unverfügbares war und sich von selbst einstellte. Sie soll nun zur Variablen menschlicher Fähigkeiten und Fertigkeiten werden.[67]

[64] G. Schulze, Die beste aller Welten. Wohin bewegt sich die Gesellschaft im 21. Jahrhundert?, München/Wien 2003, 11.

[65] Vgl. hierzu etwa A. Nassehi, Keine Zeit für Utopien. Über das Verschwinden utopischer Gehalte aus modernen Zeitsemantiken, in: R. Eickelpasch/A. Nassehi (Hg.), Utopie und Moderne, Frankfurt 1996, 242–286; St. Müller-Dohm (Hg.), Jenseits der Utopie. Theoriekritik der Gegenwart, Frankfurt 1991.

[66] Vgl. R. Koselleck, „Neuzeit". Zur Semantik moderner Bewegungsbegriffe, in: Ders., Vergangene Zukunft. Zur Semantik geschichtlicher Zeiten, Frankfurt 1989, 300–348. Siehe auch F. Jaeger, Epochen als Sinnkonzepte historischer Entwicklung und die Kategorie der Neuzeit, in: J. Rüsen (Hg.), Zeit deuten, 313–354.

[67] Vgl. R. Koselleck, Fortschritt und Beschleunigung. Zur Utopie der Aufklärung, in: Akademie der Künste Berlin (Hg.), Der Traum der Vernunft, Darmstadt/

2.1. Die Welt bewegen: Die Mobilmachung der Vernunft

Die Einstellung der Moderne zur Zeit ist von der Vorstellung geprägt, dass der Mensch nicht nur in einer bewegten Welt lebt, in der er sich auch selbst bewegen kann. Vielmehr will sie selbst Weltbewegendes zustande bringen und die Welt in eine Bewegung versetzen, die von der Selbstbewegung des Menschen ausgeht.[68] Diese Bewegung soll ein unumkehrbares Voranschreiten, eine Vor- und Aufwärtsbewegung zum Besseren sein.[69] Damit es dabei mit rechten Dingen zugeht, ist der Vernunft auf die Sprünge zu helfen. Denn im Recht ist ein solcher Fortschritt nur, wenn ihm die Vernunft vorausgeht und es zu einer Mehrung des Vernünftigen kommt. Unter dieser Rücksicht ruft die Aufklärung eine allgemeine Mobilmachung aus, die nicht für das Militär Rekruten sucht, sondern für die friedlicheren Projekte der Vernunft: Freiheit, Selbstbestimmung, Wohlstand. Geboten ist die Beseitigung aller traditionsbestimmten Hemmnisse der Vernunft und die Einrichtung von Verfahren zur beschleunigten Freisetzung ihrer individuellen und sozialen Fortschrittspotentiale. Auf den Schnellstraßen der „progressiven" Vernunft soll alles immer schneller immer besser werden.

Im Blick auf den „Progressus" der Vernunft kommt es nicht zuletzt darauf an, unproduktive Ungleichzeitigkeiten zu meiden.[70] Die Aufklärung sieht eine solche zukunftshemmende Konstellation in dem Verhältnis von Tradition und Vernunft, das sie vorfindet und an dessen Umkehrung sie

Neuwied 1985, 75–103; Ders. u. a., Fortschritt, in: O. Brunner u. a. (Hg.), Geschichtliche Grundbegriffe. Bd. 2, Stuttgart 1979, 351–423.

[68] Vgl. P. Sloterdijk, Neuzeit als Mobilmachung, in: Ders., Eurotaoismus. Zur Kritik der politischen Kinetik, Frankfurt 1989, 23: „Das Projekt der Moderne gründet … in einer kinetischen Utopie: die gesamte Weltbewegung soll Ausführung unseres Entwurfs von ihr werden. Unsere eigenen Lebensbewegungen werden progressiv identisch mit der Weltbewegung selbst; der Weltprozeß im ganzen gerät zunehmend zu unserer Lebensäußerung; es kommt, wie man denkt, weil das, was kommt, immer mehr dadurch zustande kommt, daß wir es machen".

[69] In seiner historischen Darlegung der Fortschritte des menschlichen Geistes aus dem Jahr 1793 heißt es bei M. J. A. de Condorcet, Esquisse d'un tableau historique des progrés de l'ésprit humain (1793) – übersetzt und hrsg. von W. Alff, Frankfurt 1963, dass „die Natur der Vervollkommnung der menschlichen Fähigkeiten keine Grenze gesetzt hat (…). Ohne Zweifel können diese Fortschritte schneller oder langsamer erfolgen; doch niemals werden es Rückschritte sein, wenigstens solange die Erde ihren Platz im System des Universums behält" (29 f.).

[70] Zum Ganzen vgl. ausführlich H. Blumenberg, Lebenszeit und Weltzeit, Frankfurt ^{2}1986, 180–248.

arbeitet. Als zukunftswürdig erachtet sie nur jene Bestände der Kultur, die kompatibel sind mit der Autonomie der Vernunft. Als autonom behauptet sich die Vernunft aber nur, wenn sie ihre orientierenden Maßstäbe beim Projekt der Weltbewegung aus sich selbst schöpfen kann und nicht mehr auf Maßgaben früherer Epochen festgelegt ist. Wer „fortschrittlich" oder „modern" sein will, muss alles, was ist, unter den Vorbehalt stellen, dass es auch ganz anders sein könnte. Nicht mehr die Tradition oder der Gedanke der Dauerhaftigkeit bestimmt das Handeln, sondern die „Dekonstruktion" der für Problemlösungen notwendigen gesellschaftlichen Arrangements. „Modern" sind soziale Verhältnisse, sobald ihre Verbesserungsfähigkeit, d. h. Änderbarkeit und Vergänglichkeit, in ihrer Definition mitgedacht wird. Eine moderne Ehe muss scheidbar sein, um noch einmal „neu" oder „von vorne" anfangen zu können. Verträge werden auf überschaubare Fristen begrenzt und mit Sonderkündigungsklauseln ausgestattet, um mit wechselnden Bedürfnissen der Beteiligten korrelierbar zu sein. Was den Anspruch erhebt, etwas Beständiges zu sein, gerät unter Stagnationsverdacht. Wer darauf beharrt, dass etwas bleibt, wie es ist, trägt dazu bei, dass es immer schneller immer schlechter wird.

Einher geht mit der Enttraditionalisierung der Gesellschaft auch eine „Denaturalisierung der überkommenen Zeiterfahrung"[71], wofür etwa die veränderten Verfahren und Apparate der Zeitmessung, die von natürlichen Zyklen und Rhythmen abstrahieren, signifikante Belege liefern. Es sind nicht mehr die regelmäßig wiederkehrenden Jahreszeiten, der Rhythmus von Tag und Nacht, Ebbe und Flut, von Wachsen und Verblühen, von Geburt und Tod oder die Folge der Generationen, welche Ausgangs- und Bezugspunkte des individuellen und sozialen Zeiterlebens bilden. Die Mechanik der Räderuhr nimmt nicht Maß an einem Maß der Natur, sondern folgt der ihr eigenen, immanenten Maßeinheit des Taktes.[72] Natur- und Zeiterleben sind nicht mehr identisch.

Das Zeitbewusstsein der Moderne artikuliert sich auch nicht mehr in einem (theologisch-)teleologischen Bezugsrahmen, der das zu erlangende Heil verbürgt, sondern thematisiert den Lauf der Welt als Dimension menschlicher Selbstverwirklichung. Der Mensch macht fortan Geschichte.[73] Nicht mehr die Vorsehung Gottes stützt den Gedanken von einem ge-

[71] H. Koselleck, Zeitschichten. Studien zur Historik, Frankfurt 2003, 153.

[72] Vgl. C. M. Cipolla, Gezählte Zeit. Wie die mechanische Uhr das Leben veränderte, Berlin 1999; G. Dohrn-van Rossum, Die Geschichte der Stunde. Uhren und moderne Zeitordnung, München 1992.

[73] Vgl. L. Hölscher, Die Entdeckung der Zukunft, Frankfurt 1999; R. Koselleck, Vergangene Zukunft. Zur Semantik geschichtlicher Zeiten, Frankfurt ^{2}1989, 260–277.

richteten Verlauf der Geschichte, sondern der Glaube an die Universalität der Vernunft, die durch das Handeln des zur Selbstbestimmung und Selbstverwirklichung aufgerufenen Menschen zu befördern ist.[74] Die Überzeugung, dass man dabei den Gang der Dinge und den Lauf der Welt zu beschleunigen hat, lässt sich in diesem Kontext nicht bloß als Säkularisat einer christlichen Eschatologie erklären,[75] sondern ist Indikator einer spezifisch neuzeitlichen, a-theologischen Geschichtsauffassung: Es wird nicht mehr aus apokalyptischen Motiven oder aus Gründen der Parusieerwartung auf eine Beschleunigung des Weltgeschehens vor seinem von Gott herbeigeführten Ende (vgl. Mk 13,20; Mt 24,22; 1 Kor 7,29) und ein rascheres Ablaufen der Weltenuhr gesetzt. Nicht mehr das Eintreten welttranszendierender Ereignisse wird erhofft, sondern die Verkürzung der Zeit bis zum Eintreten weltimmanenter Ereignisse als Etappenziele eines nichtlimitierten wissenschaftlich-technischen Fortschrittsprozesses ist Gegenstand des Interesses. Dass diese Ziele tatsächlich in immer kürzerer Zeit erreicht werden, macht sie zum Gegenstand der Erfahrung und des Wissens und entzieht sie dem Bereich des Hoffens und Glaubens. „Aus der Zeitverkürzung, die zuvor von außen her der Geschichte ein früheres Ende setzte, wird jetzt eine Beschleunigung, die in der Geschichte selber registriert wird und über welche die Menschen verfügen. Neu ist dabei die Vorstellung, dass nicht mehr das Ende schneller herbeikommt, sondern dass, gemessen an den langsamen Fortschritten der vergangenen Jahrhunderte, die gegenwärtigen sich immer rascher einstellen.“[76] Zwar gibt es noch immer ein Telos der Geschichte, das nun aber nicht mehr am und mit dem Ende der Geschichte datiert wird, sondern im Vollzug der Geschichte selbst gesucht wird: in der fortschreitenden Beherrschung der Natur und in der Selbstorganisation des politischen Gemeinwesens, zu dessen Legitimation es keiner höheren Mächte und Gewalten mehr bedarf.

Anfangs mischt sich die Idee der Beschleunigung noch mit der Besorgnis, dass die Vernunft im Lauf der Welt zu spät gestartet sein könnte. Um diese Sorge abzuschütteln, macht sie sich eilends an das Einholen und Überholen ihrer Konkurrenten (Mythos, Religion). Den bald erreichten Vorsprung verteidigt sie, indem sie die Zeit – bis dahin nur das vorgegebene, unbeeinflußbare Medium für den Ablauf von Ereignissen und den Auf-

[74] Vgl. hierzu die Analyse der Fortschritts- und Geschichtsphilosophien von Proudhon, Condorcet und Comte als Inversionen der Theologie der Geschichte bei K. Löwith, Weltgeschichte und Heilsgeschehen, Stuttgart [6]1973, 62–98.

[75] Zu dieser von E. Benz, Akzeleration der Zeit als geschichtliches und heilsgeschichtliches Problem, Mainz 1977, vertretenen These vgl. die Differenzierung und Korrektur von R. Koselleck, Zeitschichten, 168–202.

[76] R. Koselleck, Zeitschichten, 189.

tritt von Akteuren – zu einem den Vernünftigen verfügbaren Medium der Vernunft macht. Die Zeit wird der Vernunft unterworfen, indem die Vernunft unterstellt, dass die Zeit letztlich eine Größe sei, die man sich unterwerfen, einteilen und zuteilen könne. Unternehmerisches Denken erobert bald jenen Bereich, der im Mittelalter noch ein göttliches Gut war und nun zur Handelsware wird.[77] Die schöpfungstheologische Begründung des Zinsverbotes verliert rasch an Akzeptanz. Die Zeit gehört nicht mehr allein Gott, der Mensch nimmt sie sich, rechnet und handelt mit ihr. Fortan kann man Zeit „investieren" und „sparen", „verschenken" oder „stehlen", „gewinnen" und „verlieren". Sie untersteht dem Kalkül der Zwecke setzenden und optimale Mittel der Zielrealisation konstruierenden Vernunft. Nach und nach bringen sich die Menschen in ein Herrschaftsverhältnis „zu dem, was ihnen bislang noch entgangen ist: Chronokratie ist angesagt. In ihr scheint die angestrebte Selbstmächtigkeit der Menschheit ihre alles entscheidende Erfüllung zu finden. Erst wer Zeit wirklich hat, kann sich Herr und Meister der Natur nennen".[78] Alles scheint möglich, sofern man über genügend Zeit verfügt. Daher kommt es darauf an, den Besitztitel über die Zeit zu erringen.

Noch in der Renaissance hatten Utopien oft einen räumlichen Status, d. h. sie beschreiben eine bessere Welt, die in einem anderen, fernen Raum bereits realisiert sind. Oder sie stehen für Wahrheiten, die man erst aus der Ferne, d. h. von einem anderen Ort her erblicken kann. Oder aber es sind Wahrheiten, für deren Realisierung man noch den richtigen Ort sucht.[79] Mit der Eroberung des Raums im „Zeitalter der Entdeckungen" werden auf der Erde die Gegenden rar, die für solche Utopien in Frage kommen, bis schließlich die Möglichkeit ganz schwindet, eine bessere Gegenwelt zur bekannten an einem unbekannten Ort irgendwo auf dieser Erde zu vermuten. Daher kommt es zur „Verzeitlichung der Utopie"[80], d. h. zur Umsetzung eines vollkommenen Zustandes von einem fernen Ort in eine ferne Zeit. Dies impliziert, dass der gegenwärtige gesellschaftliche Zustand, in dem man sich befindet, als ein auf dieses zeitliche Fernziel hin veränder-

[77] Vgl. H.-W. Hohn, Die Zerstörung der Zeit. Wie aus einem göttlichen Gut eine Handelsware wurde, Frankfurt 1984.

[78] D. Kamper, Umgang mit der Zeit, in: W. Kaempfer, Die Zeit und die Uhren, Frankfurt 1991, 255.

[79] Vgl. W. Vosskamp (Hg.), Utopieforschung. Interdisziplinäre Studien zur neuzeitlichen Utopie. 3 Bde., Stuttgart 1982.

[80] R. Koselleck, Zeitschichten, 131–149. Dass aus der „U-topie" eine „U-chronie" wird, d. h. die Erwartung eines unbestimmten und unbegrenzten Besserwerdens in der Zeit wird, betont auch G. Marramao, Potere e secolarizzazione. Le categorie del tempo, Rom ^{2}1985, 41 ff. (dt.: Macht und Säkularisierung, Frankfurt 1989, 89 ff.)

barer Zustand begriffen wird. Zudem wird der Versuch gemacht, die Geschichte individuellen und sozio-kulturellen Herkommens in die Zukunft zu verlängern und die Zukunft als das bessere „Jenseits" der Gegenwart aufzuwerten. Dies führt schließlich zu dem Appell, die Bewegung in diese Zukunft zu beschleunigen.

Wer daher als Zeitsouverän darauf setzt, dass erst die Verfügung über die Zeit dazu führt, alles Zeitliche nicht in der Möglichkeitsform zu lassen, sondern noch zu seinen/ihren Lebzeiten zu realisieren, darf sich und den zeitlichen Dingen nicht allzu lange Zeit lassen. Es gilt, den Stein des Fortschritts immer schneller ins Rollen zu bringen und in die gewünschte Richtung laufen zu lassen. Begründungspflichtig ist darum das Beharren auf dem Bestehenden, nicht aber die Distanzierung von ihm. Die ständige Absetzbewegung von der Gegenwart führt zwar ins Ungewisse, aber die „Offenheit der Zukunft und damit auch deren Risiken werden erträglich durch die Verheißung des Fortschritts, der gegenüber den traditionalen Weltsichten neben anderen den vermeintlichen Vorteil hat, machbar und sichtbar und damit auch kontrollierbar zu sein."[81]

Der Aufruf zur Eile hat seinen Grund nicht allein im Interesse, mögliche Verspätungen der Vernunft möglichst rasch wettzumachen. Er folgt auch aus der Erfahrung, dass die dem Menschen zur Realisierung seiner Projekte verfügbare Zeit knapp ist. Dass also das Fortschrittstempo zu erhöhen ist, erklärt sich aus der Kopplung von Zeitknappheit und Zeitdruck, welche die Realisierungschancen aller Menschheitsprojekte begrenzt. Da menschliches Dasein befristet ist, zwingt es den Menschen zur Beschleunigung seiner Lebensvollzüge, will er in der – im Vergleich zu allem Menschen- und Weltmöglichen – kurzen Spanne seiner Lebenszeit etwas vom Leben haben und im Leben erreichen.[82] Während im „christlichen Abendland" das irdische Leben auf ein transzendentes „Nachher" hingeordnet war, das die Bedeutung der Lebenslänge relativierte, wird mit dem Schwinden christlicher Transzendenzvorstellungen seit dem Beginn der Moderne die Lebensdauer zum entscheidenden Thema des Daseins[83]. Un-

[81] J. P. Rinderspacher, Der Fortschritt der Schnecke. Geschwindigkeitskultur im Kontext europäischer Technik- und Kulturgeschichte, in: ThPr 28 (1993) 99.

[82] Zu diesem Befund vgl. auch H. Weinrich, Knappe Zeit. Kunst und Ökonomie des befristeten Lebens, München 2004; O. Marquard, Zukunft braucht Herkunft, Stuttgart 2003, 220–230.

[83] M. Gronemeyer, Das Leben als letzte Gelegenheit. Sicherheitsbedürfnisse und Zeitknappheit, Darmstadt 1993, vertritt die These, dass bereits zum Ende des Mittelalters als Reaktion auf das traumatische Erleben der Pestepidemien der Niedergang der christlichen Ewigkeitshoffnung einsetzt. Das irdische Leben wird nun buchstäblich zur einzigen und letzten Gelegenheit, „etwas vom Leben zu haben". Leitkategorien der Lebensführung sind fortan „Sicherheit" und „Beschleunigung".

ter diesen Bedingungen reicht die vorhandene Lebenszeit nie aus. Zeit wird immer knapper und kostbarer und erhält gerade deswegen eine alle Lebensbereiche durchdringende Bedeutung. Das geheime Motiv der zahllosen Bemühungen Zeit zu gewinnen, ist die Angst vor dem Ende der individuellen Lebenszeit und vor dem Ende aller Zeiten, das den Sinn augenblicklichen Tuns fragwürdig macht. Was am Ende des Lebens zum Nichts wird, kann nicht wirklich sinnstiftend sein. Um diese Aporie zu vermeiden, versucht man den Ablauf der Zeit zu unterlaufen, um auf diese Weise auch jener Vergänglichkeit zuvorzukommen, die allen vom Menschen gesetzten Sinn hintertreibt. Darum wird Zeitgewinn zur modernen Chiffre für Sinnerfüllung. Dazu bieten sich zwei Möglichkeiten an. Entweder versucht man, das Ende der Zeit hinauszuschieben, indem man den Tod aufhält, hinausschiebt, verdrängt. Oder man holt mehr aus der verfügbaren Zeit heraus. Man hat dann *im* Leben mehr *vom* Leben, wenn den wichtigen Dingen im Leben nicht allzu lange Zeit gelassen wird. Oder wenn man die Ereignisdichte pro Jahr und Tag erhöht und eine ständig größer werdende Zahl von Operationen innerhalb derselben Zeitstrecke vollzogen werden kann. Im Leben passiert mehr, wenn alles schneller passiert oder wenn alles jederzeit möglich ist.[84]

2.2. Den Wandel beschleunigen: Das Tempo des Fortschritts

Dass der Gedanke der Beschleunigung zu einem Imperativ der sozialen Evolution und der individuellen Lebensführung aufstieg, dass er über die Logik der Temposteigerung gesellschaftlich allgegenwärtig wurde und sich als Kennwort zur soziologischen Thematisierung der Gemeinsamkeit von Modernisierungsprozessen durchsetzte, gehört zur Signatur der Moderne. Zwar kennen auch alle anderen Epochen vor ihr Veränderung und Wan-

Es gilt, einerseits dem Individuum wenigstens die Verwirklichung seiner durchschnittlichen Lebenserwartung zu sichern und zum anderen durch eine Beschleunigung der Erlebnischancen die Kluft zu verringern zwischen den unendlichen Erlebnismöglichkeiten, welche die moderne Welt offeriert, und der befristeten Lebenszeit, die dem Individuum zur Verfügung steht.

[84] „Beschleunigtes Tempo ist keine Folge einer natürlichen Entwicklung, es kommt nicht von selbst, wenn Menschen Kräfte und Umstände einfach gewähren lassen und sie selbstgesetzliches Wachsen und Reifen abwarten. Es bildet sich heraus, wenn man mehr will, als sich normalerweise ergeben würde, wenn man sich selbst, andere und die Umstände dazu zwingen will, daß entweder ein gesetztes Ziel eher oder daß in einer festen Zeitspanne mehr als zu erwarten war, erreicht wird", R. Wendorff, Der Mensch und die Zeit, Opladen 1988, 136 f.

del.[85] Wenn sich jedoch die Raten von Neuerungen und Veränderungen in geometrischer und nicht mehr in arithmetischer Reihe steigern lassen und sich alles schneller ändert, als man zuvor erwarten konnte oder früher erlebt hatte, wird mit diesen Innovationen eine Schnelligkeitskomponente in Kultur, Wissenschaft und Gesellschaft eingeführt, die mit keiner bisherigen Veränderungserfahrung korreliert.[86] Sozialer Wandel, der sich bisher an der *inter*generationalen Veränderung der Handlungs- und Beziehungsmuster sowie der Wertpräferenzen ablesen ließ, nimmt eine *intra*generationale Verlaufsform an. Was zuvor geeignet war, in der Generationenfolge sozialen Wandel zu diagnostizieren, ereignet sich nun in ein und derselben Generation.

Für geraume Zeit wird diese Temposteigerung positiv bewertet. Schnelligkeit ist eine generelle Bedingung für „Zukunftsfähigkeit" – darin sind sich Wissenschaftler, Techniker und Ökonomen einig. Da von dieser Bedingung keine Ausnahmen gemacht werden, hat der kinetische Imperativ eine Karriere angetreten, die ihn auch in den Bereichen jenseits von Technik und Wirtschaft reüssieren ließ. Längst prägt er auch Mentalitäten und Prioritäten der individuellen Lebensplanung und Lebenspraxis: Wer in den 1970er Jahren im Westen Deutschlands aufwuchs, war umstellt von Bewegungsimperativen. Es galt Rückstände aufzuholen – in der Bildung der Arbeiterkinder, in der Emanzipation der Frau, im Ausbau der Demokratie – sowie erste Rationalisierungs- und Automatisierungswellen zu bestehen. Nicht bloß bei den ökonomischen, wissenschaftlichen und kulturellen Avantgarden erhöhte man das Modernisierungstempo. Auch in eher konservativen Milieus, deren Angehörige auf sozialen Aufstieg spekulierten, waren Stillstand und Untätigkeit verpönt. Und wer diesen Aufstieg nicht selbst schaffte, konnte wenigstens hoffen, dass es die eigenen Kinder einmal besser haben werden. Um dies zu erreichen, bedurfte es des Ansporns: „Beeil Dich! Los, auf geht's! Wo bleibst Du denn – wir wollen doch weg! Mach schneller!" Erziehung und (Aus-)Bildung standen unter Zeitdruck.

[85] Vgl. etwa E. C. Dodds, Der Fortschrittsgedanke in der Antike, Zürich/München 1977.

[86] Zum Folgenden siehe auch H. Rosa, Beschleunigung, a. a. O.; N. Brieskorn/J. Wallacher (Hg.), Beschleunigen, Verlangsamen. Herausforderung an zukunftsfähige Gesellschaften, Stuttgart 2001; M. Baeryswil, Chillout. Wege in eine neue Zeitkultur, München 2000, 19–152; Kh. Geissler, Vom Tempo der Welt, Freiburg/Basel/Wien 1999; J. Gleick, Faster. The Acceleration of just about everything, New York 1999 (dt.: Schneller! Eine Zeitreise durch die Turbo-Gesellschaft, Stuttgart/München 2000); B. Adam/Kh. Geissler/M. Held (Hg.), Die Nonstop-Gesellschaft und ihr Preis, Stuttgart 1998; K. Backhaus/H. Bonus (Hg.), Die Beschleunigungsfalle oder Der Triumph der Schildkröte, Stuttgart ³1998.

Selbst zur Unterhaltung und Entspannung schaute man sich laufende Bilder an – vorzugsweise das TV-Schnelldenkerquiz „Dalli, dalli".

Im Osten Deutschlands regierte eine andere Spielart der Tempesteigerung. Hier hatte mehr vom sozialistischen Leben, wer mit vorzeitiger Erfüllung des Plansolls aufwarten konnte. Propagiert wurden Produktivitätssteigerungen und prämiert wurden beschleunigte Einsparungen im Zeitverbrauch. In einem Punkt waren sich Pädagogik und Ethik mit dem Lob der Schnelligkeit im Osten wie im Westen einig: Man kann nur der Erste sein, wenn man der Beste ist. Zu den Ersten und Besten zählt man aber nur, wenn man am schnellsten ist. Worüber Einigkeit bestand, führte allerdings gleich wieder in die Konkurrenz. Schließlich ging es darum, in möglichst kurzer Zeit zum Ersten und Besten zu werden. Der Wettstreit sozialistischer und kapitalistischer Gesellschaftssysteme suchte sich nicht zuletzt den Sport als Austragungsort, dessen kategorischer Komparativ „schneller, höher, weiter" die bestehenden Optimierungsappelle noch einmal überbot. Hier gab es die Möglichkeit, dem jeweiligen Systemgegner öffentlichkeitswirksam zu zeigen, wer am besten ist.

Die Ethik und Pädagogik der Beschleunigung haben das rasche Ende des Ost/West-Gegensatzes unbeschadet überstanden. Die seitdem forciert betriebene Globalisierung der Ökonomie folgt – von ideologischen Behinderungen befreit – erst recht einem „Imperativ der Beschleunigung", der speziell auf die schnellstmögliche Entgrenzung der Prinzipien „Markt" und „Wettbewerb" setzt[87] und die Größe „technischer Fortschritt" nicht mehr bloß an verbesserten Mitteln und Wegen der Fortbewegung mißt. Gefordert und gefördert wird nun alles, was zur Erhöhung der Beweglichkeitsrate führt. Es geht nicht mehr allein um transitive Bewegungen im Sinne des zeit- und raumübergreifenden Transportes von Gütern und Dienstleistungen. Temposteigerungen werden nun vor allem reflexiv verstanden: als Bewegung zur Erhöhung der Dynamik von Prozessen, als Motor gesteigerter Mobilität. Es kommt darauf an, in immer kürzeren Intervallen „von 0 auf 100" zu kommen, d. h. die Zeit zu verkürzen, die vergeht, bis Höchstgeschwindigkeiten erreicht werden. Wer durch Beschleunigungen Zeit verkürzt, gewinnt Zeit.

Wer sich in der Spitzengruppe der Zeitgewinner befindet, hat allen anderen etwas Entscheidendes voraus und darf sich zur wahren Avantgarde zählen. Es sind diese reflexiven Formen der Mobilisierung, welche Modernisierungsprozesse definieren und „Modernität" zu einer Kategorie der Bewegung und Optimierung machen. Die gewünschten Effekte lassen sich erreichen durch die Steigerung des Ablauftempos von Vorgängen oder

[87] Vgl. E. LUTTWAK, Turbokapitalismus. Gewinner und Verlierer der Globalisierung, Wien 1999.

über die Vermeidung von zeitraubenden Verrichtungen, Wartezeiten und Leerzeiten. Wo diese Verfahren gekoppelt werden, kommt es zu einem neuerlichen Modernisierungsschub, wie dies exemplarisch an der exponentiellen Erhöhung der Innovationsrate im Bereich der Technik und der Ökonomie ablesbar ist.[88] Diese Innovationen haben zu einem beträchtlichen Teil den Effekt, die Produktivität, d. h. die Geschwindigkeit der Herstellung und die Menge der pro Zeiteinheit produzierbaren Waren, Güter und Dienstleistungen zu erhöhen. Die Menge der zu verkaufenden Produkte erfordert eine rasche Bedienung vorhandener Märkte und ebenso eine permanente Erschließung neuer Absatzmöglichkeiten. Damit verbunden ist eine Ausweitung des Massentransportes von Produkten, dessen räumliche Ausdehnung nur durch eine Erhöhung der Transportgeschwindigkeit rentabel bleibt. Erst durch Zeitgewinne im Warentransport lassen sich Zeitgewinne in der Warenproduktion in Marktvorteile umwandeln. Wer durch Beschleunigung Zeit gewinnt, entwickelt seine Ideen schneller zur Produktreife, ist schneller am Markt und besitzt gegenüber den Konkurrenten einen entscheidenden Vorteil. Eine Geschwindigkeitsbegrenzung wäre hierbei ebenso hinderlich wie nationalstaatliche Grenzkontrollen.[89] Nicht allein die Entfaltung der ökonomischen Produktivkräfte, sondern die Beschleunigung dieser Entfaltung und des Abbaus ihrer Hemmnisse forciert somit den technisch-wirtschaftlichen Wandel.

Moderne Gesellschaften würden von ihren eigenen Mobilisierungsschüben destabilisiert, wenn es ihnen nicht möglich wäre, ein Koordinatensystem aufzubauen, das es erlaubt, die unterschiedlichen Abläufe in den verschiedenen Teilsystemen (z. B. Wirtschaft, Medien, Politik) doch wieder in eine gemeinsame Zeitmatrix einzufügen. In der Ökonomie ist darauf zunächst mit einer Standardisierung von Zeiteinheiten als Handlungseinheiten reagiert worden. Die Zeit fungiert dabei derart als Medium der Handlungskoordinierung komplexer, d. h. aufeinander abgestimmter, unmittelbar anschlussfähiger Abläufe im Produktionsprozess, dass im Voraus festgelegt wird, bis zu welchem Zeitpunkt eine Tätigkeit abgeschlossen sein muss, damit eine notwendige Anschlusstätigkeit ohne Zeitverlust einsetzen kann. An die Stelle der Orientierung an rhythmischen Produktionszyklen der Natur tritt der lineare Takt wiederholbarer Tätigkeiten. Das Fließband gibt das Zeitmaß vor, an dem sich die Arbeiter zu orientieren

[88] Vgl. C.-F. v. Braun, Der Innovationskrieg. Ziele und Grenzen der industriellen Forschung und Entwicklung, München/Wien 1994.

[89] Vgl. G. Stalk/Th. Hout, Zeitwettbewerb. Schnelligkeit entscheidet auf den Märkten der Zukunft, Frankfurt/New York 1990; M. R. Bitzer, Zeitbasierte Wettbewerbsstrategien, Gießen 1992; V. Kirschbaum, Unternehmenserfolg durch Zeitwettbewerb, München 1995.

haben. Ihm entspricht eine Moral der Pünktlichkeit. In der Tugend der Pünktlichkeit spiegelt sich der Respekt einer linearen Zeitordnung mit den Eigenschaften der Kontinuität, Stetigkeit und gleichförmigen Gliederung. Sie verlangt die präzise Einhaltung von Verabredungen, die genaue Wahrung von Fristen, die disziplinierte Beachtung von Terminen, die aus objektiven Gründen für alle gelten. Pünktlichkeit ist ein auf Seiten des Subjekts vorausgesetzter Habitus, welcher die Koordination von Handlungen erleichtert, deren Nötigkeit mit dem Grad der Differenziertheit und dem Veränderungstempo sozialer Verhältnisse zunimmt.[90]

Einer linearen Standardisierung des (Arbeits)Lebens, die den festen Vorgaben von Stechuhr, Lieferfristen, Anwesenheitspflichten folgt, um die Anschlussfähigkeit von Tätigkeiten innerhalb eines hochgradig arbeitsteiligen Systems zu gewährleisten, macht die Globalisierung der Ökonomie jedoch ein Ende. An die Stelle der Linearität, d. h. des zeitlichen Nacheinander aufeinander abgestimmter Tätigkeiten, und der Logik der raumzeitlich begrenzten, aber stetigen Produktivitätssteigerung („schneller, höher, weiter“) tritt nun die Synchronie, die Gleichzeitigkeit des Maximalen („viel, mehr, immer“), die das Produkt jederzeit für (fast) jeden überall und sofort verfügbar macht.[91] Die ursprünglich an naturwüchsigen Zyklen ausgerichtete Landwirtschaft passt sich ebenfalls diesen Erfordernissen an. Der Zeitpunkt der Ernte oder der Schlachtreife hängt nun nicht mehr von der „Eigenzeit“ von Pflanzen und Tieren ab, sondern von steuerbaren Wachstums- und Mastzeiten. Über die Maschinisierung und Chemisierung der Nahrungsproduktion dringen lineare Zeitstrukturen in den Agrarbereich ein und führen dazu, dass die Erzeuger von den Einflüssen der Natur immer unabhängiger werden und so den Konsumenten ohne jahreszeitlich bedingte Ausfälle die gesamte Produktpalette anbieten können. Von den Speisekarten verschwindet die Rubrik „Früchte der Saison“, wenn für jedes Obst gewächshausbedingt immer Saison ist oder Freilandgewächse jederzeit aus jeder Weltregion importiert werden können, wo für sie gerade Saison ist.

Rühmte sich Kaiser Karl V. noch, über ein Reich zu herrschen, in dem die Sonne niemals untergeht, so ist diese einstige Besonderheit nun für global player eine platte Selbstverständlichkeit. In ihrem Reich scheint nicht bloß immer irgendwo die Sonne, vielmehr wird irgendwo immer etwas für sie produziert und von ihnen vermarktet. Diese Pausenlosigkeit von Pro-

[90] Vgl. hierzu auch H. Lübbe, Pünktlichkeit. Über den Ursprung der Freiheit aus der Zeit-Disziplin, in: W. M. Sprondel (Hg.), Die Objektivität der Ordnungen und ihre kommunikative Konstruktion, Frankfurt 1994, 56–69.

[91] Vgl. hierzu M. Schneider u. a. (Hg.); Zeit-Fraß. Zur Ökologie der Zeit in Landwirtschaft und Ernährung (Politische Ökologie Sh 8), München 1995.

duktion und Vermarktung führt auf Dauer zu einer Vergleichgültigung regionaler „Eigenzeiten“ und partikularer Zeitkulturen. Denn die Internationalisierung der Märkte und die globale verkehrs- und informationstechnische Vernetzung macht es international tätigen Unternehmen unmöglich, im globalen Wettbewerb um Marktanteile auf traditionale Zeitverhältnisse[92] und lokale Zeitdifferenzen Rücksicht zu nehmen. Wer in der Einflugschneise eines Großflughafens wohnt, weiß, dass der internationale Flugplan lokale Ruhezeiten ignoriert.

Zur Synchronisierung des Lebens im Zeitalter der Globalisierung passt die Synchronisierung der Zeit, die am 23. 10. 1988 vom Uhrenhersteller Swatch aus dem schweizerischen Biel ausgerufen wurde und inzwischen auf zahlreichen Computern und Zeitplanern installiert ist: Es handelt sich um die „Internet-Zeit“, die sich nicht mehr nach dem Lauf der Sonne richtet und daher auch keine Zeitzonen mehr kennt. Der Tag wird nicht mehr in Stunden und Minuten gemessen, sondern in 1000 Beats à 86,4 Sekunden aufgeteilt. Diese Intervalle sind überall auf der Welt identisch. Ihren Meridian hat die Internetzeit am Sitz des Konzerns. Mit 0 Beats beginnt hier ein neuer Internettag (jeweils um 0 Uhr nach „alter“ Zeitrechnung). Manager können sich überall auf der Welt nunmehr zu derselben Beatzeit verabreden. Die umständliche Berechnung, wie spät es wohl auf einem anderen Kontinent gerade ist, kann endlich entfallen. Zeitverschiebungen gibt es künftig nur noch zwischen Menschen, die „online“ oder „offline“ leben.[93]

Im Zeitalter der Globalisierung werden die destabilisierenden Effekte ständiger Modernisierungsschübe dadurch aufgefangen, dass man daran geht, den trennenden Charakter von Zeit und Raum zu tilgen. Wer und was bisher durch Zeit und Raum getrennt war, soll nun durch zeit- und raumverkürzende Techniken zusammengeführt werden. „Wird der Raum durch das Prinzip des ‚Überall‘ lückenlos ersetzt, so die Zeit durch die Pausenlosigkeit des ‚Immer‘. (…) Ständig, das scheint das Ideal zu sein, soll alles per Knopfdruck zur Verfügung stehen, unabhängig von Tageszeiten, von Wochentagen und Jahreszeiten, jederzeit fertig und abgelöst von der sozialen und der natürlichen Rhythmik des Lebendigen.“[94]

[92] Vgl. hierzu R. Wendorff, Zeitbewußtsein in Entwicklungsländern, in: Ders. (Hg.), Im Netz der Zeit, Stuttgart 1989, 105–117; R. Levine, Eine Landkarte der Zeit. Wie Kulturen mit Zeit umgehen, München 1998.

[93] Vgl. J. Wegner, Der Uhr-Knall, in: Focus 7 (2000) Heft 1, 95–102.

[94] Kh. Geissler, Die Zeiten ändern sich. Vom Umgang mit der Zeit in unterschiedlichen Epochen, in: ApuZ B 31 (1999) 9. Zum Ganzen siehe auch Ders., Alles. Gleichzeitig. Und zwar sofort. Unsere Suche nach dem pausenlosen Glück, Freiburg/Basel/Wien 2004.

Beschleunigungen dienen längst nicht mehr allein dazu, räumliche Entfernungen rascher zu überbrücken. Letztlich dienen sie der Herstellung von Gegenwart, der Ermöglichung des unmittelbaren Dabeiseins. Die elektronischen Medien versetzen uns an jeden nur möglichen Ort dieser Welt. Man ist präsent, ohne anwesend sein zu müssen. Wer sich bei sportlichen Großereignissen vor Ort aufhält, läuft Gefahr im Gedränge unterzugehen und nichts mitzukriegen. Nur wer zu Hause bleibt, den Fernseher einschaltet, bekommt alles mit. Beschleunigungen müssen daher nicht immer Selbstbeschleunigungen („Automobilisierungen") sein. Es reicht, wenn sich die Welt um das Subjekt dreht. Individuelle Immobilität verurteilt nicht zur Einsamkeit, sondern ist in der Medienwelt eine Partizipationsbedingung. Nur wer auf Selbstbewegung verzichtet, kriegt per TV-Fernbedienung oder per Mausklick im Internet als „unbewegter Beweger" sogleich alles mit.[95] Mobil ist nicht, wer sich überall hinbewegen kann, sondern wer überall erreichbar ist. Ohne festen Wohnsitz zu sein und auf freiem Fuß zu leben, muss sich nicht mehr ausschließen, solange man an jedem Ort der Welt mit der ganzen Welt per Handy oder via Internet in Verbindung stehen kann. Das neue Wort für „Heimat" lautet „homepage" und kennt keine räumliche Festlegung mehr.

Der Trend zu einer „Sofort-Kultur" schlägt auf alle Bereiche des Alltagslebens durch. Allenthalben regiert der Instant-Effekt „eingießen – umrühren – fertig!". Einkäufe werden mit Kreditkarte oder per Leasing erledigt – hier entfällt das lästige und zeitraubende Ansparen des benötigten Geldes. In der Gastronomie breiten sich Fast-food-Ketten aus; wer selbst kocht, benutzt die heimische „Mikrowelle" für Schnellgerichte. Wer möglichst rasch ein eigenes Dach über dem Kopf haben möchte, baut sich am besten ein Fertighaus. Die Freizeitindustrie verspricht, das Leben zu einer lückenlosen Folge von Höhepunkten zu machen, und die Fernsehsender überbieten sich mit Live-Übertragungen sportlicher und politischer Großereignisse. Per Teleshopping kann man in speziellen TV-Kanälen rund um die Uhr einkaufen, per Modem auch noch um Mitternacht Bankgeschäfte erledigen. Die Digitalisierung der Kommunikation macht es möglich, Mitteilungen per e-mail in Sekundenbruchteilen um die ganze Welt zu schicken und sich mit den Empfängern in „Echtzeit" auszutauschen. Die Aufnahmen von Digitalkameras und Camcordern müssen nicht mehr entwickelt werden, ihre Bilder sind im Display sofort verfügbar.

[95] Vgl. hierzu u. a. M. SCHNEIDER/Kh. GEISSLER (Hg.), Flimmernde Zeiten – Vom Tempo der Medien, Stuttgart 1999; K. KIRCHMANN, Verdichtung, Weltverlust und Zeitdruck, Opladen 1998; G. GROSSKLAUS, Medien-Zeit, Medien-Raum. Zum Wandel der raumzeitlichen Wahrnehmung in der Moderne, Frankfurt [2]1997; K. BECK, Medien. und die soziale Konstruktion von Zeit, Opladen 1994; M. SANDBOTHE/W. Chr. ZIMMERLI (Hg.), Zeit – Medien – Wahrnehmung, Darmstadt 1994.

In der Beschleunigungsgesellschaft lauten die Maximen nicht mehr „Eins nach dem anderen!" oder „Alles zu seiner Zeit!". Das Gebot der Stunde heißt vielmehr „Alles zu jeder Zeit!". Wie dies zu erreichen ist, gibt das Zauberwort „multitasking" an: Mehrere Tätigkeiten sind gleichzeitig zu erfüllen. Während der Autofahrt wird telefoniert, während der Büroarbeit werden per Internet Aktienkäufe erledigt und während eines Arbeitsessens Geschäftsabschlüsse verhandelt. Die TV-Stationen senden gleichzeitig zum laufenden Programm durch Infobänder am Bildrand Werbung, Wettervorhersagen, Kurznachrichten und Börsendaten. Büroarbeitsplätze (und Armaturenbretter von PKW) ähneln immer mehr den Pilotencockpits von Flugzeugen, in denen ein kompliziertes „parallel processing" zu bewältigen ist. Elektronische Geräte, die vorübergehend nicht bedient werden, schalten sich automatisch in den „stand-by-Modus", in dem sie voll funktionsfähig bleiben, und können auf entsprechenden Tastendruck in Sekundenbruchteilen wieder „hochfahren".

Basierten die maßgeblichen Impulse sozialen Wandels in der frühen Moderne noch auf dem Muster „Beschleunigung durch Steigerung des Tempos", so lautet die Devise nun „Beschleunigung durch Vergleichzeitigung". Mit der Synchronisierung von Sein und Zeit werden die Voraussetzungen für eine neue Zeitkultur geschaffen, die ihren Nutznießern beträchtliche Freiheitszuwächse und enorme Chancen der Zeitsouveränität eröffnet: Zugriff auf alles, überall und zu jeder Zeit. Dies wird sich nochmals tiefgreifend auf die Muster der Handlungskoordinierung auswirken. Es zeichnet sich ab, dass das Pünktlichkeitsideal der frühen Moderne umgewandelt wird in den technomorphen „stand-by-Habitus" und sich eine Tugend in eine technikgestützte Organisationsqualität verwandelt. Kontinuierliche Aktionsbereitschaft, sofortiges „Auf-den-Punkt-Kommen" ist nun gefragt. „Wenn kurzfristige Wechselfälle im Leben und im Arbeitsprozess zunehmen, dann ist es wichtiger, auf das Unerwartete reagieren zu können, als an angelernten, situationsunabhängigen Tugenden festzuhalten … Überall dort, wo detaillierte zeitliche Planung im Arbeitshandeln nur in geringem Umfang möglich ist, ist die Pünktlichkeitserwartung sinnlos. Dagegen sind dort Fähigkeiten gefragt, die es ermöglichen, sich in zeitlicher Offenheit zurechtzufinden … Die Maxime postmodernen Zeithandelns ist, zum richtigen, nicht unbedingt zum vereinbarten Zeitpunkt zu erscheinen."[96] Pünktlichkeit bedeutete noch die Ausrichtung auf einen bestimmten Zeit-Punkt, ab dem volle Konzentration und Aktion gefordert waren, die nach Erreichen des Handlungszieles wieder einer Entspannung weichen durften. Der „stand-by-Modus" kennt dagegen nur die permanente Anspannung; gänzliches „Abschalten" ist gänzlich unerwünscht. Auch

[96] Kh. GEISSLER, Vom Tempo der Welt, 149 f.

wer sich im Urlaub befindet, muss seiner Firma auf Abruf zur Verfügung stehen können.

2.3. Zeit gewinnen – Zeit verlieren: Die Ambivalenz der Beschleunigung

Der kinetische Imperativ kann auf ökonomischem, technischem und politischem Gebiet eine einzigartige Erfolgsbilanz vorweisen. Die Befreiung des Menschen von naturbedingten Zeitgrenzen und -barrieren steigerte die Produktivität der Arbeit und mehrte Wohlstand und Wohlfahrt. Der Fortschritt der Informations- und Kommunikationstechnik erhöhte für breite Bevölkerungsschichten die Partizipationschancen am politischen und kulturellen Leben. Das moderne Verkehrswesen hat eine enorme Erhöhung des kollektiven Mobilitätsgrades und als dessen Folge eine beispiellose Steigerung individueller Freiheitsgrade gebracht. Glück im Unglück verdankt sich nicht mehr dem Zufall. Dringend benötigte Medikamente können innerhalb kurzer Zeit in entlegene Weltregionen gebracht werden. Humanitäre Hilfe in Katastrophenfällen ist prinzipiell ebenso rasch global organisierbar.

Zweifellos wurde auf diesen Feldern viel erreicht, um das ethisch-politische Projekt der Moderne – die gesellschaftliche Organisation der Realisierungschancen von Freiheit und Solidarität – voranzubringen. Aber längst ist klar, dass auch das Zeitalter der Beschleunigung nicht ohne die negative Dialektik von Temposteigerungen beschreibbar ist. Bei der Umsetzung des kinetischen Imperativs hat sich nicht vermeiden lassen, dass auch etwas ins Rollen gebracht wurde, das ursprünglich nicht beabsichtigt war, nun aber zum „Selbstläufer" geworden ist. Was eingesetzt wurde um Probleme zu lösen, wird selbst zum Problem. Beim Vorausdeuten und Herstellen dessen, was in die Welt kommen soll, sind Prozesse in Gang gesetzt worden, deren Kosten den erstrebten Zeitgewinn aufzehren können. Hierbei geht es nicht nur um Kosten, die sich monetär beziffern lassen. Sie betreffen auch Güter und Werte, die human-, sozial- und umweltverträgliche Modernisierungsprozesse auszeichnen. Das gilt vor allem und erst recht, wenn deren Ziel die Synchronie des Daseins ist. Sie geht einher mit Effekten abnehmenden Grenznutzens.

Manifest werden diese Effekte zunächst in der Lebensführung des Individuums. In bestimmten Maßen mag die Simultaneität von Wunsch und Wirklichkeit, Bedürfnis und Befriedigung zeitsparend und effizienzsteigernd sein. Wo es jedoch zur Dominanz einer strukturlosen ubiquitären Gleichzeitigkeit von Handlungen und Weltereignissen kommt, zeigt sich bald eine Folge des kinetischen Imperativs, die sich nicht mehr mit den Mitteln der Kinetik beherrschen lässt. Wenn jederzeit und überall „unendlich viel vorstellbar und verfügbar ist, wird jede Entscheidung für eine Möglichkeit zur teuren Absage an eine andere. Jede Besetzung gegenwärtiger Zeit erscheint als Fehlbesetzung, jeder Zugriff als Missgriff"[97], da jeder Entscheidung *für* etwas die tausendfache Absage *gegen* etwas anderes gegenübersteht. Das Verhältnis der in einem Leben realisierten Möglichkeiten zu den realisierbaren Möglichkeiten verringert sich entgegen den Verheißungen des kinetischen Imperativs unablässig. Der Ausschöpfungsgrad vorhandener Optionen bleibt hinter der Steigerungsrate erschlossener Optionen immer zurück. Der Wunsch, alt und lebenssatt „ableben" zu können, wird bestenfalls zur Hälfte erfüllbar: Zwar lässt sich die Lebenszeit bis ins hohe Alter verlängern, aber nie wird darin der Punkt erreicht, genug von der Welt gesehen zu haben. Wem prinzipiell alles möglich, aber praktisch nicht alles realisierbar ist, der/die wird von Versäumnisängsten geplagt trotz virtuoser Handhabung von Gleichzeitigkeitstechnologien. Denn auch solche „Simultanten" holt bald die Erkenntnis ein, dass man durch „multitasking" zwar mehr in der Zeit erledigen kann, aber die Zeit deswegen keineswegs „mehr" wird. Wer Zeitknappheit und Zeitdruck als Aufforderung zur Ereignisverdichtung und Leistungsmaximierung versteht, muss erkennen, dass es kein Maximum der Zeit gibt. Wer Zeit als „Menge" begreift, die ausgenutzt und ausgebeutet werden kann, übersieht, dass nicht die Zeit quantifizierbar ist, sondern nur das „Zeitliche" – auch jenes, mit dem Wirtschaft, Technik und Politik zu tun haben.[98]

2.3.1. Beschleunigung als Rationalisierung? Die Ökonomisierung der Zeit

Karl Marx hat die Bedeutung des Zeitfaktors für die Wirtschaft auf die These gebracht, letztlich laufe alles auf eine „Ökonomie der Zeit" hinaus. Hinsichtlich anderer Thesen vielfach falsifiziert, gibt ihm die Wirtschaftswissenschaft heute darin recht, dass nicht zuletzt die Logik des Kapitaleinsatzes durch rational kalkulierte Zeitbezüge gekennzeichnet ist.[99] Wo vor-

[97] M. Baeriswyl, Jenseits von Beschleunigung und Verlangsamung, in: Politische Ökologie 17 (1999) 17–18 (Heft 57/58).

[98] Vgl. hierzu auch H. Rosa, Critical Theory of Speed Social Acceleration: Ethical and Political Consequences of a Desynchronized High-Speed-Society, in: Constellations 10 (2003) H. 1, 3–33.

[99] Zum Folgenden siehe J. P. Rinderspacher, Mit der Zeit arbeiten. Über einige grundlegende Zusammenhänge von Zeit und Ökonomie, in: R. Wendorff (Hg.), Im Netz der Zeit, 91–104. Zum Ganzen siehe auch Ders., Gesellschaft ohne Zeit. Individuelle Zeitverwendung und soziale Organisation der Arbeit, Frankfurt/New York 1985; B. Biervert/M. Held (Hg.), Zeit in der Ökonomik. Perspektiven für die Theoriebildung, Frankfurt/New York 1995.

handenes Kapital investiert wird, ist dieser Bezug zunächst rekursiv zu verstehen: „Ein Kapital wird von seinem Besitzer gleichsam entlassen und kehrt nach einer mehr oder weniger genau kalkulierten Dauer zu seinem Ausgangspunkt zurück. Es ist um so produktiver, je häufiger es in einer (Jahres-)Periode umschlägt, also die Kreisbewegung innerhalb der Periode vervielfacht."[100] Hinzu kommt ein linearer Zeitbezug, insofern der Zyklus von Kapitaleinsatz und Rückgewinnung entlang der Zeitachse in eine offene Zukunft hinein wiederholt werden kann. Die Rendite lässt sich erhöhen, wenn die Zeitspanne zwischen Einsatz und Rückgewinnung des Kapitals permanent verkürzt wird. „Diese logische und faktische Unbegrenztheit der Erhöhung der Umschlagsgeschwindigkeiten der Kapitale sowie die Gleichgültigkeit der Kapitale gegenüber jedem Inhalt, also hinsichtlich der Frage, für welche konkrete wirtschaftliche Aktivität das Kapital eingesetzt wird, ist in ihrer Grundstruktur zugleich charakteristisch für den gesellschaftlichen Umgang mit der Zeit. In der Ablösung der Verkürzungsmaxime vom Gegenstandsinhalt, das heißt in der wirtschaftlichen Grundidee der auf jeden Gegenstand anwendbaren infiniten Verkürzung von Zeitaufwänden besteht das Wesen der wirtschaftlichen Rationalität."[101] Geht man mit N. Luhmann davon aus, dass die Funktion des Wirtschaftssystems in der Bereitstellung knapper Güter für eine prinzipiell unbekannte Zukunft besteht,[102] dann folgt daraus, dass diese Orientierung an einer ungewissen Zukunft zu Entscheidungen in der Gegenwart nötigt, die aus Renditeüberlegungen eine Diskontierung der Zukunft vornimmt und zu einer Zeit-Präferenz führt, die an Kurzfristigkeit orientiert ist.

Forciert wird die Diskontierung der Zukunft durch ein Geldsystem, zu dessen elementaren Größen der Zins gehört. Es ist gerade eine zinsbasierte Geldwirtschaft, welche die moderne Ökonomie zu permanentem Wachstum zwingt. Die Logik dieser These erklärt sich aus einem Widerspruch zwischen den Grundfunktionen des Geldes als Tauschmittel und Wertaufbewahrungsmittel.[103] Beide Funktionen können nicht gleichzeitig erfüllt werden: Geld, das zum Zweck der Wertaufbewahrung gespart oder gehortet wird, steht dem Wirtschaftskreislauf nicht mehr als Tauschmittel zur Verfügung. Angesammelte Dollars, Euro und Rubel werden erst dann wieder „rollen", wenn hierfür ein ökonomischer Anreiz besteht. Eben die-

[100] J. P. Rinderspacher, Mit der Zeit arbeiten, 96.

[101] Ebd.

[102] Vgl. N. Luhmann, Die Wirtschaft der Gesellschaft, Frankfurt 1988.

[103] Von diesem Widerspruch her entwickelt eine vehemente Kritik der modernen Geldwirtschaft H. Creutz, Das Geld-Syndrom. Wege zu einer krisenfreien Marktwirtschaft, München [5]2001. Ihr folgt weitgehend Th. Ruster, Von Menschen, Mächten und Gewalten, Mainz 2005, 97–116.

sen Anreiz setzt der Zins, den ein Geldbesitzer als „Vergütung“ dafür erhält, daß er seine Finanzmittel verleiht und Kredite vergibt. In der Höhe des Zinssatzes müssen in der Folge wirtschaftliche Leistungen erbracht werden, die Gewinne abwerfen, welche zum einen in den Schuldendienst fließen und zum anderen die ökonomische Existenz des Kreditnehmers sichern bzw. verbessern. Geldvermögen wachsen aufgrund des Zinses und des Zinseszinseffektes zunächst langsam, im Laufe der Zeit aber steigert sich diese Zunahme exponentiell. Entscheidend ist nun, dass die Höhe des Zinssatzes die Wachstumsrate der Wirtschaft vorgibt, diese Rate aber aufgrund des Zinseszinseffektes dazu führt, dass sich auf Dauer eine Schere zwischen dem Wachstum der Geldvermögen bzw. dem Schuldendienst der Kreditnehmer und der Steigerung des Sozialprodukts öffnet. Die Wirtschaft müsste nämlich ebenso schnell wachsen wie die Geldvermögen und die Zinszahlungen, welche die vergebenen Kredite zu „bedienen“ haben. Beim derzeitigen Stand der Verschuldung der öffentlichen Haushalte in Deutschland bedarf es eines bereits irrationalen Vertrauens in die Kraft des kinetischen Imperativs, ein Wirtschaftswachstum ankurbeln zu können, das in absehbarer Zeit zu einer Tilgung dieser Hypotheken führen könnte.

Gleichwohl setzt man in Ökonomie und Technik weiterhin auf die Rationalität von renditeträchtigen Temposteigerungen. Rationalisierungen spielen sich im ökonomisch-technischen Kontext als Beschleunigungen ab – etwa als Verkürzung von Amortisationszeiten, von Innovations- und Produktlebenszyklen. Die Nebeneffekte dieser Beschleunigungen können die erhofften Rationalisierungen jedoch sehr bald als unvernünftig erweisen – z. B. hinsichtlich ihrer ökologischen Gesamtbilanz: Kurze Produktlebenszyklen bedeuten einen wachsenden Ressourcenverbrauch, denn sie sind mit einer Erhöhung der Stoffströme, des Fertigungsaufwandes sowie des Transport- und Entsorgungsaufkommens verbunden. Wo sich die Zeitspanne zwischen Erfindung, Produktentwicklung und Markteinführung immer mehr verkürzt, nimmt ferner die Wahrscheinlichkeit zu, dass unausgereifte Produkte in Umlauf gebracht werden, was ablesbar ist an den zunehmenden „Rückrufaktionen“ riskanter Arzneimittel oder mängelbehafteter PKW. „Auch die auf den Finanzmärkten täglich in Sekundenschnelle rund um den Globus transferierten astronomischen Summen verwandeln nach Einschätzung von Marktbeobachtern immer häufiger langfristige und rationale unternehmerische Investitionsplanung in spekulativen und unkontrollierten „Blindflug“ – mit teilweise verheerenden Folgen für die Weltwirtschaft.“[104] Wo sich die „Time is money“-Philosophie durchsetzt und man erkennt, dass sich aus Zeit Geld machen lässt, scheint es sich zu

[104] H. Rosa, Rasender Stillstand? Individuum und Gesellschaft im Zeitalter der Beschleunigung, in: Jahrbuch Politische Theologie 3 (1999) 168.

rechnen, auf kurzfristige Gewinnmöglichkeiten zu setzen und die „schnelle Mark" zu machen. Der abrupte Bruch der Börsenhausse im Jahr 2000 hat jedoch gezeigt, wie kontraproduktiv ein solches Verhalten ist und wie im Bereich der Geldanlage in Aktien ein „langer Atem" nötig ist.

Es ist eine physikalische Binsenwahrheit, dass Beschleunigungen nur dort beherrschbar sind, wo entsprechende Bremsvorrichtungen eingebaut wurden. Je höher die mögliche Geschwindigkeit eines Fahrzeugs ist, umso stärker müssen die Bremsen sein. Die Ingenieure der Moderne haben bei der Konstruktion beschleunigter Modernisierungen allerdings keine entsprechenden Vorkehrungen getroffen. Man schien keine Bremsen zu benötigen, solange feststand, dass der Fortschritt der Moderne eine unendliche Geradeausfahrt sein würde. Die Pathologien und Krisen der Moderne haben aber längst die Notwendigkeit von Ausweichmanövern und Kurskorrekturen erwiesen. Plötzliche Richtungswechsel, die ungebremst erfolgen, steigern jedoch die Unfallwahrscheinlichkeit. Außerdem müssen die Relationen stimmen. Mit einer Fahrradbremse lässt sich kein Jumbojet stoppen. Vor allem müssen die Relationen zwischen Temposteigerung und -verlangsamung stimmen. Spätestens seitdem Autotester den legendären „Elchtest" durchführen, wird den Bremsaggregaten ebenso viel Aufmerksamkeit zuteil wie den Antriebsaggregaten. Anders formuliert: Hochgeschwindigkeitstechnologien (und ebenso Hochgeschwindigkeitsökonomien), die mit hohen Risikopotentialen versehen sind, müssen aus Sicherheitsgründen ihre Vorgänge reversibel halten. Es reicht nicht aus, „Vorwärtsprozesse" zu optimieren, sie brauchen ebenso die Möglichkeit der „Rückwärtskorrektur", wenn Situationen auftreten, die ganz anders ausfallen, als zuvor erwartet wurde. Es ist daher durchaus „modernitätskompatibel", Vorkehrungen zu treffen, dass der Lauf der Dinge angehalten werden kann, sowie regelmäßig an- und innezuhalten und sich der eigenen Fahrtauglichkeit zu vergewissern.

Allerdings finden solche Forderungen angesichts neoliberaler Tendenzen in Wirtschaft und Politik kaum Gehör. Hier will man nicht wahrhaben, dass sich die Ausbeutung der Zeit plötzlich gesellschaftlich und kulturell nicht mehr „rechnen" könnte. Stattdessen wird suggeriert, dass die Aufhebung des Ladenschlussgesetzes, die Ausdehnung sogenannter „Bedürfnisgewerbeordnungen" im Beratungs- und Dienstleistungssektor und die Etablierung „verkaufsoffener" Sonntage mit einer gesteigerten Zeitsouveränität der Kunden und einem daraus resultierenden Gewinn an individueller Freiheit in Zusammenhang stehen. Die damit geweckten Erwartungen sind jedoch nur solange gedeckt, wie Produktion und Konsum gemeinsam wachsen, die Konsumpotentiale in der Bevölkerung flächendeckend annähernd gleich verteilt sind und sich die sozialen Nebenkosten solcher Optionensteigerung in Grenzen halten. Die Frage ist zudem, auf welchem Niveau dieser

Freiheitsgewinn angesiedelt ist. Er kann sich am Ende als „Verschlimmbesserung“ erweisen: Wer aus ökonomischen Gründen für die völlige Schleifung kollektiver Freizeiten ist, sie nicht für eine kulturelle Errungenschaft, sondern für eine Fessel individueller Freiheit hält und es als sozialen Fortschritt verbucht, wenn es statt dessen individuell zugeteilte oder wählbare Freizeitkontingente gibt, verkennt den Beitrag sozialer „Auszeiten“ zur Sicherung der Qualität des Lebens. Er gleicht den Besuchern eines Fußballstadions, die sich von ihren Sitzplätzen erheben und das Spiel unbehindert von den vor ihnen sitzenden Personen beobachten wollen. Wenn dieses Beispiel Schule macht, werden im Laufe der Zeit alle übrigen auch diesen Vorteil haben wollen. Dies führt keineswegs dazu, dass am Ende alle „mehr vom Spiel“ haben. Im Gegenteil: Aus Sitzplätzen sind Stehplätze geworden und buchstäblich stehen sich alle schlechter als zuvor.

Die sozialen und kulturellen Kosten der Deregulierung und Flexibilisierung sozialer Zeitverwendungsvorgaben sind nicht unerheblich. Größeren Entscheidungsfreiheiten des Individuums, der Zunahme seiner Mobilität und Optionenvielfalt stehen die Auflösung von entlastenden zeitlichen Orientierungsmarken und der wachsende private Aufwand für die Organisation und Koordination angesichts konkurrierender Zeitanforderungen aus Lebenswelt und Beruf gegenüber. Während ein starres Zeitsystem, dem sich alle Individuen anzupassen haben, die „Transaktionskosten“ zur Herstellung von Zeitabsprachen und zur Sicherung gemeinsamer Zeiten extrem niedrig hält (allerdings zu Lasten der individuellen Zeitsouveränität), führt die Liquidierung aller zeitlichen Fixpunkte in einer „Simultankultur“ mit einem ständig gleich hohen Aktivitätsniveau (das alle Inaktiven zumindest in den „stand-by-Modus“ versetzt) zu extrem hohen „Unterhaltungskosten“ eines solchen Systems, für die nicht das System, sondern die Subjekte aufzukommen haben.[105] Wenn die unternehmerische Zeitpolitik die Externalisierung dieser Kosten vorsieht, trifft dies die Betriebsangehörigen keineswegs gleichmäßig. Alleinerziehende mit Kindern unter 18 Jahren sind hiervon am stärksten belastet. Zwar können verlässliche Betreuungsangebote in ihrem sozialen Nahbereich den Druck des Zeitmanagements reduzieren, erfordern aber erneut große Koordinierungsaufwendungen.[106] Sind

[105] Vgl. M. Eberling u. a., Prekäre Balancen. Flexible Arbeitszeiten zwischen betrieblicher Regulierung und individuellen Ansprüchen, Berlin 2004; H. Selfert (Hg.), Flexible Zeiten in der Arbeitswelt, Frankfurt 2005; U. Mückenberger, Metronome des Alltags. Betriebliche Zeitpolitik, lokale Effekte, soziale Regulierung, Berlin 2004.

[106] Vgl. mit zahlreichen empirischen Belegen aus der Zeitbudgeterhebung 2000/2001 des Statistischen Bundesamtes C. Pinl, Wo bleibt die Zeit?, in: ApuZ B 31–32 (2004) 19–25.

für eine solche vom Menschen geschaffene Welt wirklich alle Menschen geschaffen? Stehen Flexibilität der Zeitverwendung und Stabilität der Zeitordnung wirklich in einem Konkurrenz oder gar Ausschlussverhältnis? Setzt das Versprechen autonomer Zeitgestaltung nicht die gesellschaftlich vermittelte Gewähr voraus, dass es überhaupt auf Dauer und regelmäßig wiederkehrend bestimmte Zeiträume selbst zu gestalten und gemeinsam mit anderen Menschen zu verbringen gibt? Vor allem aber: Wie steht es um jene Menschen, welche mit dem Lauf dieser Welt nicht mehr mithalten können? Die kinetische Moderne bietet den Menschen, welche die ihnen gebotenen Chancen zu nützen vermögen, Voraussetzungen und Spielräume des Vorwärtskommens wie keine Epoche zuvor. Sie kann aber denen, die nach Halt und Orientierung fragen, am Ende nichts anderes bieten als stets die Rückverweisung auf das Prinzip Beschleunigung. Sie ist für andere Orientierungsleistungen nicht zuständig. Sie setzt für die Entfaltung ihrer Möglichkeiten jene Ich-Stärke und Orientierungssicherheit voraus, deren Beständigkeit – wenngleich ohne Absicht – sie fortwährend untergräbt.

2.3.2. Beschleunigung als Vergleichgültigung? Vergessene Eigenzeiten

Wo alle möglichen Weltereignisse zu jeder Zeit und überall gegenwärtig sein sollen, steht das Leben unter dem Diktat des „Non-Stop-Prinzips“. Als Leitprinzip einer Kultur, die rund um die Uhr in Bewegung ist, lässt es sich nicht ohne die Nebenwirkung der Einebnung und Vergleichgültigung der „Eigenzeiten“[107] von Mensch und Natur und des Zwangs zur Pausenlosigkeit zur Geltung bringen.[108] Vorübergehend ist dies fortschrittsdienlich. Denn die Permanenz der Beschleunigung insinuiert eine Vorwärtsbewegung. Aber – auch dies ist von Naturwissenschaftlern zu lernen – je höher ihr Tempo ist, um so weniger verläuft sie geradlinig und gleichmäßig. Es kommt zur Bildung von Wirbeln und Kreiseln, in denen sich alles dreht, aber nichts mehr vorankommt. Dies gilt auch für die soziale Evolution. Die Beschleunigungsgesellschaft kann in den Zustand des „rasenden Stillstands“[109] geraten. Sie gleicht einem Wasserwirbel in einem Flusslauf. Hier herrscht eine enorme Umlaufgeschwindigkeit, aber es kommt zu keinem Raumgewinn. Alles ist in Bewegung, aber es geht nicht vorwärts.

[107] H. NOWOTNY, Eigenzeit. Entstehung und Strukturierung eines Zeitgefühls, Frankfurt 1995.

[108] Vgl. auch M. MOORE-EDE, Die Nonstop-Gesellschaft. Risikofaktoren und Grenzen menschlicher Leistungsfähigkeit in der 24-Stunden-Welt, München 1993.

[109] P. VIRILIO, Rasender Stillstand, München/Wien 1992.

Unter dem Gebot der Pausenlosigkeit wird diese Möglichkeit ausgeblendet. Man geht vielmehr davon aus, Rhythmen und Zyklen von Mensch und Natur seien frei disponibel, sie könnten in lineare Zeitmuster überführt oder in einer künstlichen „Chronokratie" gleichgeschaltet werden. Solche „Gezeiten" der Zeit und Eigenzeiten von Abläufen ignorieren oder „domestizieren" zu wollen, kann sich jedoch fatal auswirken. Menschliche Zuwendung, Vertrauen und Solidarität lassen sich ebensowenig beschleunigt herstellen, wie sich Trauer und Misstrauen im Zeitraffer abbauen lassen. Sie brauchen ihre eigene Zeit, für die eine Stoppuhr das völlig ungeeignete Messgerät ist. Das gilt nicht allein für psychische, sondern auch für physische Prozesse. Chronobiologische und chronopharmakologische Studien haben gezeigt, dass die Wirksamkeit von Medikamenten beim Menschen vom Zeitpunkt ihrer Zuführung in seine Biorhythmen abhängig ist, die sich durch unterschiedliche Periodenlängen auszeichnen. Hier hilft es nichts und kann sogar kontraproduktiv sein, Dosierung und Zeitpunkt der Verabreichung anhand der abstrakten Uhrzeit standardisieren zu wollen. Angezeigt ist das Achten auf die „inneren Uhren" eines Organismus.[110] Werden sie verkannt, wie etwa bei bestimmten Formen der Nacht- und Schichtarbeit, welche den Schlafrhythmus des Menschen stören, treten gravierende gesundheitliche Probleme auf.[111]

Nicht nur die innere, auch die äußere Natur des Menschen kennt ihre Eigenzeiten. Die ökologische Krise hat sich nicht zuletzt deswegen so dramatisch zugespitzt, weil man nicht zureichend bedachte, ob und in welchen Zeiträumen sich die Ökosysteme an die beschleunigte Veränderung der gesellschaftlichen Naturverhältnisse anpassen können. Durch die extreme Beschleunigung eines technisch-instrumentellen Naturumgangs (d. h. des Rohstoffverbrauchs und des Schadstoffeintrags) sind die regenerativen natürlichen Rhythmen und Eigenzeiten dieser Ökosysteme in vielen Bereichen irreversibel überfordert worden. Erst spät hat man entsprechende Nachhaltigkeitsregeln formuliert, wonach die Abbaurate erneuerbarer Ressourcen die (natürliche oder vom Menschen beeinflusste) Regenerationsrate nicht übersteigen darf, die Abgabe von Schadstoffen unter der Assimilationskapazität der betroffenen Ökosysteme bleiben muss, die Reduzierung des Bestandes an erschöpfbaren Ressourcen durch eine entsprechende Zunahme der Bereitstellung funktional äquivalenter Ressourcen

[110] Vgl. etwa J. Zulley/B. Knab, Unsere innere Uhr, Freiburg/Basel/Wien [5]2001; G. Hildebrandt u. a., Chronobiologie und Chronomedizin, Stuttgart 1998; A. Meier-Knoll, Chronobiologie. Zeitstrukturen des Lebens, München 1995.

[111] Vgl. G. Hildebrandt, Die Mißachtung der biologischen Zeitprogramme des Menschen durch Nacht- und Schichtarbeit, in: B. Adam/Kh. Geissler/M. Held (Hg.), Die Nonstop-Gesellschaft und ihr Preis, 121–147.

ausgeglichen werden muss und das Zeitmaß menschlicher Eingriffe in die Umwelt stets in einem ausgewogenen Verhältnis zum Zeitmaß des Reaktionsvermögens der natürlichen Umwelt zu stehen hat.[112]

Aber nicht nur in der Natur, sondern auch innerhalb der Kultur gibt es Eigenzeiten. Dies gilt vor allem für die Institution der Demokratie. Sie droht ausgehöhlt zu werden, da die Eigenzeit deliberativer Verfahren der Willensbildung und Entscheidungsfindung mit den Zeithorizonten ökonomischer und technisch-wissenschaftlicher Prozesse kaum noch in Einklang zu bringen ist. „Während die Folgewirkungen neuer Entdeckungen – etwa in der Genforschung oder der Kernenergie – sich auf immer größere Zeiträume erstrecken, wird die Zeit, die zur Verfügung steht, um Steuerungsentscheidungen zu treffen, (vor allem aus Gründen des Wettbewerbs) immer kürzer. Für die Organisation und Durchsetzung kollektiver Interessen und Zwecke bleibt dabei keine Zeit mehr, zugleich schwindet die Basis, von der aus sie sich realisieren ließen: Kollektive Interessen und ihre Trägergruppen unterliegen selbst dem beschleunigten sozialen Wandel und erweisen sich dabei als kaum noch organisier- und integrierbar."[113]

Man kann daraus den Schluss ziehen, dass Demokratien in einer sich beschleunigt verändernden Welt aufgrund ihrer zeitaufwändigen Beratungs- und Abstimmungsverfahren „dysfunktional" geworden sind und sich selbst und dem allgemeinen Fortschritt im Wege stehen. Eine solche Schlussfolgerung gibt jedoch ein zentrales politisch-ethisches Projekt der Moderne auf. Dieses Projekt verdankt sich den Impulsen der Aufklärung, die den Menschen dazu motivieren, aus einem blinden Schicksalszusammenhang herauszutreten, sich über die materiellen und kulturellen Bedingungen der eigenen Existenz im Ganzen klar zu werden und unter dem Imperativ der Vernunft eine Gestalt gesellschaftlicher Existenz entstehen zu lassen, der jedes Vernunftsubjekt aus freien Stücken zustimmen kann. Ein solches Projekt aber braucht seine (eigene) Zeit.[114]

[112] Vgl. hierzu H.-J. Höhn, Ökologische Sozialethik. Grundlagen und Perspektiven, Paderborn 2001; J. P. Rinderspacher (Hg.), Zeit für die Umwelt. Handlungskonzepte für eine ökologische Zeitverwendung, Berlin 1996.

[113] H. Rosa, Rasender Stillstand, 168. Vgl. auch P. Virilio, Fahren, fahren, fahren, Berlin 1978, 68: „Jede echte Demokratie beruht auf der Teilung von Entscheidungsgewalt. Sobald nun aber kein Zeitraum und keine Frist mehr bleibt, um diese Gewalt zu teilen, wird Kontrolle unmöglich. Wie kann Macht geteilt werden, wenn die Zeit, in der sie ausgeübt wird, einem völlig entgleitet?"

[114] Zu diesem Komplex siehe auch W. Scheuermann, Liberal Democracy and the Social Acceleration of Time, Baltimore 2004; M. Eberling, Beschleunigung und Politik. Zur Wirkung steigender Geschwindigkeiten des ökonomischen, technischen und gesellschaftlichen Wandels auf den demokratischen Staat, Frankfurt

2.3.3. Beschleunigung als Globalisierung? Zukunftsfähigkeit und Zeiterschließung

Der kinetische Imperativ kennt kein „zuviel“ und kein „genug“; außer sich selbst hat er weder Maß noch Ziel. Insofern passt er in eine Epoche, deren Wortfavorit „Globalisierung“ lautet. Diese Selbstbeschreibung der Gegenwart bedient sich der Kugelmetapher und bestimmt sich selbst als Raum gewordener Kreis, d. h. als vollkommen selbstbezügliche Bewegung. Der kinetische Imperativ hat aus den Projekten der Moderne Projektile gemacht. Am Anfang wurden Ziele angestrebt, dann wurde der Weg zum Ziel erklärt und am Ende wird nur noch die Temposteigerung forciert. Bewegung ohne Ziel wird jedoch zur inhaltsleeren Betriebsamkeit. Ohne einen ideologischen Widerpart fehlt dem globalen Kapitalismus das „Worumwillen“ bzw. sind ihm die nicht-ökonomischen Ziele der Ökonomie abhanden gekommen. Der Markt will nichts anderes als den Markt und Geld nichts anderes als Geld. Damit ist der Eintritt in ein Zeitalter vollzogen, das wohl zum ersten Mal, seitdem es ein Nachdenken über Geschichte gibt, kein spezifisches Projekt, kein geschichtliches Telos verfolgt, das nicht mit ihm selbst identisch ist. Globalisierung will offenkundig nichts anderes als Globalisierung. Ihre Zukunft liegt in einer wirtschaftlich ausbalancierten Weltökumene, in der sich alles sozio-kulturell Partikulare behaupten kann, solange es den Universalitätsanspruch und den Primat der Ökonomie nicht bezweifelt. „Zukunftsfähig“ ist darum nur, wer sich unter den Bedingungen der ökonomischen Globalisierung behaupten kann.

Nur selten wird die Frage formuliert, ob lediglich „Wettbewerbsfähigkeit“ ausreicht, um im Zeitalter der Globalisierung „zukunftsfähig“ zu sein. Ist die Zukunft der Ökonomie die letzte und einzige Zukunft der Moderne? Fängt hier etwas an, dem, wenn es vorbei ist, nichts mehr folgt? Repräsentiert diese Form des Voranschreitens in der Zeit schon das Letzte, was dem Menschen möglich ist, so dass hinter ihm nichts mehr kommt? Oder müssten die Menschen gerade mit dieser Totalisierung des Ökonomischen aufhören, um mit sich und der Welt auch in Zukunft noch etwas (Neues) anfangen zu können? Kann es sein, dass die Globalisierung und Synchronisierung der Waren-, Informations- und Geldströme von der Idee geleitet sind, dass sich damit eine Zukunft einstellt, die nichts mehr enthält, was nicht bereits die Gegenwart schon vorzuweisen hat? Eine befristete Existenz ist offensichtlich leichter zu ertragen, wenn die Zukunft nicht mehr das Land der unbegrenzten Möglichkeiten ist. Wenn sich ein abseh-

1996; G. Riescher, Zeit und Politik. Zur institutionellen Bedeutung von Zeitstrukturen in parlamentarischen und präsidentiellen Regierungssystemen, Baden-Baden 1994.

bar endliches Leben nicht in eine unabsehbar unendliche Zukunft hineinverlängern lässt, dann muss die Zukunft in die Gegenwart gezwungen werden. Aber ist dieser Versuch nicht schon längst widerlegt durch die Tatsache, dass ein befristetes Dasein auch und erst recht im Zeitalter der Beschleunigung keine wirkliche Lösung findet für den Konflikt, der aus der Öffnung der Schere zwischen „Lebenszeit" und „Weltzeit" (H. Blumenberg), zwischen dem in der Welt Möglichen und dem Menschenmöglichen entsteht?

Die Befristung des Daseins ist nicht absorbierbar – auch nicht mit der Strategie, die Erlebnisdichte pro Zeiteinheit zu erhöhen, um in einem Durchschnittsleben das Pensum von zwei oder drei Existenzen zu schaffen. Nicht selten kommt es dabei zum „Zeitinfarkt". Die Bilanz wird ohnehin immer so ausfallen, dass die verpassten und ungenutzten Gelegenheiten im Vergleich zu den genutzten in der Überzahl sind. „Dieselben Mittel, die dem Individuum zu seiner Selbsterweiterung dienen, vermehren auch das Quantum der Weltmöglichkeiten. Mit jedem Beschleunigungsschub steigt das Weltangebot exponentiell an. Dahinter fällt das Individuum mit seiner einfachen Selbstbeschleunigung immer wieder zurück."[115] Man kann zwar simultan ein Fernsehprogramm am Bildschirm verfolgen und beliebig viele andere Programme auf entsprechende Recorder aufnehmen und speichern. Man wird sie aber nur nacheinander anschauen können. Und irgendwann reicht die Lebenszeit dann doch nicht aus, sich alles anzuschauen, was man sich anschauen könnte. Der Anteil des Individuums an der Erfahrbarkeit seiner Welt schrumpft trotz der technischen Möglichkeiten der gleichzeitigen Teilhabe an den Ereignissen in seiner Welt, trotz des Aufholens von Erlebnisrückständen durch das zeitversetzte Nachholen der Partizipation am Originalgeschehen.[116]

Vor diesem Hintergrund mehren sich die Stimmen, die für eine Verlangsamung der Fortschrittsdynamik plädieren und eine Temporeduzierung sowohl für die individuelle Lebenspraxis als auch für die soziale Evolution anraten.[117] Solche Plädoyers verdanken sich der Einsicht, dass die Befris-

[115] M. GRONEMEYER, Das Leben als letzte Gelegenheit, 104.

[116] Vgl. hierzu auch H. KASTEN, Wie die Zeit vergeht. Unser Zeitbewusstsein in Alltag und Lebenslauf, Darmstadt 2001.

[117] Vgl. exemplarisch B. RÖTHLEIN, Anleitung zur Langsamkeit, München/Zürich [2]2005; J.-C. HONORE, Slow life. Neue Kreativität und Lebensqualität durch die Verwirklichung von Eigenzeit, München 2004; F. REHEIS, Entschleunigung. Abschied vom Turbokapitalismus, München 2003; DERS., Die Kreativität der Langsamkeit. Neuer Wohlstand durch Entschleunigung, Darmstadt 1996; P. HEINTEL, Innehalten. Gegen die Beschleunigung – für eine andere Zeitkultur, Freiburg/Basel/Wien [3]2000; G. WEHMEYER, Langsam leben, Freiburg/Basel/Wien 2000.

tung seiner Lebenszeit den modernen Menschen nicht nur zur Beschleunigung seiner Lebensvollzüge, sondern auch zur Wahl und Entscheidung nötigt. Wenn das Leben befristet ist, können wir darin nicht alles Mögliche erreichen – uns fehlt einfach die Zeit dazu. Die Zeit zwingt uns dazu, nicht alles Mögliche zu wollen, sondern nur Einiges. Wenn nun unser Leben befristet ist, können wir uns auch nicht zu lange Zeit lassen für das Wählen und Entscheiden. Je rascher wir uns entscheiden, um so mehr Zeit haben wir für das, wofür wir uns entschieden haben.

Von dem, was wir für uns auswählen, haben wir aber nur etwas, wenn wir für eine gewisse Zeit dabei verweilen[118]. Solche Verweilzeiten nehmen das Tempo aus der Zeit, sie sorgen für Genauigkeit, stellen Vertrautheit her und ermöglichen Standortbestimmungen. Insofern gilt, dass die Moderne den Menschen unter zwei Zeitimperative stellt, die aus der Befristung seiner Lebenszeit erwachsen: der Imperativ der Beschleunigung und der Imperativ des Verweilens. Das Verweilen – mag es sich als ästhetisches Anschauen[119] oder als religiöse Kontemplation[120] vollziehen – ist eine Möglichkeit des „Zeitgewinns", bei der wir nicht mehr mit dem Vergehen der Zeit im Gleichschritt marschieren. Zum Verweilen genügt es aber nicht, einfach stehenzubleiben – das tun auch die ewig Gestrigen. Davon unterscheidbar ist es nur, wenn es mehr als ein Nicht-Aufgehen im „rasenden Stillstand" versucht, ein Nicht-Weitergehen mit allem übrigen, sondern zugleich in einem aktiven „Aufgehen" in einer Sache besteht, die man im Widerstand gegen das Vergehen der Zeit zustandebringt. Um in einer Sache aufgehen zu können, bedarf es der Konzentration auf diese Sache und der Sammlung.

Was für das Individuum noch praktikabel sein mag und als Remedium gegen Stress und Hektik empfehlenswert ist, führt jedoch im größeren Maßstab in erhebliche Verlegenheiten und ist für sozialethische Überlegungen nur sehr bedingt anschlussfähig. Woher sollen die Inhalte und Ziele einer kollektiven „Auszeit" kommen? Verhindert nicht die faktische Pluralität der Wertoptionen und der Präferenzen, wie man die Zeit verbringen kann, in einer hochgradig individualisierten Gesellschaft die Einigung auf kollektive Verweilzeiten? Wie will man sich in einer weltanschaulich plura-

[118] Zum Vermögen des Verweilenkönnens vgl. G. Haeffner, In der Gegenwart leben. Auf der Spur eines Urphänomens, Stuttgart/Berlin/Köln 1996.

[119] Vgl. M. Theunissen, Freiheit von der Zeit. Ästhetisches Anschauen als Verweilen, in: W. Schmied (Hg.), GegenwartEwigkeit. Spuren des Transzendenten in der Kunst unserer Zeit, Stuttgart 1990, 35–40.

[120] Vgl. etwa M. v. Brück, Wo endet Zeit? Erfahrung zeitloser Gleichzeitigkeit in der Mystik der Weltreligionen, in: K. Weis (Hg.), Was ist Zeit?, München 1995, 207–262.

len Gesellschaft auf gemeinsame Sinnentwürfe des Daseins einigen können, ohne die erreichten individuellen Freiheitsgrade bei der Aufstellung von Sinn- und Wertpräferenzen wieder einzuschränken? Ist nicht längst die Unmöglichkeit erwiesen, dass man über die neuzeitlichen „Fortschritts- und Geschichtstopologien (...) gesellschaftliche Kommunikation flächendeckend konditionieren könnte“?[121]

Wenn es zutrifft, dass der kinetische Imperative zu Fragen der Zukunftsgestaltung führt, die er mit den Instrumenten der Beschleunigung und Synchronisierung nicht mehr bewältigen kann, dann bedarf es zweifellos anderer Deutungsmodelle von „zukunftsfähiger Entwicklung“ und anderer Medien der Koordination sozialer Interaktion. Und wer die Erfahrung der Ambivalenz des kinetischen Imperativs produktiv verarbeiten will, ist in der Tat schlecht beraten, nur nach weiteren Möglichkeiten der Temposteigerung zu suchen – wenngleich es bei der Durchsetzung der Menschenrechte, bei der Beseitigung des Hungers in der Welt oder bei Maßnahmen zum Erhalt und Schutz der Umwelt noch immer nicht rasch genug vorangeht. Aber es wird lediglich eine alte Einseitigkeit durch eine neue abgelöst, wenn das neue zivilisatorische Kommando lautet: „slow motion“! Für sich genommen stellen die beiden Aufforderungen „schneller!“ und „langsamer!“ gleichermaßen nur inhaltsleere Komparative dar. Sie gleichen einem Messgerät, von dem man die Skala entfernt und nur die Zeiger übrig gelassen hat. Diese schlagen zwar von Zeit zu Zeit heftig aus, aber diese Ausschläge haben keinen Erkenntniswert mehr. Abhilfe lässt sich nur schaffen, wenn wieder ein geeichtes Messgerät zur Verfügung steht.

Die Beschäftigung mit gesellschaftlichen Wertskalen ist nicht allein ein deskriptives Unternehmen, sondern auch mit der Erwartung verbunden, dass Messergebnisse geliefert werden, die als Anhaltspunkte für eine Neujustierung des gesellschaftlichen Umgangs mit Zeit dienen. Kann es mit den Mitteln der ethischen Vernunft gelingen, der Gleichschaltung naturaler und linearer Zeitmaße und ihren negativen Effekten eine produktive Verknüpfung von naturalen Eigenzeiten und sozio-kulturellen Zeitmustern entgegenzustellen? Lässt sich ein „re-embedding“ des kinetischen Imperativs in das ethisch-politische Projekt der Moderne unter der Regie der ethischen Vernunft in Angriff nehmen? Wie kann eine moderne Zeitkultur aussehen, in der ein kinetischer Imperativ human- sozial- und umweltverträgliche Wirkungen hat? Und nicht zuletzt: In welchem Theorieformat sind diese Fragen mit Aussicht auf Erfolg überhaupt diskutierbar?

Will sich eine Ethik gesellschaftlicher Zeitverhältnisse für diese Aufgabe empfehlen und den Erwartungen gerecht werden, die sie mit ihrem Titel weckt, muss sie zeigen, inwieweit sie nicht nur die sozialen „Nötigkeitsbe-

[121] A. NASSEHI, Keine Zeit für Utopien, 253.

dingungen“ für moralische Koordinierungen des Zeitumgangs rekonstruieren, sondern auch deren Plausibilitätsbedingungen erfüllen kann. Die Beschreibung der Ambivalenzen des kinetischen Imperativs und die sozialethische Kritik der hinter den Beschleunigungs- und Verlangsamungsimperativen stehenden Wertentscheidungen ist umso überzeugender, je mehr sie der kritischen Überprüfung der dabei eingesetzten ethischen Kriterien standhalten kann. Auch eine „KinEthik“ muss sich dieser Aufgabe stellen.

3. Die Ethik der Zeit: Die Zeitsignatur der ethischen Vernunft

Eine Ethik gesellschaftlicher Zeitverhältnisse kommt an zeithistorischen und zeitsoziologischen Studien nicht vorbei, welche ihr die kritischen Befunde einer vergesellschafteten Zeit und die Belege zur Ambivalenz des kinetischen Imperativs liefern. Zu einem ethischen Unternehmen wird sie aber erst, wenn sie zu diesen Ergebnissen und den sich daraus ergebenen Fragen Stellung nimmt – und zwar unter Angabe eines allgemein einsichtigen Moralprinzips, von dem her sich weitere Orientierungsleistungen entwickeln lassen. Die besondere Schwierigkeit bei der Herleitung dieser Orientierungen ergibt sich aus der umfassenden Veränderung des bisherigen Verhältnisses von Schicksalhaftem und Machbarem. Wenn sich die soziale Evolution nicht mehr als Anpassung an die biologische Evolution und ihre Zeitmaße verstehen lässt, sondern im „Genzeitalter" die biologische Evolution als Variable der sozialen Evolution und deren Zeitmaße auftritt, ist nicht nur der Radius menschlicher Verantwortung neu zu vermessen. Geklärt werden muss auch, in welcher Weise Kriterien einer Steigerung oder Verlangsamung des Tempos sozialer Evolution gefunden werden können, nachdem bisherige Konstanten im Zeitverhältnis des Menschen, die als schicksalhafte Größen seiner Verantwortung entzogen waren, in den Radius seiner Verantwortung getreten sind. Inwiefern ist die „vergesellschaftete" Zeit normativ für menschliches Handeln?

Größere Aufmerksamkeit als einseitige Beschleunigungs- oder Verlangsamungsplädoyers verdient auf Seiten der Sozialethik das Programm einer „Ökologie der Zeit". Sein Ziel ist es, angemessene Zeitmaße für den Umgang des Menschen mit seiner inneren und äußeren Natur zu finden und praktizierbar zu machen. Es gilt, unterschiedlich erlebbare und gestaltbare Zeitformen (z. B. Rhythmen, Zyklen, Linien, Zeitpunkte) so mit der Entwicklung des individuellen und sozialen Lebens in Beziehung zu setzen, dass ein auf Dauer tragfähiges Netz von kulturellen Zeitordnungen und natürlichen „Eigenzeiten" entsteht.[122] Diese Zuordnung soll nicht zuletzt

[122] Vgl. ausführlicher M. HELD/K. A. GEISSLER (Hg), Ökologie der Zeit. Vom Finden der rechten Zeitmaße, Stuttgart 1993; DERS./DERS. (Hg.), Von Rhythmen und Eigenzeiten. Perspektiven einer Ökologie der Zeit, Stuttgart 1995. Diese Arbeiten sind aus einem 1991 gestarteten Forschungsprojekt an der Evangelischen Akade-

den Test auf eine sowohl sozial gerechte als auch umweltverträgliche Ausrichtung technisch-ökonomischer und gesellschaftlicher Modernisierung bestehen können, was sie für sozialethische Überlegungen besonders interessant und relevant macht. Ob allerdings das Theorieformat zeit- und sozialökologischer Ansätze bereits hinreichend ist, um die Aufgaben einer Ethik gesellschaftlicher Zeitverhältnisse bewältigen zu können, ist angesichts grundsätzlicher Zweifel an den Prämissen dieses Programms eigens zu sondieren (3.1.). Dabei lässt es sich nicht vermeiden, bis in fundamentalethische Problemstellungen hinein dem Nexus von Zeit und Moral nachzugehen (3.2.). Allerdings ist es wenig aussichtsreich, hierbei in einer subjekttheoretischen Betrachtungsweise zu verharren und die Zeitlichkeit von Sein und Sollen am Selbst- und Weltverhältnis des Individuums festzumachen. Der Befund einer umfassenden Vergesellschaftung der Zeit nötigt auch dazu, von einer Vergesellschaftung des Existenzials der Zeitlichkeit zu sprechen (3.3.). Eine Ethik gesellschaftlicher Zeitverhältnisse bedarf daher ebenso einer Rückbindung an fundamentalethische Reflexionen, welche die Zeitsignatur der Moral freilegen, wie einer Ausweitung dieser Überlegungen in die Kontexte des Sozialen und der Geschichte. Andernfalls bleibt ihre konkrete Orientierungskraft äußerst gering.

3.1. Rhythmen und Zyklen der Natur: Normen sozialer Zeitverhältnisse?

Wenn die vorausgehenden kritischen Beobachtungen und Analysen zur Zeitökonomie moderner Gesellschaften zutreffen, dann liegt das Zentralmotiv ihrer Krisen und Konflikte in einem herrschaftsförmigen, instrumentellen Gebrauch des kinetischen Imperativs. Dies legt es in der Tat nahe, das expansive und instrumentelle Zeitverhältnis der Neuzeit dadurch zu korrigieren, dass Maß und Ziel menschlichen Handelns nicht in den Interessen, Bedürfnissen und Zwecksetzungen des Menschen gesucht werden, sondern unmittelbar in dem Medium seines Handelns: in der Zeit. In diese

mie Tutzing hervorgegangen, das natur- und sozialwissenschaftliche sowie ökologischen Studien einer nachhaltigen Zeitkultur zusammenführt (vgl. die Dokumentation in www.zeitoekologie.de). Im Jahre 2002 wurde im Umfeld dieses Projektes die „Deutsche Gesellschaft für Zeitpolitik“ (www.zeitpolitik.de) gegründet, die ihr Ziel darin sieht, „zu lebensfreundlichem Ausgleich zwischen Be- und Entschleunigung, zur Nachhaltigkeit von Alltagszeiten beizutragen, sie entwirft Modelle von individueller und kollektiver Zeit-Souveränität. Sie möchte Zukunftsfähigkeit befördern, schlägt Spiel-Räume für vertiefende Analysearbeit und Zieldebatten vor und macht alternative zeitpolitische Gestaltungsvorschläge“, Zeit für Zeitpolitik (hg. von DGfZP), Hamburg 2003, 138.

Richtung weisen auch zahlreiche alltagssprachliche Substantivierungen der Zeit als eine Macht, die „kommt“ und „drängt“, die ein „Lehrmeister“ oder Arzt ist, der „alle Wunden heilt“. Zwar kann sie auch Gegenstand menschlicher Tätigkeiten sein, indem man sich Zeit „nimmt“ oder „schenkt“, „verliert“ oder „gewinnt“, aber bei all diesen Verrichtungen ist sie weitaus mehr eine Bedingung als Objekt solchen Tuns. Der Mensch kann meinen, Zeit zu „haben“, aber sie ist ihm niemals gegeben, wie ihm sonst Gegenstände – etwa in der sinnlichen Erfahrung – gegeben sind. Sie ist die Vorgabe aller seiner Vorhaben. Sie präsentiert sich offensichtlich als die Matrix aller menschlichen Vollzüge. Allen Nötigungen, denen das Dasein ausgesetzt ist, geht die Herrschaft der Zeit voraus. Sie bestimmt nicht nur über alles im Leben, sondern auch über das ganze Leben, indem sie es befristet. Die Zeit ist es, die den Menschen ausnahmslos in Beschlag nehmen kann. Folgt man dieser Auffassung auch in der Ethik, müsste es gelingen, ein moralisches Sollen zu bestimmen, das nicht im rationalen Selbstverhältnis, sondern im temporalen Daseinsverhältnis des Menschen begründet oder im „Selbstverhältnis“ der Zeit fundiert ist. Aufgabe einer KinEthik wäre es in diesem Fall, normative Handlungsstandards auszuzeichnen, die nicht aus einer Reflexion über die „Zwecke der Vernunft“ (I. Kant) gewonnen werden, sondern aus „Zwecken der Zeit“, die sich aus ihren Rhythmen und Zyklen erheben ließen.

Allerdings stehen der Übernahme dieses Ansatzes in das Layout einer „KinEthik“ Vorbehalte entgegen, die sich vor allem auf sein methodisches Format beziehen und ihn kritischen Anfragen von Seiten verschiedener Wissenschaften aussetzen, die sich ideen- und sozialgeschichtlich, erkenntnistheoretisch oder phänomenologisch mit dem Komplex „Zeit“ beschäftigen: Auch eine Ökologie oder Ethik der Zeit stößt auf Schritt und Tritt unweigerlich auf die Grundfrage jeder Zeitreflexion, ob Zeit „ist“, d. h. welche Art von Realität ihr zukommt, und inwiefern Dasein „zeitlich“ ist, d. h. nur unter der Beziehung der Zeit vollzogen wird. Zeitlichkeit wird offenkundig nur an etwas erfahren, das „ist“, und alles, was ist, kann nur als etwas Zeitliches, d. h. Veränderliches, Bewegtes, Vergängliches erfahren werden.[123] Wenn beide Beobachtungen zutreffen, kann Zeit weder verdinglicht noch zu einer aktiven Größe erhoben werden. Weder kann man Zeit wie einen Gegenstand bearbeiten, noch arbeitet die Zeit selbst. Ebensowenig kann das „Sein“ der Zeit aus der Zeitlichkeit des Seienden herge-

[123] Vgl. hierzu den „kinetischen“ Zeitbegriff bei ARISTOTELES, Physik IV, 11,2196 I: „Zeit ist das Gezählte an der im Horizont des Früher und Später begegnenden Bewegung“. Zur philosophiegeschichtlichen Einordnung und ethischen Relevanz dieses Zeitkonzeptes siehe A. G. VIGO, Zeit und Praxis bei Aristoteles, Freiburg/ München 1996.

leitet, noch kann die Zeit des Seienden auf die Zeitlichkeit des Seins bezogen werden.

Versagt man sich ontologische Spekulationen und beobachtet man stattdessen die Sprache (und ihre Analytiker) bei der Arbeit, so zeigt sich: Die Begriffe „Sein“ und „Zeit“ verweisen aufeinander und lassen sich nur über diesen Verweisungszusammenhang präzise bestimmen. Sie entziehen sich der Subsumtion unter den jeweils anderen Begriff.[124] Unter dieser Rücksicht meint „Zeit“ diejenige Form, in der sich der Mensch erkennend und reflektierend die Dynamik des Daseins, des In-der-Welt-Seins zugänglich und nutzbar macht für die Verständigung über alles, was ist.[125] Wenn die Zeit nun als Verarbeitungsform der Dynamik des Wirklichen ein Konstrukt darstellt, ist dies ein erstes Argument dagegen, „die“ Zeit per se normativ auszeichnen zu wollen. Auch in der Vormoderne, in der soziale Strukturen und Prozesse an vorgegebenen und unveränderlichen Rhythmen und Zyklen der Natur ausgerichtet wurden, war diese Ausrichtung eine sozio-kulturelle Leistung. Normativ waren die Rhythmen und Zyklen der Natur nur aufgrund einer kulturellen Auszeichnung, die in ihnen etwas Unverfügbares, dem Menschen Vorgegebenes erkannte und an dieser Vorgabe für weitere Orientierungen und Handlungskoordinierungen Maß nahm. Für die Neuzeit typisch ist jedoch die Emanzipation von solchen Zeit- und Normgebern, da aus einer schicksalhaften Vorgabe längst eine soziale Aufgabe geworden ist. Wenn es gelingt, die Nacht zum Tage zu machen, bemisst sich die Länge eines Arbeitstages eben nicht mehr nach dem Aufgang und Untergang der Sonne und sind Arbeitstage im Winter nicht mehr kürzer als im Sommer. Naturale Rhythmen und Zyklen verlieren in der Moderne die Funktion, an ihnen ablesen und unterscheiden zu können, was menschlichem Handeln einerseits unverfügbar ist und was an-

[124] Vgl. S. Rödl, Kategorien des Zeitlichen. Eine Untersuchung der Formen des endlichen Verstandes, Frankfurt 2005; E. Rudolph/H. Wismann (Hg.), Sagen, was die Zeit ist. Analysen zur Zeitlichkeit der Sprache, Stuttgart 1992; P. Bieri, Zeit und Zeiterfahrung. Exposition eines Problembereiches, Frankfurt 1972.

[125] Vgl. auf dieser Linie auch die „Zeitdefinition“ von G. Dux, Die Befindlichkeit in Sein und Zeit, in: H.-J. Bieber u. a. (Hg.), Die Zeit im Wandel der Zeit, Kassel 2002: „Zeit ist diejenige Form, in der wir uns die Dynamik der Welt zugänglich machen und für die Organisation unseres Daseins nutzen“ (20). – „Mit der Zeit als Konstrukt bringen wir die Dauer des Universums und die Differenz seiner Zuständlichkeiten in eine handhabbare Form. Was ist und geschieht, erfassen wir in dem kategorialen Konstrukt der Zeit. Auch wenn wir die Zeit nur als dieses Konstrukt kennen, es ist ein Konstrukt, das gesättigt von der Realität des Universums ist“ (21). Zur naturwissenschaftlichen Reflexion der Dynamik des Universums anhand der Zeitkategorie siehe etwa K. Mainzer, Zeit. Von der Urzeit zur Computerzeit, München [4]2002 (Lit.); P. Davies, Wie die Zeit in die Welt kam, München 1996.

dererseits in den Radius des dem Menschen Verfügbaren und Rechenschaftspflichtigen gehört.

Wenn man zudem aus erkenntnistheoretischen Gründen bei der Frage nach der Normativität der Zeit auch sogenannte „Naturzeit“-Konzepte und -verhältnisse als sozio-kulturell mitkonstituiert betrachten muss, verschiebt sich der Focus auf die Reflexion gesellschaftlicher Zeitverhältnisse. Das bedeutet nicht, den auch naturwissenschaftlich zugänglichen Gegenstandsbereich der Zeit sozialtheoretisch „aufzuheben“. Es geht vielmehr darum, die gesellschaftliche Verarbeitung der „Dynamik der Welt“ (G. Dux) auch bei der Frage zu beachten, unter welcher Rücksicht es ein Gebot der praktischen Vernunft ist, „temporale“ Regulative menschlichen Handelns auszumachen.

Zweifellos muss der kinetische Imperativ jene größere Vernunft annehmen, für die das Wort „ökologisch“ steht, um am Ende der Moderne als ein vernünftiger Imperativ zu gelten. Allerdings muss sich eine Ökologie der Zeit fragen lassen, ob sie ihrerseits das erkenntnistheoretische Anspruchsniveau erfüllt, das für zeit- und sachgemäße, d. h. modernitäts- und rationalitätskompatible Orientierungssysteme gilt. Zahlreiche Formulierungen lassen hier den Eindruck entstehen, dass die Zeit analog zu den natürlichen Ressourcen als etwas Materiales aufgefasst wird. Wenn es darum geht, die „Kultivierung und Re-Kultivierung“ einer Vielfalt von unterschiedlichen Zeitformen als Erhaltungsbedingung sozial-ökologischer Systeme auszuweisen,[126] wenn komplementär zum Begriff „Biotop“ die Kategorie „Chronotop“[127] eingeführt wird, wenn entsprechend zur „Landschaftsplanung“ eine zentrale politisch-ökologische Herausforderung in der Planung von „Zeitlandschaften“[128] gesehen wird, sind die terminologischen Unschärfen erheblich und wecken Assoziationen, die kaum vereinbar sind mit modernen naturwissenschaftlichen und philosophischen Theorien, für die Zeit nicht etwas Zähl- und Messbares, sondern Medium des Zählens und Messens von Bewegung ist.[129]

[126] Vgl. K. Kümmerer, Rettet die Zeitvielfalt. Die Vielzahl von Zeiten als Voraussetzung einer nachhaltigen Entwicklung, in: Politische Ökologie 57/58 (1999) Heft 1, 32–35.

[127] T. Roenneberg/M. Merrow, Über Leben in Zeiträumen, in: Politische Ökologie 57/58 (1999) Heft 1, 36–38.

[128] B. Adam, Timescapes of Modernity. The Environment and Invisible Hazards, London 1998.

[129] Vgl. hierzu etwa M. Sandbothe, Die Verzeitlichung der Zeit. Grundtendenzen der modernen Zeitdebatte in Philosophie und Wissenschaft, Darmstadt 1998; W. Ch. Zimmerli/M. Sandbothe (Hg.), Klassiker der modernen Zeitphilosophie, Darmstadt 1993; H. M. Baumgartner (Hg.), Zeitbegriffe und Zeiterfahrung, Freiburg/München 1994; H. M. Baumgartner (Hg.), Das Rätsel der Zeit. Philosophi-

Bei manchen Vertretern einer Ökologie der Zeit liegt ein Verständnis „natürlicher Eigenzeiten" vor, das diesen „unter der Hand" einen normativen Status gibt. Sie gelten als das Ursprüngliche und Verlässliche, als etwas Elementares, das in seiner Elementarität für etwas Maßgebliches steht. Es scheint naheliegend, im Kontext der ökologischen Krise sich von einem solchen Denken wieder Korrektive für ein „naturgemäßes" Leben versprechen zu wollen, das zugleich „zeitgemäß" ist. Allerdings stellt ein solcher Wunsch unter mehreren Hinsichten einen Anachronismus dar. Er muss mit dem sofortigen Einspruch von Repräsentanten einer „konstruktivistischen" Zeitforschung rechnen, nach deren Überzeugung uns die Objektivität der Zeit nur über sozio-kulturell geprägte Wahrnehmungs- und Deutungsmuster zugänglich ist.[130] In der Frage der adäquaten Bestimmung gesellschaftlicher Zeitbezüge betrifft dies auch die Vorstellung von der Normativität der Zeit. Keineswegs hat dabei der Versuch, sich über die Zeit zu orientieren, an Bedeutung verloren. Es gibt keinen größeren Handlungszusammenhang als jenen, den die Kategorie „Zeit" markiert. Insofern es in der Ethik darauf ankommt, an dem Maß zu nehmen, hinter das man nicht zurück kann und über das man nicht hinauskommt, muss auch eine „KinEthik" nach Regulativen in der Zeit fragen. Aber kann man die „Naturzeit" bzw. „Eigenzeiten" in der Natur einfachhin als Fundament sozial-ökologischer Normen betrachten? Wäre nicht nach der Art eines naturalistischen Fehlschlusses nun ein „temporalistischer Kurzschluss" im Prozess der Normenfindung und -begründung die Folge? Sind nicht auch unsere Vorstellungen von „natürlichen Eigenzeiten" kulturell überformte Projektionen? Sind die Orientierungsleistungen, welche ein „Maßnehmen" an der Zeit gewinnen will, nicht ebenfalls bloß kulturelle Konstrukte ohne kategorische Verbindlichkeit, wenn das vorausgesetzte Zeitverständnis bereits ein kulturelles Konstrukt darstellt?[131] Ähnliche Fragen drängen sich auf, wenn vom Eigenwert bzw. von der Eigenwertigkeit der Zeit die Rede ist.[132] Werte sind keine Eigenschaft der Zeit. Nicht Werte sind der Zeit inhärent, sondern es ist die Vernunft, die über jene Werte zu befinden hat, die menschliches Leben angesichts seiner temporalen Regulative glücken lassen.

sche Analysen, Freiburg/München 1993; H. Gumin/H. Meier (Hg.), Die Zeit. Dauer und Augenblick, München [3]1992.

[130] Vgl. exemplarisch G. Rusch, Erkenntnis – Wissenschaft – Geschichte. Von einem konstruktivistischen Standpunkt, Frankfurt 1987.

[131] Vgl. hierzu etwa D. Rustemeyer, Zeit und Zeichen, in: J. Rüsen (Hg.), Zeit deuten, 54–81; Ders., Sinnformen. Konstellationen von Sinn, Subjekt, Zeit und Moral, Hamburg 2001.

[132] Vgl. A. Biesecker, Vom (Eigen-)Wert der Zeit – Normative Grundfragen der Zeitökonomik bezüglich einer Neubewertung der Zeit, in: B. Biervert/M. Held (Hg.), Zeit in der Ökonomik, 190–206.

Gleichwohl wird über den Begriff (Eigen)Zeit ein Feld von Wirkungspotentialen und -zusammenhängen eigener Realität erschlossen, die zwar gesellschaftlich beeinflussbar sind, sich aber vollständiger und umfassender Kontrolle entziehen. Es ist angesichts chronobiologischer Forschungen auch einzuräumen, dass viele natürliche „Zeitgeber" über natürliche Rhythmen und Zyklen heute immer noch wirksam sind und über diese Dimensionen die Deutung der Unabhängigkeit und Eigenständigkeit von Zeit immer wieder plausibel erscheint. So beruht die Einteilung der Erde in bestimmte Zeitzonen wie etwa auch die Umstellung der Uhren zum Beginn der Sommer- und Winterzeit auf einer sozialen Konvention, die dabei jedoch nicht Lauf und Stand der Sonne ignorieren kann. Es ist aber von entscheidender Bedeutung, dass die Eigenständigkeit der „Solarzeit" gerade nicht getrennt von gesellschaftlicher Wahrnehmung und Deutung existiert, sondern dadurch überhaupt erst zugänglich wird. Insofern grenzen Gesellschaften „Zeit" als eine 'nicht-gesellschaftliche' Realität von sich ab – und beziehen sie als solche gleichzeitig in gesellschaftliche Prozesse mit ein.

Die Vertreter einer Ökologie der Zeit werden angesichts der skizzierten kritischen Anfragen noch keinen zureichenden Grund erkennen, ihr Projekt aufzugeben. Ihre Beobachtung, dass offenkundig für die ökologischen Krisensymptome die Missachtung von Regenerationszyklen und -perioden biologischer Systeme als eine wesentliche Ursache auszumachen ist, wurde keineswegs widerlegt. Ebensowenig ist damit ihr zentrales Argument entkräftet, dass gerade die Entkopplung naturaler und kultureller Zeitordnungen die kulturellen Zeitordnungen als nicht zukunftsfähig erweist. Gibt es also – allen „kulturalistischen" Ansätzen zum Trotz – nicht doch Regulative menschlichen Handelns, die mit der „Temporalität" der menschlichen Existenz in Beziehung stehen? Ist es prinzipiell unmöglich und müßig, einen „Limes" für den Zeithaushalt von Gesellschaften zu suchen? Wenn die Unterscheidung von sozialen Zeitordnungen und naturalen Zeitmustern zwar in ihrer inhaltlichen Bestimmung variabel, nicht aber als solche kontingent ist, müsste dieser Umstand doch auch Konsequenzen für den Versuch einer sozial-ökologischen Normfindung haben. Dann wäre das Verhältnis von Zeit und Moral unmittelbar für die Begründung moralischer Verhaltenserwartungen belangvoll und es wäre angezeigt, über eine eigene Normativität der Zeit, eine temporale Konstitution moralischen Sollens nachzudenken.

3.2. Zeit und Sollen: Die Zeitlichkeit der Moral

Die Frage, ob Moral etwas mit Zeit zu tun hat, wird meist als Erkundigung nach dem Wandel moralischer Überzeugungen im Lauf der Zeit aufgefasst: Inwieweit haben sich moralische Überzeugungen und Handlungsformen in und mit der Zeit verändert? Inwieweit unterliegen Normen und Werte geschichtlichen Wandlungsprozessen? Legt die Geschichte der Moral eine Relativierung ihrer Ansprüche nahe? Gibt es einen „zeitenthobenen", immer gültigen Kernbereich von Werten und Normen? Die Frage nach dem „Zeitindex" der Moral geht jedoch über diese Aspekte weit hinaus. Sie ist darauf zu beziehen, inwiefern der Faktor „Zeit" selbst konstitutiv für moralische Sollensansprüche und Verpflichtungen ist.

Damit ist zunächst auf die soziale Grundfunktion von Moral verwiesen: Moralische Verpflichtungen lassen sich als intersubjektive Verhaltenserwartungen bestimmen, d. h. sie koordinieren wechselseitige Erwartungen von Teilnehmern an sozialen Interaktionen, indem sie ihr künftiges Handeln (und Unterlassen), das sie von einander erwarten, an gute Gründe binden, die bereits in der Gegenwart gelten und von deren Fortbestehen in der Zukunft ausgegangen wird. „Moralische Verpflichtungen lassen sich als begründete Erwartungen verstehen, für die objektive, allgemein akzeptable Gründe gelten. Zeitlich also erstrecken sie sich aus der Gegenwart von Handelnden auf ihre Zukunft, die mit einem Objektivitätsanspruch auftretenden Begründungen aber scheinen ohne einen Zeitbezug Geltung zu beanspruchen. Die Moral, wie andere soziale Verhaltensregeln, koordiniert wechselseitige Erwartungen von Teilnehmern an sozialen Interaktionen, sie bindet ihr zukünftiges Handeln und Unterlassen, das sie von einander erwarten, an begründete gegenwärtige Überzeugungen. Zeitlich gesehen, koordiniert die Moral daher Einstellungen zur Zukunft durch eine bestimmte, intersubjektiv qualifizierte Gegenwart."[133] Moralische Normen zielen auf etwas Gesolltes, das Gegenwart und Zukunft überspannt. Sie richten sich dabei an gegenwärtige wie an künftige Akteure. Moralische Normen, die an Gegenwärtige adressiert werden, müssen daher auch aus der Sicht der Zukünftigen bestehen können.

Soziales Handeln steht aber nicht nur im Zeichen der Kontinuitätserwartung, sondern dient auch der Kontinuitätsherstellung. Der Sozial- und Zeitbezug der Moral kommt hier bei der Prüfung von Handlungen ins Spiel, deren Ausgang hinsichtlich der von ihnen angestrebten Werte- und Güterrealisation ungewiss ist. Listet man die verschiedenen Konstellationen des

[133] Vgl. G. Lohmann, Moral und Zeit, in: E. Angehrn u. a. (Hg.), Der Sinn der Zeit, Weilerswist 2002, 184 (181–198).

Sozialen, Moralischen und Temporalen auf, ergibt sich ein umfangreicher Fragenkatalog: Welche Gründe rechtfertigen Handlungen, die ein erhebliches Risiko in sich bergen, die Kontinuität eines Lebens- und Wertzusammenhangs zu gefährden? Welche Gründe sprechen dafür, im Fall einer Technikfolgenabschätzung einer „Negativprognose“ zu folgen, d. h. eher nach der Überlegung zu handeln, ein riskantes Unternehmen könne misslingen, als der gegenteiligen Erwartung zu folgen, es werde schon alles gut gehen? Wann sind die negativen Auswirkungen risikobehafteter Maßnahmen künftigen Generationen zumutbar? Auf wie viele Generationen ist der Radius sozialer Verantwortung auszudehnen oder einzugrenzen? Kennt die Kategorie der „Generationengerechtigkeit“ überhaupt eine zeitliche Grenze, jenseits derer gegenwärtigen Generationen Maßnahmen erlaubt sind, die irreversible negative Folgen für kommende Generationen haben können? Unter welcher Rücksicht und in welchem Maß darf man um eines künftigen Vorteiles willen jenen Menschen Lasten aufbürden, welche an diesem Vorteil nicht partizipieren werden? Wann ist es ein Gebot der Nächstenliebe, dem Nächsten um eines Ferneren willen Opfer zuzumuten?

Der Zeitindex der Moral wird ferner deutlich bei der Bemessung der Dringlichkeit von Handlungen. Wenn man die zeitliche Nähe eines Gutes oder eines Übels in die Entscheidungsfindung einbezieht, kann man für eine Präferenz von Gegenwartspräferenzen votieren und allein um ihrer Zukünftigkeit willen zukünftige Vor- oder Nachteile geringer veranschlagen, sofern die Vorteile in der Gegenwart gewiss, jene der Zukunft fraglich sind. Komplizierter wird die Abwägung, wenn sich Vor- und Nachteile auf unterschiedliche Subjekte verteilen. Dann entsteht eventuell das Dilemma, dass die Beachtung der Belange der zeitlich Näheren Beeinträchtigungen der Belange der zeitlich Ferneren zur Folge hat, und die Belange der zeitlich Ferneren nur dadurch gewahrt werden können, dass die der zeitlich Näheren eingeschränkt oder übergangen werden. Soll man auch hier eine Zeitpräferenz für die Gegenwart wählen?[134]

Zentrale Bedeutung kommt bei all diesen Fragen der Überlegung zu, wie und woher jene „guten“ Gründe zu beziehen sind, welche jeweils eine verantwortbare Entscheidung ermöglichen. Gehen moralische Verpflichtungen allein von den möglichen Subjekten und Adressaten dieser Verpflichtungen aus und/oder gibt es noch ein anderes „Woher“ von Sollensansprüchen und andere „Quellen der Moralität“? Wenn – wie angedeutet – die Kernstruktur moralischen Sollens eine temporale Signatur aufweist, könnte dann im Umkehrschluss nicht gefolgert werden, dass die Zeit eine normative Dimension hat?

[134] Vgl. zum Ganzen auch D. Birnbacher, Verantwortung für zukünftige Generationen, Stuttgart 1990.

3.2.1. Freiheit – Autonomie – Verantwortung: Die Logik der Moral

Dass die Zeit als Ursprung von Verhaltenserwartungen in Frage kommen und den Menschen in die Pflicht nehmen kann, wird in modernen Ethikkonzepten kaum mehr erwogen. Weder ist die Zeit per se normativ, noch bildet sie für sich genommen einen „moral point of view", d. h. jenen Standpunkt, von wo aus bestimmte Handlungen als gesollt eingesehen oder gefordert werden können.[135] In der Moderne kann dieser Standpunkt allein der Standpunkt der praktischen Vernunft sein. Das Moralische der Moral hängt für sie an der Unbedingtheit eines Sollens, das die praktische Vernunft in sich entdeckt als einen Anspruch, der sie „erweckt" und zugleich bindet.

Gemäß dem Autonomieideal der Neuzeit ist eine Handlung nur dann moralisch, wenn sie in Freiheit erfolgt und einem Imperativ der Vernunft entspricht. Alles andere unterstellt den Menschen heteronomer Bevormundung. Zur Moralität eines unbedingten moralischen Sollens gehört, dass sie die Freiheit des Adressaten anruft, ihn zum Subjekt frei ausgeführter Handlungen macht und somit seine Verantwortung konstituiert. Autonom ist der Mensch, der sich in seinen Handlungen frei und allein gemäß den Imperativen der Vernunft verhält und von dorther sein Handeln bestimmt.

Die Elementarform eines solchen unbedingten Imperativs stellt die Verpflichtung des Nicht-Widerspruchs-Prinzips dar – sowohl in seiner „theoretischen" wie in seiner „praktischen" Fassung. Gemäß dieser Forderung kann man nicht von demselben Sachverhalt zur selben Zeit und unter derselben Rücksicht etwas Bestimmtes behaupten und zugleich bestreiten bzw. kann man diesen Sachverhalt zur selben Zeit und unter derselben Rücksicht nicht zugleich anstreben und ablehnen. Die theoretische Vernunft verpflichtet den Menschen zur Herstellung eines widerspruchsfreien Erklärungszusammenhanges der Wirklichkeit als der „Welt der Erscheinungen"; die praktische Vernunft zielt auf einen widerspruchsfreien Rechtfertigungszusammenhang der Wirklichkeit als „Welt der Handlungen und Zwecke". Ausgehend vom Prinzip der Widerspruchsfreiheit lässt sich auch bestimmen, worin elementare moralische Ansprüche bestehen. Sie konvergieren in der Forderung, nur solchen Maximen zu folgen, die verallgemeinerbar sind: Sie müssen 1. jederzeit zugleich als Prinzip einer allgemeinen

[135] Vgl. W. Lesch, Moralprinzip, in: NLChM, 511–515; K. Ott, Ipso facto. Zur ethischen Begründung normativer Implikate der wissenschaftlichen Praxis, Frankfurt 1997, 258–265.

Verhaltensorientierung gelten können (Universalisierungsprinzip); 2. zu Entscheidungen bzw. Maßnahmen führen, die ein Subjekt auch dann akzeptieren würde, wenn es unter ihren Auswirkungen am meisten zu leiden hätte (Fairnessprinzip); 3. auf Dauer und im ganzen jene Zwecke, Güter und Werte nicht zerstören, deren Realisierung sie beabsichtigen (Prinzip der Nonkontraproduktivität). Wo man dem Nicht-Widerspruchs-Prinzip nicht folgt, wird sinnvolles Handeln unmöglich.[136]

Für die Frage nach dem logischen Ort einer moralischen Sollenserfahrung ergibt sich vor diesem Hintergrund: Das den Menschen unbedingt Verpflichtende kann nur in seinem widerspruchsfreien Selbstverhältnis als Handelnder, d. h. in der widerspruchsfreien Selbstbestimmung des Willens durch die Vernunft gefunden werden. Durch Vernunft bestimmt ist ein Wille dann, wenn die ihn bestimmenden Maximen einem Imperativ entsprechen, der eine Handlung als objektiv notwendig und insofern als geboten erweist. Objektiv geboten ist eine Handlung dann, wenn man sich bei dem Versuch, sich ihrer Ausführung zu entziehen bzw. ihrer Rechtfertigung zu widersprechen, in Widersprüche verwickelt.[137] Dieser Imperativ ist unbedingt seiner formalen Struktur nach, insofern er nur Maximen zulässt, die sich als allgemeines Gesetz widerspruchsfrei denken und wollen lassen. Keine Norm kann als sittlich verbindlich behauptet werden, die nicht den Test auf ihre Universalisierbarkeit besteht. Universalisierbar sind diese Normen dann, wenn sie die Zustimmung aller von ihrer Umsetzung betroffenen Subjekte als Teilnehmer eines praktischen Diskurses finden können.[138] Dementsprechend besteht die Objektivität normativer Verhaltenserwartungen in der Intersubjektivität eines rational erzielten Konsenses hinsichtlich ihrer Gültigkeit. Über das Fairness- und Universalisierungsprinzip ist jede individualistische Engführung des rationalen Selbstverhältnisses moralischer Handlungssubjekte bereits im Ansatz unterlaufen. Ebenso wird dabei erkennbar, wie der moralische Sollensanspruch bereits

[136] Zur ausführlichen Begründung dieses fundamentalethischen „Dreisatzes" siehe P. KNAUER, Handlungsnetze. Über das Grundprinzip der Ethik, Frankfurt 2002; DERS., Fundamentalethik: Teleologische als deontologische Normenbegründung, in: ThPh 55 (1980) 321–360.

[137] Vgl. hierzu en dentail M. KETTNER, Gute Gründe, in: K.-O. Apel/Ders. (Hg.), Die eine Vernunft und die vielen Rationalitäten, Frankfurt 1996, 424–464.

[138] Für die Prüfung normativer Geltungsansprüche lässt sich als „Faustregel" formulieren, „daß eine Norm genau dann gültig ist, wenn die voraussichtlichen Folgen und Nebenwirkungen, die sich aus ihrer allgemeinen Befolgung für die Interessenlagen und Wertorientierungen eines jeden voraussichtlich ergeben, von allen Betroffenen gemeinsam zwanglos akzeptiert werden können", J. HABERMAS, Die Einbeziehung des Anderen. Studien zur politischen Theorie, Frankfurt 1996, 60.

im Ansatz zugleich auf die Autonomie und die Solidarität der Vernunftsubjekte abhebt.

Diese kommunikative und soziale Signatur eines rationalen Selbstverhältnisses und des moralischen Sollensanspruchs ist vor allem in der Diskursethik umfassend rekonstruiert worden.[139] Hierbei kommen Merkmale der wechselseitigen Anerkennung von Personen als einander gleichgestellte Mitglieder einer prinzipiell offenen Argumentationsgemeinschaft ins Spiel, die das Vernunftprinzip des Diskurses zugleich als *Moralprinzip* erweisen. Die besondere Pointe dieses Ansatzes besteht nicht zuletzt darin, dass er zu einem genuin sozialethischen Theorietyp führt: Insofern der Sozialbezug menschlichen Handelns und Diskutierens auch die Leitgröße für die Grundlegung einer intersubjektiv gültigen normativen Ethik bezeichnet, ist damit die gemeinsame Basis von Ethik und Gesellschaftstheorie benannt. Sie thematisiert nicht nur die Gültigkeitsbedingungen moralischer Normen, sondern zugleich die Konstitutions- und Legitimitätsbedingungen sozialer Ordnung: Kommunikatives Handeln wird hier nicht als der besondere Anwendungsfall einer andernorts begründeten Ethik betrachtet, sondern selbst als Ursprungs- und Erkenntnisort ethischer Normen identifiziert. Zugleich stellt diese Interaktionsform eine der elementaren Wirkkräfte für den Aufbau und Bestand sozialer Systeme dar. Funktional differenzierte Gesellschaften stellen die Anschlussfähigkeit der jeweiligen Systemleistungen vor allem durch Kommunikation her. In der Soziologie besteht über alle Strömungen und Schulen hinweg Konsens darüber, dass sowohl die Existenzsicherung moderner Sozialsysteme wie auch die Vergesellschaftung von Individuen ohne die Aufrechterhaltung kommunikativer Verkehrsformen ins Leere greifen muss.

Für eine „Ethik der Zeit" lässt der diskursethische Ansatz jedoch kaum Raum. Normen und Werte des Umgangs mit der Zeit können für ihn keine Eigenschaften der Zeit sein, sondern sind Resultate empirischer Erkenntnis, rationaler Urteilsbildung und diskursiv erzielter Willensübereinkunft. Anders formuliert: Nicht Normen oder Werte sind in die Zeit eingelassen,

[139] Die am weitesten ausgereiften Entwürfe zur Fundierung und Operationalisierung dieses Ansatzes stammen von K.-O. Apel, Auseinandersetzungen in Erprobung des transzendentalpragmatischen Ansatzes, Frankfurt 1998; Ders., Diskurs und Verantwortung. Das Problem des Übergangs zur postkonventionellen Moral, Frankfurt 1988; W. Kuhlmann, Reflexive Letztbegründung. Untersuchungen zur Transzendentalpragmatik, Freiburg/München 1985; D. Böhler, Rekonstruktive Pragmatik. Von der Bewußtseinsphilosophie zur Kommunikationsreflexion, Frankfurt 1985. Während diese Autoren ihren Ansatz mit einem Letztbegründungsanspruch versehen, verzichtet darauf J. Habermas, Moralbewußtsein und kommunikatives Handeln, Frankfurt 1983; Ders., Erläuterungen zur Diskursethik, Frankfurt 1991; Ders., Wahrheit und Rechtfertigung, Frankfurt 1999.

sondern die ethische Vernunft des Menschen, die im Prozess diskursiver Beratung über verallgemeinerbare Normen und Werte zu befinden hat. Eine solche Verfahrensethik hat kein anderes Zeitmaß als die „Eigenzeit“ diskursiver Beratung. Eine an diesen Rationalitätsstandards orientierte „KinEthik“ würde demnach ihr eigenes Anspruchsniveau unterbieten, ginge es ihr um die Ausrichtung sozio-ökonomischer Prozesse an ursprünglichen, von menschlichen Eingriffen ungestörten Rhythmen und Zyklen der Natur.

Gleichwohl stellt sich die Frage, ob damit bereits alles über die mögliche temporale Signatur des moralischen Sollens gesagt ist. Bleibt der bisher entwickelte Begriff des moralischen Sollens und der ethischen Vernunft nicht solange verkürzt, wie davon abgesehen wird bzw. nicht eigens untersucht wird, ob die ethische Vernunft nicht doch auf temporale Voraussetzungen und Regulative angewiesen ist, die unterschieden sind von der Eigenzeit diskursiver Beratung?[140]

3.2.2. Modi der Zeit – Modi des Sollens: Die Zeitlichkeit des moralischen Subjekts

Bei der Bestimmung dessen, was die Vernunft moralisch beansprucht, kommt auch das Konzept diskursiver Rationalität an der Zeitlichkeit des vernunftbestimmten Lebens dann nicht vorbei, wenn man auf das Ziel der Moral blickt, Kohärenz und Kontinuität eines vernunftbestimmten Daseins zu sichern. Das rationale Selbstverhältnis des Menschen, das ihn auch als sittliches Subjekt konstituiert und als potenziellen Diskursteilnehmer qualifiziert, hat dann nicht nur eine kommunikative Signatur, sondern besitzt auch eine eigene zeitliche Dynamik. Durch sie erhält der moralische Sollensanspruch ein besonderes „temporales“ Format.

Inwiefern die Logik und Struktur moralischen Sollens von den Momenten zeitlichen Existierens bzw. von der Struktur menschlicher Zeitlichkeit mitbestimmt werden, erschließt sich jedoch nicht mehr in einer diskurstheoretischen Perspektive. Die prädiskursiven temporalen Momente der

[140] In einer frühen Fassung der Theorie diskursiver Rationalität hat J. Habermas den Zeithorizont der Vernunft explizit angesprochen, insofern er zu den Bedingungen eines kommunikativen Verfahrens der rationalen Erörterung von (normativen) Geltungsansprüchen zählt, dass „ich kontrafaktisch alle die Gesprächspartner einschließe, die ich finden könnte, wenn meine Lebensgeschichte mit der Geschichte der Menschheit koextensiv wäre“, J. Habermas, Vorbereitende Bemerkungen zu einer Theorie der kommunikativen Kompetenz, in: Ders./Niklas Luhmann, Theorie der Gesellschaft oder Sozialtechnologie – Was leistet die Systemforschung?, Frankfurt 1976, 124.

kommunikativen Vernunft muss diese sich bewusst machen, indem sie die existenzial-temporale Verfassung bewussten Seins, des Bewusstseins bedenkt.[141] Diese Verfassung nötigt dazu, die Rationalität der Vernünftigen nicht ohne ihre Endlichkeit, d. h. nicht ohne die Befristung ihrer Existenz zu denken. Die Befristung der Existenz als Konstitutiv des Daseins wird bewusst in der Erfahrung des Vergehens, das die Kohärenz und die Kontinuität des vernünftigen Selbst- und Miteinanderseins in Frage stellt. Befristung und Vergehen werden zeitlich erfasst durch eine Verschränkung zweier Erfahrungsweisen des „Kommens" und „Gehens". In einem abstrakt-linearen Zeitverhältnis werden Ereignisse und Dinge, die vergehen, zueinander und im Blick auf ihren Beobachter im Verhältnis von „früher als", „gleichzeitig mit" und „später als" positioniert. Im Selbstverhältnis des Beobachters korreliert dieses Zeiterleben mit der Wahrnehmung seines Daseins als ein gewesenes, gegenwärtiges und künftiges Selbstsein. Die Begriffe „Vergangenheit", „Gegenwart" und „Zukunft" stehen unter dieser Rücksicht für bestimmte „Modalitäten" menschlichen Daseins- und Zeiterlebens:[142]

Der Mensch erfährt an sich zunächst ein „*Gewesen*sein", das sein faktisches Vorkommen wie auch die Möglichkeiten seines Daseins überhaupt vom Vergangenen her mitbestimmt. Vergangenheit ist als „Gewesen*sein*" fortwirkend gegenwärtig. Sie ist der Grund, dass der Mensch aktuell über

[141] In der philosophischen Rezeption und Kritik der Diskursethik hat die Frage nach den prä- und metadiskursiven temporalen Bedingungen der Vernunft nur eine geringe Rolle gespielt. Ihre grundsätzliche Bedeutung bedenkt allein H. EBELING, Das Subjekt in der Moderne, Reinbek 1993; DERS., Neue Subjektivität. Die Selbstbehauptung der Vernunft, Würzburg 1990; DERS., Vernunft und Widerstand. Die beiden Grundlagen der Moral, Freiburg/München 1986; DERS., Die ideale Sinndimension, Freiburg/München 1982.

[142] Der Begriff der Modalität wird der Redeweise von den „Ekstasen" und „Modi" der Zeit vorgezogen, da diese in der Gefahr steht, die Zeit zu einer Entität zu hypostasieren, welche bestimmte Eigenschaften („Ekstasen" oder „Modi") hat, anstatt selbst eine „Eigenschaft" bzw. ein Modus an etwas anderem zu sein. Zur näheren Beschäftigung mit dem in der Philosophie von Augustinus bis M. Heidegger reichenden Ansatz, über die Modi der Zeit zu meditieren, siehe J. H. J. SCHNEIDER, Zeit und Zeitlichkeit. Zur Modernität des Augustinischen Zeitverständnisses, in: PhJ 109 (2002) 17–43; G. HAEFFNER, Heidegger über Zeit und Ewigkeit, in: ThPh 64 (1989) 481–517. Vgl. ferner P. BURGER, Die Einheit der Zeit und die Vielheit der Zeiten, Würzburg 1993; R. BECKER, Sinn und Zeitlichkeit, Würzburg 2003; M. FRANK, Zeitbewußtsein, Pfullingen 1990. Zum Ganzen siehe auch H. BUSCHE u. a. (Hg.), Bewußtsein und Zeitlichkeit. Ein Problemschnitt durch die Philosophie der Neuzeit, Würzburg 1990; P. ROHS u. a., Zeiterfahrung und Personalität, Frankfurt 1992; M. SOMMER, Lebenswelt und Zeitbewußtsein, Frankfurt 1990, 129–236.

sich verfügen kann. Als das „Voraus" dieser Selbstverfügung bleibt sie ihm zugleich unverfügbar. Geschehenes lässt sich nicht mehr verändern, es ist unwiderruflich. In vergangenes Geschehen kann der Mensch nicht mehr handelnd eingreifen. Was nicht mehr ist, lässt sich vom Gegenwärtigen und Zukünftigen in seinem Gewesensein nicht verändern; es kann nicht mehr nicht sein. Es lässt sich notwendigerweise nicht ungeschehen machen. Was noch nicht ist, bleibt dagegen gegenüber dem, was ist und war, bei aller Beeinflussbarkeit das Ausständige und in seinem Dasein Mögliche. Lediglich durch Neu- und Umdeutungen des Vergangenen kann es umgeformt werden. Seine Herkunft kommt dem Menschen als Vorgabe und ebenso Aufgabe zu. Die Vergangenheit stellt an ihn den Anspruch, gedeutet und angenommen zu werden. Für alles im Leben gibt es vielleicht die Chance eines Neubeginns, aber nicht für das Leben selbst. Kein Mensch kann seinen Lebensanfang wiederholen. Hier heißt es wohl oder übel: weitermachen mit dem Angefangenen. Hier gibt es kein „zurück". Was unser bloßes Dasein angeht, sind wir keine „Anfänger", sondern immer schon „Fortgeschrittene". Wer versucht, sich auf den Weg an einen neuen Daseinsanfang zu machen, kommt nicht weit. Wir sind allenfalls gefragt, ob und was wir mit dem Angefangenen anfangen wollen. Was also auf den Menschen in der Gegenwart zukommt, ist zunächst seine Herkunft, d. h. sein Kommen von dem her, was er (vermeintlich) „hinter" sich hat.

Ebenso tritt ihm seine Zukunft entgegen, wenn der Mensch auf das zugeht, was er vor sich hat. Zwar kann er nicht an Zukünftigem handeln, gleichwohl im Hinblick auf Künftiges planend und gestalterisch wirken. Im Blick auf künftiges Geschehen ist deutendes und handelndes Eingreifen in den Lauf der Welt möglich. In der Vergegenwärtigung des Vergangenen und in der Vergegenwärtigung des Kommenden zeitigt und konkretisiert der Mensch die Zeit – und ist darin selbst gegenwärtig, ganz da und bei sich. Die Gegenwart des Menschen liegt im Hier und Jetzt, wo er „bei" sich und „bei der Sache" ist. Sein Dasein vollzieht er handelnd, erleidend, entscheidend, zurück- und vorausblickend. Gegenwärtig ist er zugleich in der Übernahme seines Gewesenseins, im unabweisbaren Gegenüber zu dem, was hinter ihm liegt, sowie in der Offenheit für das Kommende, das er vor sich sieht oder als ein Vorhaben sich vornimmt. Dieses Kommende steht auch für das, als was der Mensch schon angefangen hat zu sein, aber noch nicht ist. Seine Gegenwart ist die Koinzidenz des Auf-sich-Zukommens aus bisher nichtrealisierten Möglichkeiten mit seinem bisherigen Gewesensein, so dass er in der Gegenwart Vergangenheit und Zukunft bei sich hat. Gegenwärtigsein ist nur möglich im bewussten Stellungnehmen zu dem, was der Mensch hinter sich, bei sich und vor sich hat. Anders lässt sich im Ablauf der Zeit nicht Stand gewinnen im Dasein.

Die Zeitigung der Zeit und des Daseins stellt somit eigene Ansprüche, welche Zeit- und Lebensverhältnisse moralisch qualifizieren.[143] Dieser Anspruch ist ein dreifacher, weil er von den drei Modi der Zeit ausgeht.[144] Dasein in den Modi der Zeit bedeutet „sein können“ (Zukunft – Möglichkeit); es steht unter dem Anspruch, sich in den offenen Raum der eigenen Seinsmöglichkeiten hineinzubewegen. Zeitliches Dasein bedeutet aber auch „sein sollen“ (Gegenwart – Wirklichkeit), aus dem Möglichen das dem eigenen Seinkönnen Gemäße auswählen und realisieren. Und es besagt „sein müssen“ (Vergangenheit – Notwendigkeit); es verlangt, das eigene Dasein als ein Gewordensein zu begreifen, von dem nichts nachträglich abgespalten oder verleugnet werden kann. Genauerhin heißt das: Thema und Umfang des moralischen Selbstverhältnisses eines Subjekts werden von den Modi der Zeit – Vergangenheit, Gegenwart, Zukunft – mitkonstituiert und in besonderer Weise „formatiert“.

Zeitmodus	**Daseinshorizont**	**Modalität des Anspruchs von Zeit und Sein**
Vergangenheit	etwas hinter sich haben von etwas herkommen gewesen sein	Notwendigkeit von etwas ausgehen etwas übernehmen müssen
Gegenwart	etwas um sich haben bei etwas angekommen sein da sein	Wirklichkeit zu etwas stehen sollen etwas tun sollen
Zukunft	etwas vor sich haben auf etwas zugehen sein werden	Möglichkeit bei etwas ankommen können etwas erwarten dürfen

Vollzogen wird diese Formatierung in den spezifischen Zeitbezügen des Erinnerns, Erlebens und Erwartens. In ihnen wird die Zeitlichkeit des moralischen Subjekts ebenso aktuiert wie die Zeitlichkeit des Sollensanspruchs. Dabei geht es nicht um ein gesolltes Erinnern, Erleben und Erwarten, mit dem ein Subjekt konfrontiert wird bzw. das an ein seiner selbst bewusstes Subjekt herangetragen wird. Vielmehr kann das Vernunftsubjekt

[143] Dieses Verhältnis von Existenz, Zeit und Moral lässt sich im Sinne einer Konvergenzargumentation auf unterschiedlichen Wegen philosophisch aufzeigen, z. B. existenzialanalytisch: M. Thomé, Existenz und Verantwortung, Würzburg 1998, 155–228; phänomenologisch: M. Theunissen, Negative Theologie der Zeit, Frankfurt 1991, 37–68; transzendental-anthropologisch: Th. Rentsch, Die Konstitution der Moralität, Frankfurt 1990, 82–84.

[144] Vgl. G. Picht, Die Zeit und die Modalitäten, in: Ders., Hier und Jetzt, Stuttgart 1980, 362–374. Zum Ganzen siehe auch Ders., Von der Zeit. Vorlesungen und Schriften, Stuttgart 1999.

seiner selbst, seiner Identität in der Zeit gar nicht anders bewusst sein als in der Weise des Erinnerns, Erlebens und Erwartens. Insofern ist auch das moralische Sollen immer schon ein erinnerndes, gewärtigendes (erlebend-wahrnehmendes) und erwartendes Sollen. Das Erinnern, Erleben und Erwarten ist normativ in dem Sinn, dass es konstitutiv zum moralischen Selbstverhältnis eines Subjekts gehört. Es geht hierbei also weder um die Frage „Warum sollen wir uns erinnern?" noch um das Problem „Mit welchem Recht erwarten wir etwas?". Weder das Erwarten noch das Erinnern ist etwas, das zusätzlich zum moralischen Sollensanspruch hinzutritt. Sie sind vielmehr Vollzugsformen dieses Anspruchs.[145]

Zeitmodus	Modalität von Sein und Sollen	Zeitbezug
Vergangenheit	Notwendigkeit	Erinnern
Gegenwart	Wirklichkeit	Erleben
Zukunft	Möglichkeit	Erwarten

Die Modalitäten des Anspruchs von Zeit und Sein gehören derart zusammen, dass sie einander bedingen. In ihrem gegenseitigen Bedingungsverhältnis machen sie das aktuelle Dasein des Menschen aus und versehen den ethischen Anspruch, unter dem er sein Leben zu führen hat, mit einem spezifischen Zeitindex. Es gehört zur Identitätssicherung menschlichen Daseins, das Gefälle zwischen Zukunft und Vergangenheit, zwischen dem Möglichen, dem Notwendigen und dem Wirklichen so zu gestalten, dass ein Kontinuum erhalten bleibt.[146] Damit ist es vorbei, wenn in der Welt nichts mehr möglich ist (weil alles von Notwendigkeiten regiert wird) und wenn alles möglich ist (weil es auf nichts mehr ankommt). Der ethische Anspruch der Zeit zeichnet sich dadurch aus, dass er das Mögliche nicht dem Beliebigen überlassen will. Angesichts des unverfügbar Zukünftigen muss sich der Mensch aus der Fülle des Möglichen für etwas entscheiden. Für die Folgen dessen, was nicht mehr ungeschehen gemacht werden kann, muss er

[145] Vgl. hierzu u. a. Th. Laubach, Warum sollen wir uns überhaupt erinnern?, in: O. Fuchs u. a. (Hg.), Zugänge zur Erinnerung, Münster 2001, 183–198; A. Margalit, Ethik der Erinnerung, Frankfurt 2000; Ders., The Ethics of Memory, London 2002.

[146] „Identität meint in Bezug auf Zeit genau das Ausmaß von Kohärenz im zeitlichen Wandel des menschlichen Selbstverhältnisses, das die Menschen brauchen, um sinnbestimmt oder kulturell orientiert handeln zu können. Identität hält Selbsterfahrung und Selbstentwurf als Dauer des eigenen Ich oder Wir so zusammen, dass die Leidenserfahrung des Ausgeliefertseins, dass Kontingenz und Tod ausgehalten und in seinem Handeln überwunden werden können, das zugleich normativ motiviert und erfahrungsgestützt erfolgt", J. Rüsen, Die Kultur der Zeit, in: Ders. (Hg.), Zeit deuten, 31.

die Verantwortung übernehmen. Durch die Übernahme von Verantwortung und das Stehen zu einer Entscheidung wird das jeweils gegenwärtig Getane dem Beliebigen entrissen.[147]

Der ethische Anspruch der Zeit drängt aber auch darauf, sich dabei nicht allzu viel Zeit zu lassen. Die Endlichkeit des Daseins und die Befristung der Lebenszeit nötigen zur Auswahl und Entscheidung – und fordern unweigerlich zur Eile und zur Besinnung auf. Nicht alles Mögliche, sondern das Richtige soll der Mensch wirklich werden lassen. Hierfür bedarf es des Innehaltens. Aber auch hierfür ist die Zeit befristet. Lässt man sich hierbei zu lange Zeit, läuft die Zeit davon und man hat nichts Richtiges zustande gebracht. Offensichtlich ist der Imperativ der Beschleunigung und des Innehaltens in seiner Simultaneität unabstreifbar und gilt für alles, was der Mensch im Leben unternimmt.

3.2.3. Soziale Zeitbezüge: Vergangenheit, Gegenwart, Zukunft

Dass der Mensch in und mit den Modi der Zeit existiert, ist ebenso unvermeidlich wie unverfügbar. Im Blick auf diese Unverfügbarkeit kann die temporale Formatierung des Daseins und des moralischen Sollens zwar definiert werden. Unabhängig von allen geschichtlichen Konkretionen und sozialen Kontexten sind aber Sein und Sollen niemals vollziehbar. Die temporale Signatur des moralischen Sollens wäre daher unterbestimmt, wenn sie lediglich als „existenzialer“ oder „transzendentaler“ Sachverhalt beschrieben würde. Die Zeitlichkeit des Subjekts muss vielmehr als ein vergesellschaftetes Existenzial gedeutet werden, wie auch die Unterscheidung verschiedener Modalitäten des Anspruchs von Sein und Zeit bereits eine sozio-kulturelle Wahrnehmungs- und Verarbeitungsweise des moralischen Sollensanspruchs darstellt und spezifische Einstellungen zu den temporalen Aspekten dieses Sollens spiegelt.

Als eine solche „Einstellungssache“ ist die Formatierung moralischen Sollens immer auch sozio-kulturell geprägt. Das gilt nicht minder für die Kategorien der Vergangenheit, Gegenwart und Zukunft und die zugehörigen Bezüge des Erinnerns, Erlebens und Erwartens, über die sie individuell wie gesellschaftlich überhaupt erst als Koordinaten des Handelns und der Handlungskoordinierung relevant werden.[148] Allerdings kann gerade der

[147] Vgl. hierzu auch C. Misselhorn, Wirkliche Möglichkeiten – mögliche Wirklichkeiten. Grundriss einer Theorie modaler Rechtfertigung, Paderborn 2005.

[148] Vgl. aus systemtheoretischer Sicht N. Luhmann, Weltzeit und Systemgeschichte, in: Ders., Soziologische Aufklärung II, Opladen 1975, 103–133. Zur Thematisie-

gesellschaftliche Umgang mit diesen Vollzügen und Koordinaten auch dazu führen, dass sie nicht mehr mit einem Zuwachs an moralischen Handlungsorientierungen einhergehen. Der kinetische Imperativ hat die Möglichkeit einer temporalen Orientierung in der Zeit stark eingeschränkt: Der Vergangenheitsorientierung wurde weithin die Bedeutung genommen, das Entscheiden in der Gegenwart zu bestimmen. Im Zeitalter der Beschleunigung führt die Innovationsrate zu einer enormen Erhöhung der Bestände des „Veralteten“, das sich in einer Hochgeschwindigkeitskultur kaum als geeignete Grundlage erweist, um vom Bekannten aufs Unbekannte schließen zu können. Auf den Schnellstraßen der Moderne birgt der permanente Blick in den Rückspiegel ein enormes Unfallrisiko. Verlangt ist der freie Blick nach vorne. Aber je rascher die Menge der wissenschaftlichen und technischen Neuerungen anwächst, um so schwieriger wird die Voraussicht künftiger Lebenslagen. Der ständige Wissensfortschritt leitet zwar an zum ständigen Wissenserwerb. Doch die Situationen, in denen solches Wissen anwendbar wird, kommen immer seltener tatsächlich vor. In Schule und Hochschule wird für eine Zukunft gelernt, in der das Erlernte vielfach bereits überholt ist. Man lernt niemals aus, weil das Gelernte zu rasch veraltet. Diese Verlegenheit versucht der kinetische Imperativ dadurch zu mildern, dass er Sein und Zeit synchronisiert. Die Zukunft kann zur Gegenwart werden, wenn der Mensch auf nichts mehr warten muss, sondern alles „sofort“ geschehen kann.

Gleichwohl sind die Ambivalenzen des kinetischen Imperativs zu offensichtlich, als dass allein auf ihn gesetzt werden könnte. Die Beobachtung, dass er zu sozialen Asymmetrien und Orientierungsproblemen führt, die mit den Instrumenten der Beschleunigung und Synchronisierung nicht zu bewältigen sind, hat ja gerade die Notwendigkeit anderer Zeitgeber für eine „nachhaltige“ und „zukunftsfähige“ Dynamik der sozialen Evolution erwiesen. Der Blick auf vorliegende Entwürfe zu einer „Ökologie der Zeit“ hat ergeben, dass eine Verständigung über die Normativität naturaler Rhythmen und Zyklen nur im Kontext ihrer „Vergesellschaftung“ möglich und sinnvoll ist. Ihre Anregung, über den Zeithaushalt moderner Gesellschaften in einer ressourcenorientierten Perspektive zu beraten, ist dabei insofern hilfreich, dass hierbei nicht nur die Eigenzeiten der Natur zu beachten sind, sondern auch die kulturellen Potenziale, mit den Gezeiten und Modi der Zeit umzugehen, von besonderer Bedeutung sind. Sofern es

rung von „Vergangenheit“, „Gegenwart“ und „Zukunft“ in aktuellen sozio-kulturellen Selbstverständigungsdiskursen vgl. etwa K. H. Bohrer, Ekstasen der Zeit. Augenblick, Gegenwart, Erinnerung, München/Wien 2003. Entschiedener ins Grundsätzliche weisen die Reflexionen von P. Ricoeur, Das Rätsel der Vergangenheit. Erinnern – Vergessen – Verzeihen, Göttingen 1988.

beim Projekt einer „KinEthik“ darum geht, vor der ethischen Vernunft verantwortbare naturale und kulturelle Zeitmaße für diesen Prozess zur Diskussion zu stellen, liegt eine Erörterung gesellschaftlicher Umgangsformen mit Vergangenheit, Gegenwart und Zukunft nahe. Für die „Zeitumgangsmoral“ (H. Lübbe) einer Gesellschaft spielt es eine große Rolle, welche „Zeitrechnung“ sie praktiziert, inwieweit sie ihr „Herkommen“ und ihre „Zukunftsfähigkeit“ thematisiert, welche Inhalte sie in ihre Zeitsemantiken aufnimmt und welche Gehalte sie daraus tilgt. Zum Vergangenen gehört ja nicht nur das fortschrittsbedingt Veraltete. Es kann sein, dass in ihm das aufbewahrt ist, das der Mensch nicht hinter sich lassen darf, wenn er vorankommen will. Der innovationsbedingten Zukunftsungewissheit kann gerade die Erinnerung an das unabgegoltene Geschehene jenes Maß an Wirklichkeitsvertrautheit und Kontinuität entgegensetzen, ohne die Innovationsschübe weder individuell noch sozial auszuhalten sind.

Vor diesem Hintergrund muss der Hinweis auf religiöse Zeitkonzepte keineswegs von vornherein anachronistisch und weltfremd erscheinen. Man wird hier zwar rasch auf das Argument stoßen, dass die Zeit längst über sie hinweggegangen ist. Dem ist kaum zu widersprechen. Ebenso wie sie – vor allem in Gestalt der christlichen Zeitrechnung[149] – tiefgreifend kulturelle Zeitordnungen mitbestimmt haben, mussten sie in der Moderne Prozesse der Dekonstruktion und Säkularisierung erleben. Wo heute noch religiöse Stilisierungen und Kultivierungen des Umgangs mit der Zeit und ihren Modi (Vergangenheit, Gegenwart, Zukunft) in Geltung stehen, befinden sie sich im Zustand der Ungleichzeitigkeit mit säkularen Zeitkulturen. Allerdings bedeutet dies nicht von vornherein den Nachweis der Irrelevanz für die säkulare Suche nach Ressourcen einer nachhaltigen Zeitkultur.[150] Es ist keineswegs ausgemacht, dass mit dem Fallenlassen einer religiösen Perspektive nicht Wahrnehmungen und Einsichten verloren gehen, auf die auch säkulare Zeitgenossen ungern verzichten möchten. Ließe sich darüber mit ihnen ein Konsens erzielen, wäre viel gewonnen, um für ein religiöses Zeitkonzept „Säkularisierungsresistenz“ reklamieren zu können. Sozialethisch belangvoll ist ein solcher Anspruch gleichwohl nur dann, wenn dieses Zeitkonzept zugleich „modernitätskompatibel“ ist, d. h.

[149] Siehe dazu H. Maier, Die christliche Zeitrechnung, Freiburg/Basel/Wien ^{2}1992; A.-D. von den Brincken, Historische Chronologie des Abendlandes, Stuttgart 2000.

[150] Zur Bedeutung des Religiösen für das kulturelle Gedächtnis einer Gesellschaft siehe etwa J. Assmann, Religion und kulturelles Gedächtnis, München 2000; M. Halbwachs, Das kollektive Gedächtnis, Frankfurt 1985. Auf Assman und Halbwachs nimmt Bezug M. Braunwarth, Gedächtnis der Gegenwart. Signatur eines religiös-kulturellen Gedächtnisses, Münster 2002.

wenn es einen Beitrag dazu leistet, die Kategorien des Kinetischen und des Ethischen im Kontext des Sozialen einander neu zuzuordnen und es mit ihm auch gelingt, angesichts der Temporalstrukturen moderner Gesellschaften die temporalen Bezüge des Erinnern, Erlebens und Erwartens mit dem Anspruch des Moralischen zusammenzudenken.

3.3. Zeit – Ethik – Religion: Formate eines ethisch-religiösen Zeitverhältnisses

In Zeit und Geschichte zu existieren, bedeutet für alles, was ist, dass es nicht schon schlechthin das ist, als was es sich zeigt. Es hat stets etwas vor sich. Existieren heißt: das aus sich machen und zu dem werden, was man (noch) nicht ist. Allerdings müssen die Möglichkeiten des Noch-nicht-Seins in einem Entsprechungsverhältnis zu dem stehen, was und wie etwas schon verwirklicht ist. Nur so bleibt seine Identität im Übergang vom Wirklichen zum Möglichen, vom Vergangenen zum Künftigen gewahrt. Was fehlt, d. h. was etwas noch nicht ist, muss zugleich zu dem passen, was etwas schon ist. Das Fehlende muss als etwas Passendes ausgewiesen werden, das Mögliche muss dem Wirklichen entsprechen. Die Not und die Kunst des Existierens bestehen daher darin, das herauszufinden, was zugleich fehlt und passt. Das fehlende Passende muss sich dabei als dasjenige erweisen, das zu dem, was ist, „eigentlich" dazugehört.

Aus dieser Not ist auch eine theologische „KinEthik" geboren, der es um die Rekonstruktion von Entsprechungsverhältnissen zwischen dem Wirklichen und Möglichen, zwischen einer Soziologie und einer Ökologie der Zeit sowie einer Ethik und Theologie der Zeit geht und dabei jeweils das Fehlende und Passende zu ermitteln sucht. Dies beschreibt nicht allein das interdisziplinäre Außenverhältnis einer KinEthik, sondern auch ihre Binnenstruktur: Auf jeder Reflexionsstufe soll etwas herausgefunden werden, was der vorausgehenden fehlt und zu ihr passt. Etwas Fehlendes soll als etwas Passendes identifiziert und an die richtige Stelle gesetzt werden. Interdisziplinäres Arbeiten besteht insofern nicht bloß in einem Übersetzungsvorgang, sondern verlangt ebenso die Kunst des Fortsetzens und des Einsetzens, aber auch des Ersetzens – wenn für das Passende die richtige Stelle erst freigemacht werden muss. Dies setzt voraus, dass zunächst gezeigt werden kann, wie die „passende" Stelle und die säkularisierungsresistente Funktion eines religiösen Zeitverhältnisse bestimmt werden kann.

Wo man religiösen Sinn- und Handlungssystemen noch eine kulturelle Funktion zubilligt, wird diese in der Regel nicht mit Zeitfragen, sondern mit der Sinnfrage assoziiert. Bei näherem Hinsehen zeigt sich aber, dass beide Komplexe miteinander verschränkt sind. In der existenziellen Sinnfrage artikuliert sich das Problem der Welt- und Daseinsakzeptanz. Die Frage, ob ein Leben in dieser Welt annehmbar, akzeptabel und bejahbar ist, wird provoziert durch die Erfahrung der Befristung dieses Lebens. Geboren werden heißt: in eine Welt kommen, in der man sich den Tod holen wird. Wohin der Mensch in dieser Welt auch kommt, der Tod ist schon da und erwartet ihn. Wer ein befristetes Lebens führt, ist genötigt, es möglichst schnell in diesem Leben zu etwas zu bringen, will man etwas vom Leben haben. Man hat je mehr vom Leben, desto besser jenes ist, wozu man es gebracht hat. Ist es nicht optimal, dann muss es wenigstens so beschaffen sein, dass es weitere Optimierungen zulässt. Die Kunst des Lebens besteht dann darin, sich um jenes Gute zu bemühen, das vielleicht nicht vollkommen ist, aber Verbesserungen seiner Güte in Aussicht stellt. Angesichts der Ungewissheit der Dauer des eigenen Lebens ist man gut beraten, sich möglichst rasch und möglichst viel dieses optimierbaren Guten zu besorgen.

In der Moderne hat der kinetische Imperativ die Weltverbesserungsanstrengungen forciert und zu großen Erfolgen geführt, aber er hat damit nicht die Sinnfrage beantwortet. Im Gegenteil: Die schnellstmöglich herbeigeführte bestmögliche aller Welten bildet keineswegs jene, die immer und für alles neue Optimierungen bietet. Ein endliches Leben ist aber nur dann zustimmungsfähig, wenn es in einer Welt permanenter und beschleunigter Verbesserungen nicht nur Dinge gibt, die technisch oder ökonomisch optimierbar sind, sondern auch solche, die nicht wieder schlecht gemacht werden können. Statt um des Besseren willen das vorhandene und erreichte Gute schlecht zu machen, müsste es auch darum gehen, das bisherige Gute auf seine Beständigkeit zu befragen, anstatt es bloß als Vorstufe zum Besseren gelten zu lassen.

Gibt es also etwas im Leben, das uneingeschränkt zustimmungsfähig ist, oder ist alles nur vorbehaltlich seiner Optimierung akzeptabel? Von Dingen, die nicht optimal sind, hat man letztlich nicht viel. Denn letztlich sind sie nicht uneingeschränkt akzeptabel, denn sie stehen unter einem Verbesserungsvorbehalt. Wie steht es um mögliche Daseinsoptimierungen, wenn diese genauso befristet optimal sind wie das Leben selbst? Und wie verhält es sich mit dem Leben selbst? Kann man nur für die Dinge im Leben, aber nicht für das Leben im Ganzen darauf hoffen, dass sie eine Gestalt finden, die sich uneingeschränkt bejahen lässt?[151]

Vor allzu raschen negativen Bescheiden auf diese Fragen ist ebenso zu warnen wie vor übereilten Kompetenzanmaßungen seitens religiöser Antwortversuche. Wenn tatsächlich Sinn- und Zeitfragen miteinander legiert

[151] Zur Aufarbeitung dieser Fragen aus christlicher Sicht siehe H.-J. Höhn, Zustimmen. Der zwiespältige Grund des Daseins, Würzburg 2001.

sind, wird zunächst zu klären sein, wie das Verhältnis von Religion und Zeit bestimmbar ist. In welcher Nähe stehen religiöse Versuche, dem Sein in der Zeit einen Sinn abzuringen oder einen Sinn in Zeit und Leben einzuzeichnen, zu ethischen Versuchen, dies mit den Mitteln der Moral in Angriff zu nehmen?

3.3.1. „Einstellungssache“: Religion im Horizont von Sein und Zeit

Religion ist in ähnlicher Weise wie Moral definierbar als „Einstellungssache“, d. h. sie stellt ein spezifisches Verhältnis des Menschen zu seinen Lebensverhältnissen dar. Mit dieser These ist zunächst auf die relationale Struktur des Menschseins angespielt. Am Leben sein heißt: ein Verhältnis haben, in Beziehungen stehen und sich zu diesen Verhältnissen nochmals in ein Verhältnis setzen können. Jeder Mensch ist in der Weise am Leben, dass er/sie ein Verhältnis hat zur Gesellschaft, Natur, Geschichte und zu sich selbst. Diese (primären) Verhältnisse werden nach Maßgabe bestimmter Parameter gestaltet und gedeutet, die sich aus der („existenzialen“) Verfassung menschlichen Daseins ergeben, d. h. mit der Befristung menschlicher Lebenszeit, der Erschöpfbarkeit der Lebensressourcen, der Konkurrenz um deren Nutzung sowie der Ungewissheit künftiger Lebenslagen in Zusammenhang stehen. Menschliche Lebensverhältnisse können z. B. nach ökonomischen Gesichtspunkten bestimmt und gestaltet werden. „Leben“ heißt dann: in den Bezügen zur Natur, Gesellschaft und Geschichte unter Knappheitsbedingungen zu existieren und diese Bezüge gemäß dem optimalen Verhältnis von Aufwand und Ertrag, Mittel und Zweck zu gestalten. Ökonomisch gestaltete Lebensverhältnisse beziehen sich auf die Frage, wie unter Knappheitsbedingungen (von Ressourcen und Lebenszeit) eine optimale Relation von Mitteln und Zwecken bei der Produktion und Verteilung von Gütern hergestellt werden kann und wie teuer es kommt, wenn man dieses Optimum im Zweck/Mittel-Verhältnis verfehlt.

Zu diesen (primären) Lebensverhältnissen, ihren Deutungen und kulturellen Ausformungen kann man nun wiederum unterschiedliche Einstellungen haben. Denkbar ist eine moralische Einstellung, die an das ökonomische Umgehen mit den Knappheitsbedingungen menschlicher Existenz die Frage anschließt, wie unter Ungewissheitsbedingungen menschlichen Erkennens eine verantwortbare Relation von Handlungsmotiven, -zielen und -folgen gefunden werden kann. Die Schlüsselfrage kann hier lauten: Sind (ökonomische) Handlungen verantwortbar, deren Folgen nicht abzuschätzen sind bzw. von deren Folgen nicht klar ist, ob sie die Zustimmung aller möglicherweise Betroffenen finden? Es ist aber auch möglich, auf dieser Reflexionsstufe erneut nach ökonomischen Parametern zu verfahren und eine moralische Einstellung in eine ökonomische zu integrieren. Die Leitfrage lautet dann: Was kostet es mich, unter ökonomischen Knappheitsbedingungen nach den moralischen Parametern des Handelns unter Ungewissheitsbedingungen zu verfahren?

Im Unterschied zu den ökonomischen, moralischen oder ästhetischen Lebenseinstellungen, deren Maß das Integral der weltimmanenten Lebensbedingungen bildet, lässt sich als „religiös" eine solche Einstellung zu diesen Lebensverhältnissen bezeichnet, welche diese Lebensverhältnisse „transzendiert", d. h. auf etwas bezieht, das nicht in den primären Lebensbezügen und den auf sie bezogenen Einstellungen aufgeht.[152] Im Unterschied zu ökonomischen oder moralischen Lebenseinstellungen, deren Maß das Integral der weltimmanenten Lebensbedingungen bildet, lässt sich als „religiös" eine solche Einstellung zu diesen Lebensverhältnissen bezeichnen, welche sie transzendiert, d. h. auf das bezieht, was den Menschen unausweichlich betrifft, und sich zugleich über dieses Unausweichliche „hinwegsetzt". Zu diesem Unausweichlichen gehören die Aporien, Paradoxien und Widersprüche, die mit der Befristung menschlicher Lebenszeit, der Erschöpfbarkeit der Lebensressourcen sowie der Ungewissheit künftiger Lebenslagen gegeben sind. Sich über dieses Unausweichliche „hinwegzusetzen" heißt, sich zu ihm in ein Verhältnis zu setzen, das es ermöglicht, im Modus der Bestreitung mit seinen Aporien und Paradoxien zu leben und sich gegen sie zu behaupten.[153] Sie werden anerkannt als etwas, das unausweichlich über alles im Leben verhängt ist, das nicht zu umgehen und dem nicht zu entrinnen ist. Und zugleich wird bestritten, dass sie in ihrer Unabwendbarkeit für alles, was *im* Leben geschieht, auch darüber bestimmen, was letztlich *mit* dem Leben geschieht und *aus* ihm werden kann.

Wer wissen will, was etwas letztlich bedeutet, muss in der Regel auf das Ende des Befragten und Fraglichen warten. Denn erst vom Ausgang eines Geschehens her lässt sich seine Bedeutung ermessen. So lange aber kann und darf kein Mensch warten, dem an der Bedeutung seines Lebens gelegen ist. Die Bedeutung des Lebens hängt auch wesentlich davon ab, was man aus ihm machen kann, nachdem klar ist, was aus ihm werden kann. Eine Möglichkeit, dies zu erkennen, gibt es dann, wenn etwas im Leben auf diesen Ausgang verweist oder wenn sich Lebenserwartungen im Leben so erfüllen, dass sie einen erhofften Ausgang vorwegnehmen. Der religiöse Transzendenzvollzug realisiert diese Möglichkeit derart, dass er das Vor-

[152] Um eine relationale Bestimmung des Religionsbegriffs bemüht sich auch R. Brandner, Weltverhältnis. Bd. I, Würzburg 2002.

[153] Vgl. hierzu auch H. R. Schlette, Mit der Aporie leben. Zur Grundlegung einer Philosophie der Religion, Frankfurt 1997.

handene auf sein mögliches Ende bzw. auf seine Vollendung hin übersteigt, um ihm von dort her eine Bedeutung zuzusprechen.

Das Christentum nimmt eine spezifische Formatierung des religiösen Transzendenzvollzuges vor, der wiederum eine besondere Zeitsignatur zukommt. Sie zielt zwar auf den Umgang mit gegenwärtigen Erfahrungen und Lebensverhältnissen. Doch die Bezugnahme auf diese Verhältnisse wird im Licht einer Erwartung vollzogen werden, die mit der Unabgegoltenheit des Vergangenen rechnet. Dieses Unabgegoltene sieht der christliche Glaube begründet in einem geschichtlichen Offenbarungsgeschehen, das er mit dem Lebens-, Menschen- und Gottesverhältnis einer historischen Person – Jesu von Nazareth – assoziiert. Er führt sich somit selbst auf ein Grund-Geschehen in der Zeit zurück, das neue Einstellungen zur Zeit begründet.

Von Anfang an haben diese neuen Einstellungen ein Verhältnis der Ungleichzeitigkeit begründet. Sie markieren einen Bruch mit einem Zeit- und Geschichtsbewußtsein, das in seiner mythologischen Variante mit einem zirkulären Kontinuum rechnet und in seiner (post)modernen Version auf das lineare Kontinuum einer überraschungsfreien Unendlichkeit setzt.[154] Christliche Einstellungen zur Zeit führen im Vergleich zu den herrschenden Zeitrechnungen zu „Heterochronien", d. h. zur Wahrnehmung anderer Zeiten und Zeiten der Andersheit. Sie markieren Brüche und Neuansätze, Diskontinuitäten und Überschreitungen zu einer anderen Weise, die Zeit zu deuten und dafür Zeichen zu setzen. Sie beschreiben dabei neue Möglichkeitshorizonte, sich in der Welt zu orten und neue Denk- und Handlungsspielräume zu gewinnen.

3.3.2. „Heilsgeschichte":
Die Zeitansage des Christentums

Religiös-existenzielle Einsichten haben in christlicher Perspektive nicht nur hinsichtlich ihres Grundes, sondern auch hinsichtlich ihres Gegenstandes eine unaufhebbar geschichtliche Dimension, die sie von Gnosis und

[154] Zum Verhältnis von Zeit und Glaube vgl. grundsätzlich A. JACKELÉN, Zeit und Ewigkeit, Neukirchen-Vluyn 2002; D. EVERS, Raum – Materie – Zeit, Tübingen 2000, bes. 347–380; J. WOHLMUTH, Zeiterfahrung – eine phänomenologisch-theologische Problemanzeige, in: M. Beintker u. a. (Hg.), Rechtfertigung und Erfahrung, Gütersloh 1995, 246–268; D. GEORGI u. a. (Hg.), Religion und Gestaltung der Zeit, Kampen 1994; Th. FREYER, Zeit – Kontinuität und Unterbrechung, Würzburg 1993; K. H. MANZKE, Ewigkeit und Zeitlichkeit, Göttingen 1992; Chr. LINK (Hg.), Die Erfahrung der Zeit, Stuttgart 1984; R. SCHULTE, Zeit und Ewigkeit, in: CGG 22/1982, 117–186.

Mythos unterscheidet. Mit dem Geschichtlichen sind daher auch andere Zeitmaße verknüpft als etwa die mythische Unterscheidung zwischen „Urzeit" und „Jetztzeit". Die Pointe dieser Unterscheidung ist, „alles gegenwärtige Geschehen als Wiederholung mythischen Urgeschehens zu deuten und es damit als sinnvoll zu erschließen. Was ursprünglich geschah, ist bleibend wirklich, und was jetzt geschieht, ist in dem Maße wirklich, in dem es jene ursprüngliche Wirklichkeit reproduziert. In einer Welt, die als undurchschaubar und chaotisch erlebt wird, ermöglicht diese Differenz genau dadurch Lebensorientierung, dass sie alles Geschehen auf ein sinnstiftendes Ursprungsgeschehen zurückzubeziehen lehrt, das deutlich macht, um welche Art von Geschehen es sich handelt und wie man sich in einem Fall dieser Art wirklichkeitsadäquat verhält. Das gibt die Erwartungssicherheit, ohne die es keine menschliche Lebensgestaltung geben kann. Um diesen orientierenden Rückbezug zu gestatten, muss die Urzeit immer wieder vergegenwärtigt werden. Das geschieht in Ritualen und Festen, welche die im Prinzip wiederholbare Urzeit periodisch zu bestimmten Zeiten so vergegenwärtigen, dass sich die Ursprungszeit in der Jetztzeit immer wieder neu ereignet. Zeit wird damit als ständige Wiederholung des Ursprünglichen, nicht als irreversible Serie einmaliger Ereignisse erfahren. Nichts ist wirklich neu, und nichts ist endgültig vergangen. Alles ist vielmehr konkrete Wiederholung dessen, was schon immer war."[155].

Im Unterschied dazu lässt das Christentum das für den Menschen und sein Daseinsverhältnis Entscheidende durch ein geschichtliches Geschehen offenbar werden. Dieses Geschehen ist konkret und neu, es ist nicht eingereiht in die Bestände des Immer-schon-Gewussten. Es findet sich nicht „inclusive", d. h. eingeschlossen in den bekannten Einstellungen zum Leben. Das Christentum ist davon überzeugt, dass für die Einstellung des Menschen zur Wirklichkeit noch eine andere, „exklusive" Einstellung konstitutiv ist: die Art und Weise, wie Gott zum Menschen steht. Wie er zum Menschen und seiner Welt steht, ist aber an der Welt nicht ablesbar. Es muss ihm eigens erschlossen werden. Es steht außerhalb dessen, was der Mensch immer schon von sich weiß. Wenn nun die Einstellung Gottes zum

[155] I. U. Dalferth, Gedeutete Gegenwart. Zur Wahrnehmung Gottes in den Erfahrungen der Zeit, Tübingen 1997, 245. – „Über die Götter und die Welt" – lautet auch der Titel eines Buches, das der dem Neuplatonismus verpflichtete Philosoph Sallustius über den antiken Attiskult verfasst hat. Über den Inhalt dieses Kultes schreibt er: „Dies nun geschah niemals, ist aber immer!" Das nie Geschehene, aber stets Seiende tritt nach Sallustius im Mythos, im Mysterienkult und in der Gnosis hervor. Offenbarung dessen, was immer ist, ermöglicht die kultische Darstellung kosmischer Kräfte und Konstellationen. Alles ist eingeschlossen in eine Welt, die Anderes und Neues nicht zulässt, weil sie nur das hervorbringt, was immer schon ist. (Zitiert bei H. Jonas, Gnosis und spätantiker Geist II/1, Göttingen 1954, 65).

Menschen nicht bereits Bestandteil der Einstellung des Menschen zur Welt ist, dann kann sie dem Menschen nur bewusst werden, wenn die Erschließung dieser Einstellung sich in der Geschichte des Menschen ereignet. Das aber heißt, dass es sich hierbei um ein geschichtliches Ereignis handeln muss. Das Christentum beruft sich daher auf ein einmaliges Gewahrwerden der Wirklichkeit Gottes im Raum der Geschichte. Für dieses historisch partikulare Geschehen wird eine die Geschichte als ganze bestimmende Bedeutung reklamiert. In Jesus von Nazareth hat sich nach christlicher Überzeugung die unüberbietbare Selbstoffenbarung Gottes ereignet, worin zugleich Grund, Sinn und Ziel für das Dasein jedes Menschen aufgegangen sind. Übersetzt in eine Deutung der relationalen Struktur menschlichen Daseins heißt das: Grund, Sinn und Ziel des Lebens sind am Leben selbst nicht ablesbar, sondern nur wahrnehmbar in einem Verhältnis des Menschen zu seinen Lebensverhältnissen, das diese Lebensverhältnisse zugleich transzendiert, d. h. auf das bezieht, was den Menschen unbedingt angeht. Der Begriff der „Offenbarung" steht für den Prozess des unbedingten Angegangenwerdens im Kontext des Bedingten. Das Christentum behauptet, dass sich im Leben und Sterben Jesu von Nazareth die unbedingte Zuwendung Gottes zum Menschen, des Unbedingten zum Bedingten ereignet hat.

Inwiefern mit der Offenbarung Gottes eine „Zeitenwende" verknüpft ist, erläutert das Christentum, indem es die Unterscheidung von Anfang und Ende als eine Differenz in den menschlichen Lebensverhältnissen neu bestimmt. Diese sind geprägt von dem Grundkonflikt eines Daseins zwischen Leben und Tod: In dieser Welt führen wir unser Dasein in der Einheit von Leben und Tod.[156] Diese Einheit von Leben und Tod bestimmt grundlegend unsere Lebensverhältnisse. Aber diese Einheit umschließt einen Gegensatz, der größer nicht gedacht werden kann. Es gibt keinen größeren Gegensatz als den zwischen Leben und Tod. Das Verhältnis der Lebenden zu diesem Gegensatz ist darum auch in sich gegenläufig: Wer am Leben ist, muss die Tatsache des Todes akzeptieren und bekämpfen. Beides – Akzeptanz und Widerstand – geschieht um des Lebens willen. Darum sind all unsere Anstrengungen darauf gerichtet, den Tod aus unserem Leben fernzuhalten, ihn aufzuhalten oder ihn zumindest zu verzögern. Denn am Leben sein heißt: den Unterschied zum eigenen Nichtsein wahren. Wir sind nur solange am Leben, wie wir uns von unserem eigenen Nichtsein unterscheiden. Und nichts wünschen wir uns mehr, als bleibend von diesem Nichts verschieden zu bleiben. Zeit unseres Lebens leben wir im Gegensatz zum Tod, auch wenn wir gezwungen sind, um des Lebens willen diese Gegensatz-Einheit von Leben und Sterben widerständig anzunehmen. Wir

[156] Vgl. F. ULRICH, Leben in der Einheit von Leben und Tod, Einsiedeln 1999.

übernehmen und akzeptieren diese Gegensatz-Einheit, ohne darin die Opposition gegen den Tod aufzugeben.

Dieses Verhältnis zum Verhältnis von Leben und Tod wird für jeden sterblichen Menschen letztlich jedoch zugunsten des Todes entschieden. Daher ist von vornherein die Opposition gegen den Tod zum Scheitern verurteilt. Am Ende ist immer der Tod der Stärkere. Was von vornherein zum Scheitern verurteilt ist, ist eigentlich sinnlos. Damit bleibt auch unser Versuch, um des Lebens willen die Gegensatz-Einheit von Leben und Tod anzunehmen, letztlich nur ein Akt der Verzweiflung. Letztlich bleibt alles beim Alten. Der Tod ist der schlechthin Überlegene. Anders wäre es, wenn der Widerstreit von Leben und Tod zugunsten des Lebens entschieden werden könnte – und zwar auf Dauer. Eine solche „Wende" ereignete sich nach christlicher Überzeugung am Kreuz Jesu. Hier setzt sich Gott in ein Verhältnis von Leben und Tod, welches das bisherige, tödliche Verhältnis von Leben und Tod aufhebt. Gott erleidet den Tod, um sich gerade in diesem Erleiden des Todes *als* Gott zu erweisen. Erweist sich aber Gott *im* Tod als Gott, dann erweist er sich *nicht ohne* den Tod als Gott. „Daraus ergeben sich Konsequenzen für unser Verhältnis zum Tod und für unser Verhältnis zu Gott, also auf jeden Fall Konsequenzen für unser Leben. Denn wenn mit dem Tod etwas geschehen ist, dann ist unser Leben davon betroffen."[157] Im Kreuz Jesu hat Gott es mit dem Tod aufgenommen, um Leben und Tod, Sein und Nichts in ein neues Verhältnis zu setzen. In der Unendlichkeit Gottes läuft sich fortan der Tod tot. Weil im Tod Jesu Gott selbst am Werk war und Leben und Tod, Sein und Nichts in ein neues Verhältnis zueinander gebracht hat, hat Jesu Tod das Leben Jesu nicht einfach beendet, sondern im Ende dem Ende ein Ende gesetzt, d. h. einen neuen Anfang gemacht. Mit diesem Anfang beginnt eine neue Zeit. Wo künftig der Mensch auf den Tod zugeht, kommt nicht allein der Tod auf ihn zu. Gott kommt mit.

3.3.3. Christliche Zeitbezüge: Erinnern – Erleben – Erwarten

Was das Christentum dem Mythos als eine lebensorientierende Zeitdifferenz entgegenzusetzen meint, klingt zunächst nicht weniger „mythisch" und gibt darum in postmythischen Zeiten nur wenig Orientierung. Gleichwohl wird hier eine Verhältnisbestimmung von Anfang und Ende vorgenommen, die der Zeitlichkeit des Daseins eher gerecht wird als ein mythisch-zyklisches Zeitmuster. Die Zeitsignatur des Daseins ist zu simpel verstanden,

[157] E. JÜNGEL, Von Zeit zu Zeit, München 1976, 48–50.

wenn am Anfang der Beginn und am Schluss das Ende des Lebens steht. Das Anfangen kommt zwar logischerweise vor dem Aufhören. Logisch ist es, wenn etwas anfängt, das später endet. Nach dieser Logik aber richtet sich das Leben nicht. Im Leben gibt es keine „reinen“ Anfänge. Wer etwas anfangen will, muss erst mit etwas anderem aufhören. Solange das Alte noch dauert, kann das Neue nicht anfangen. In der Zeit gibt es bisweilen die Chance zum Neubeginn, die „Stunde Null“. Aber dieser Neubeginn entsteht aus einem Abschied, aus einer Niederlage, aus einem Untergang. Manches Gegenwärtige hat sich schon längst überlebt – und es ist nur eine Frage der Zeit, bis es von seinem Ende endlich eingeholt wird. Bis es soweit ist, kann nicht Neues entstehen. Bisweilen ist es nötig, diesem Ende nachzuhelfen. Dann heißt es: „So kann es nicht weitergehen. Es muss etwas passieren. Es ist höchste Zeit, dass damit Schluss gemacht wird! Hört endlich auf!“ Das Aufhören kommt in der Logik des Lebens vor dem Anfangen.

Darum ist auch die vom Christentum behauptete „Zeitenwende“ mit dem Kreuz Jesu aus ihrer „Vorgeschichte“ zu verstehen. Das Kreuz ist ohne die vorausgehende Verkündigung Jesu vom Welt- und Menschenverhältnis Gottes nicht angemessen zu deuten. Für Jesus kommt es nur deswegen zu einem Ende der alten Lebens- und Todesverhältnisse, weil Gott „im Kommen“ ist. Das „Kommen Gottes“ am „Ende der Zeiten“ ereignet sich näherhin als ein „Entgegenkommen“ Gottes, das sich „jetzt“ ereignet. Damit ist sowohl eine Aussage über das „Sein“ Gottes als auch über sein Verhältnis zur Zeit verknüpft: Gott ist „mächtig im Kommen“, d. h. im (Entgegen-)Kommen erweist sich Gott als Gott. Er kommt derart in der Welt vor, dass sich darin sein Entgegenkommen ereignet. Die Wirklichkeit Gottes ist daher als ein „Vorgang“ zu deuten, in dem sich sein Gottsein „herausstellt“, d. h. wer und wie Gott ist, stellt sich in seinem Entgegenkommen heraus. Gott ist Ereignis einer Zuwendung. Und dieses Ereignis ist bereits „im Gange“. Folglich ist „jetzt“ auch die Zeit seines Entgegenkommens gekommen. Für den Menschen ist es darum jetzt Zeit, sich auf dieses Entgegenkommen einzustellen.

Wo diese Einstellung praktiziert wird, ist die eschatologische Unterscheidung zwischen „alter“ und „neuer“ Zeit angebracht: „Eschatologisch“ ist jenes Neue, das selbst nicht mehr veralten kann, von dem aus vielmehr alles andere als veraltet und überholt erscheint. „Eschatologisch“ ist die Unterbrechung des steten Wechsels von alt und neu, „in“ und „out“, aufhören und anfangen. „Eschatologisch“ ist jener Neuanfang, der nicht aufhört, weil das Angefangene nicht überboten werden kann. Was nicht überboten werden kann, behält seine Aktualität. Unüberbietbar ist nun in der Tat die von Jesus proklamierte Zuwendung Gottes zum Menschen. Sie ist unüberbietbar, weil sie dem Menschen das Entgegenkommen Gottes zusagt, gegen die keine Macht der Welt ankommt – auch nicht der Tod.

Christliche Zeitdeutungen sind – das haben die bisherigen Ausführungen erkennen lassen – Ausdruck christlicher Gotteserfahrung. Theologisch von Zeit und dem Umgang mit ihr zu reden, ohne dabei auf Gott zu sprechen zu kommen, ist eine Sache der Unmöglichkeit. Offenkundig wird damit aber auch eine ethische Anschlussreflexion unmöglich. Denn sie macht sich von einer doppelten Prämisse abhängig, die in der Moderne kaum mehr akzeptiert wird. Neben der theologischen Voraussetzung ist es vor allem eine geschichtstheoretische Unterstellung, die zunehmend für Kritik gesorgt hat: Wie kann für ein partikulares vergangenes Ereignis eine Gegenwartsrelevanz beansprucht werden? Die historische Reflexion der Neuzeit hat zu der These geführt, dass Ereignissen der Vergangenheit für den Gang der Geschichte nur eine relative Bedeutung zukommt. Zudem führen die historischen Nachrichten, die wir von solchen Ereignissen haben, nur zu einer relativen Gewissheit. Kann man von Jesus von Nazareth reden als Ereignis der Offenbarung Gottes in der Geschichte, das heute Geltung beansprucht und Resonanz finden will, ohne der historischen Relativierung zu entgehen? Wie verhält sich dieser Geltungsanspruch zu der stets nur relativen Sicherheit aller Nachrichten über sein historisches Fundament? Wie kann auf ein Ereignis der Vergangenheit, zu dem uns nur historische Zugriffe einen Zugang vermitteln, hier und heute eine existentielle Gewissheit gegründet werden? Unbedingte Geltung können nach neuzeitlicher Überzeugung nur „Vernunftwahrheiten" (wie die logischen Denkgesetze, z. B. das Nichtwiderspruchsprinzip) beanspruchen; „Tatsachenwahrheiten" beziehen sich aber auf den Bereich des Bedingten und sind – sofern sie etwas „tatsächlich Geschehenes" wiedergeben – zudem historisch kontingent. Dem Kontingenten kommt keine die Vernunft „zwingende" Notwendigkeit zu. Das Notwendige existiert und erklärt sich aus sich heraus, es ist derart, dass es nicht nicht sein kann. Das Kontingente aber ist derart, dass es sein „Kontingent" an Realität und Bedeutung nicht aus sich selbst hat, vielmehr fällt ihm beides von einem anderen Seienden zu. In diesem Sinn existiert es „zufällig". Es kann wirklich werden, muss es aber nicht. Was sich in der Geschichte ereignet, hätte auch anders oder gar nicht geschehen können: Nichts in der Welt muss überhaupt sein, noch muss es so sein, wie es ist, wenn es sich ereignet. Zwar lassen sich über das Kontingente wahre Aussagen machen, aber diese enthalten nichts, was unbedingt, d. h. ohne „wenn und aber" gilt.

Darum trifft zu: „Zufällige Geschichtswahrheiten können der Beweis von notwendigen Vernunftwahrheiten nie werden" (G. E. Lessing). Vor dem Hintergrund des neuzeitlichen Geschichtsverständnisses, wonach Geschichte ein unendliches Feld stets überholbarer menschlicher Entwicklungen darstellt, das nichts Definitives oder Unüberbietbares, keine „Fülle der Zeiten" kennt, da alles Frühere vom Späteren aufgehoben werden kann[158], wird das Christentum damit konfrontiert, dass die Berufung auf ein einmaliges Offenbarungsgeschehen oder die Ermittlung der historischen Anfänge des christlichen Glaubens noch keinen zureichenden Grund dafür liefert, ihn heute anzunehmen. Diese Konfrontation lässt sich nur zum Teil mildern, wenn auf den kontrafaktischen Charakter des Offenbarungsgeschehens verwiesen wird: Das Kommen Gottes und seine Veränderung des Verhältnisses von Leben und Tod sind keine Fakten, sondern Ereignisse des Kontrafaktischen, das Front macht gegen die faktischen Lebensverhältnisse und sie in Frage stellt. Das Kontrafaktische ist selbst kein Faktum, sondern ein „Vorgang", ein „Hervorkommen" dessen, was im bisherigen und bestehenden Kontext nicht unterzubringen ist.[159] Der Zusammenhang der Welt und ihre Zeitordnung wird derart unterbrochen, dass unterschieden wird zwischen dem, was längst veraltet und hinter sich zu lassen ist, und dem damit unvereinbar Neuen (vgl. Mk 2,21 f.), das aus einer Zerreißprobe von Alt und Neu in Gang kommt (vgl. Lk 9,59). Das Evangelium ist Zeugnis dieser Zerreißprobe, die als solche nicht der Vergangenheit angehört, sondern zu vergegenwärtigen ist. Was mit dem Evangelium tradiert wird, ist keineswegs die Wiederholung dessen, „was immer schon war, sondern Vergegenwärtigung einer einmaligen Vergangenheit, die alles verändert hat."[160]

Das Christentum hat mit dem Evangelium zweifellos Geschichte gemacht. Nach unserem Kalender wird die Zeit nach Jesus Christus gezählt. Die Zeit ist das, innerhalb dessen alles geschieht. Die Zählung der Zeit richtet sich nach einem Ereignis in der Zeit, das so wichtig erscheint, dass man es zur Zäsur macht. Mitten in der Zeit hat man angefangen, noch einmal anzufangen mit der Einteilung der Zeit und der Datierung des Geschehens. Im Laufe der Zeit hat man sich jedoch von diesem Anfang entfernt. Und in unserer Zeit sieht es so aus, als würde man mit Jesus Christus nur noch in der Weise rechnen, dass man nach ihm die Zeitrechnung benennt. Das, innerhalb dessen alles passiert, wird nach Jesus gezählt. Aber für das, was innerhalb der Zeit passiert, zählt er offensichtlich immer weniger. Einen möglichen Ausweg aus dieser Verlegenheit eröffnet die Unter-

[158] Vgl. hierzu ausführlicher J. Baberowski, Der Sinn der Geschichte, München 2005; K. E. Müller/J. Rüsen (Hg.), Historische Sinnbildung, Reinbek 1997; R. Schaeffler, Einführung in die Geschichtsphilosophie, Darmstadt [4]1991; H. Schnädelbach, Geschichtsphilosophie nach Hegel, Freiburg/München 1974.

[159] Unter dieser Rücksicht ergeben sich auch neue Möglichkeiten der Zuordnung von theologischer und historisch-kritischer Geschichtsreflexion. Vgl. dazu G. Essen, Geschichte als Sinnproblem. Zum Verhältnis von Theologie und Historik, in: ThPh 71 (1996) 321–333.

[160] I. U. Dalferth, Gedeutete Gegenwart, 246.

scheidung zwischen einer historisch-kritischen Frage nach dem längst *vergangenen* Anfang einer Tradition und der ethisch-religiösen Frage nach einem *bleibenden* Grund, der es rechtfertigt, bei der Suche nach Sinn und Ziel menschlicher Existenz immer wieder auf diesen Anfang zurückzukommen. Der Widerstreit zwischen Partikularität und Universalität der Offenbarung Gottes in Jesus von Nazareth wird in dieser Perspektive lösbar, indem ihre Partikularität als etwas betrachtet wird, das die eschatologische Unterscheidung zwischen „alt" und „neu" begründet. In diesem Sinn kann das Eschatologische zugleich als universal gelten, da es nicht veralten kann und stets neu den Unterschied von alter und neuer Zeit markiert. Ein solcher Anfang, der kein Ende mehr vor sich hat, ist ein anderer Anfang als jener, den man hinter sich lässt und zu dem man im Laufe der Zeit immer weiter auf Distanz geht. Im Unterschied zum „Historischen" geht es hierbei nicht um etwas, das auf einem Zeitstrahl chronologisch datierbar und somit als Ereignis in der „Vergangenheit" zu betrachten ist. Das Eschatologische ereignet sich in der Zeit und beansprucht zugleich die Zeit. Es braucht die Zeit, um sich und seine Wahrheit in ihr „herausstellen" zu können.

Reflexionen zur moralischen Orientierung eines Daseins im Zeitalter der Beschleunigung können sich das, wovon in religiösen Diskursen die Rede ist, nicht als religiöse Einsicht aneignen. Zugänglich und allgemein zumutbar sind ihnen nur Gehalte, die im Genus der begründenden Rede auftreten. Für eine christliche „KinEthik" stellt sich daher das Problem, ihren theologischen Sinnhorizont mit der Behauptung eines transzendenten Unbedingten, das religiöse Zeiterfahrungen (mit-)konstituiert, so zu explizieren, dass der damit verbundene Geltungsanspruch als ein allgemein zustimmungsfähiger verstehbar wird und zugleich als das (vernunftgemäß) „Andere" der ethischen Vernunft seine religiöse Identität nicht verleugnen muss. Unter den Bedingungen „nachmetaphysischen" Denkens ist dies kaum anders durchführbar als über eine ethische Inversion theologischer Zeitkonzepte, die an die Modalstruktur das Daseins anknüpft:

Eine christliche Zeitkultur betrachtet vom Vergangenen her die Gegenwart als gleichnisfähig für die erhoffte Vollendung der Zukunft. Auf diese Weise gibt sie der existenziellen Sinnfrage eine „zeitliche" Auslegung. Um sie lebenspraktisch wirksam werden zu lassen, muss sie der Verschränkung der Zeitmodi und der zugehörigen Vollzugsaspekte gerecht werden. So interessant es ist, hierbei nach „typisch" christlichen Einstellungen zu suchen, in denen es darum geht, ein evangeliumsgemäßes Verhältnis zur Zeit und ihren Modi aufzunehmen, so irreführend ist es, nach „exklusiv" christlichen Einstellungen zur Zeit zu fragen, die dermaßen christlich sind, dass sie nicht auch andernorts antreffbar sind. Nicht die Zeitbezüge in der Weise des Erinnern, Erlebens und Erwartens sind typisch christlich, sondern allein die christliche Formatierung des Erinnerns, Erlebens und Erwartens.[161]

Christliche Zeitbezüge und -begriffe sind ethisch relevant, sofern sie anschlussfähig sind für die Erfassung der temporalen Signatur von Sein und Sollen und sich widerständig einlassen auf die Aporien menschlicher Daseinsverhältnisse. Die Schnittstelle hierfür bildet die temporale Signatur des christlichen Glaubens. Sie ist in Beziehung zu setzen zu den unterschiedlichen Modi der Zeit – Vergangenheit, Gegenwart, Zukunft – und zu den Modi des Daseins: Möglichkeit, Wirklichkeit, Notwendigkeit. Leben in den Modi der Zeit und des Daseins bedeutet: „sein können" (Zukunft – Möglichkeit), „sein sollen" (Gegenwart – Wirklichkeit), „sein müssen" (Vergangenheit – Notwendigkeit).

Die christliche Füllung eines religiösen Verhältnisses zu diesen Zeitverhältnissen besteht sodann darin, dass der Umgang mit den Zeitmodi und den von ihnen ausgehenden Daseinsansprüchen neu formatiert wird. Es geht dabei um eine evangeliumsgemäße Bestimmung des Verhältnisses zwischen Können und Sollen, Müssen und Sein, Dürfen und Hoffen. Evangeliumsgemäß ist dieses Bemühen dann, wenn die Erinnerung an das Kreuz Jesu, an dem das Verhältnis von Leben und Tod zugunsten des Lebens entschieden wurde, dem gesollten Widerstand gegen den schicksalhaften und machbaren Tod einen Grund gibt, – wenn die Hoffnung darauf, dass dort, wo der Tod ins Leben kommt, Gott mit ihm kommt und es mit ihm aufnimmt, die Freiheit aporiefähig werden lässt und wenn die Erfahrung der Entmachtung des Todes im Verhältnis von Leben und Tod vor Resignation und Kleinmut gefeit macht. Diese Zuordnungen sind dem Evangelium gemäßer, als ein Sollen zum Maß des Dürfens, ein Wissen zum Grund des Könnens oder ein Tun zur Norm des Hoffens zu erklären. Wo diese Zuordnungen auf ihren Zeitindex befragt werden, kommt es zu spezifischen Zeitbegriffen und -verhältnissen, in denen sich unterschiedliche Einstellungen spiegeln zu dem, was an und in der Zeit ist und mit der Zeit

[161] Überdies handelt es sich hierbei um die Formatierung von Verhältnissen. Für Verhältnisse ist es eigentümlich, dass man sie nicht als solche anschauen oder erfahren kann, sondern stets nur in anderen Verhältnissen ausdrücken kann, in denen sie real präsent sind. Welche moralische Einstellung zum Geld – Geiz, Sparsamkeit, Verschwendung – jemand pflegt, lässt sich nicht in moralischen Verhältnissen, sondern nur in ökonomischen Kontexten (im praktischen Umgang mit Geld) beobachten. Ähnlich ist ein evangeliumsgemäßes Verhältnis zur Zeit nicht adäquat in einer religiösen Sonderwelt darstellbar, sondern kann sich ebenfalls nur in ökonomisch, moralisch oder politisch bestimmten Zeitverhältnissen realisieren. Anders ist auch nicht seine Relevanz für moralische Orientierungen vermittelbar. Diesen Umstand übersieht in seiner Kritik am Konzept einer „KinEthik" P. Rottländer, Sozialethik als Theologie?, in: JCSW 43 (2002) 294–301.

aus der Zeit wird: Der Zeitbezug des Erinnerns führt zu einem anamnetischen Zeitverhältnis, die Zeitigung der Gegenwart entspringt einem kairologischen Zeitverhältnis und das Erwarten des Erhofften rührt aus einem eschatologischen Zeitverhältnis.[162]

Modalität von Zeit, Sein und Sollen	**Zeitbezug**	**Christliches Zeitverhältnis**
Vergangenheit Notwendigkeit Müssen	Erinnern	Anamnetisch
Gegenwart Wirklichkeit Sollen	Erleben	Kairologisch
Zukunft Möglichkeit Dürfen	Erwarten	Eschatologisch

Diese Zeitbegriffe und Verhältnisbestimmungen lassen sich auf den ersten Blick nur schwer für das Projekt einer zeit- und sachgemäßen Sozialethik als relevant erweisen. Sie klingen verdächtig „zeitlos“, existenzialistisch „verkürzt“ und „unpolitisch“. Außerdem stehen sie in offenkundiger Spannung zum heute dominierenden linearen Zeitverständnis, wie es alltagsweltlich als Bestandteil der gesellschaftlichen Konstruktion der Wirklichkeit bzw. der Konstruktion gesellschaftlicher Wirklichkeit begegnet. Zeit erscheint hier als ein leeres, evolutionär ins Unendliche wachsendes Kontinuum oder wird nach Art eines Längen- oder Hohlmaßes verstanden, das die Ausdehnung eines Geschehens numerisch-quantitativ erfasst.

In der Tat ist das Projekt einer „KinEthik“ hinsichtlich des Gegenstandsfeldes und der methodischen Ansprüche ein zu komplexes Unternehmen, als dass es mit existenzial formatierten Zeitbegriffen arbeiten könnte. Dies gilt zum einen für die Reflexionsstufe der Zeitdiagnose mit der Aufgabe, nach Problemen und Pathologien in den gesellschaftlichen Zeitverhältnissen bzw. in den aktuellen gesellschaftlichen Umgangsformen mit den Modi der Zeit (Vergangenheit, Gegenwart, Zukunft) zu fragen und soziale Konflikte als Krise gesellschaftlicher Zeitverhältnisse zu rekonstruieren. Aber ebenso gilt es für die konstruktiven Aufgaben einer „Ökologie

[162] Vgl. hierzu auch W. Huber, Erinnerung, Erfahrung, Erwartung. Die Ungleichzeitigkeit der Religion und die Aufgabe theologischer Ethik, in: Chr. Link (Hg.), Die Erfahrung der Zeit, 321–333; J. Moltmann, Verschränkte Zeiten der Geschichte, in: H. Küng/D. Tracy (Hg.), Das neue Paradigma von Theologie, Einsiedeln/Zürich/Köln 1986, 87–103.

der Zeit“, der es darum geht, ein tragfähiges Netz unterschiedlicher Zeitbezüge und Zeitformen zu knüpfen und analog zur Biodiversität in der natürlichen Umwelt eine kulturelle Zeitvielfalt zu bewahren, anstatt eine weder human-, noch sozial- oder umweltverträgliche Monokultur des kinetischen Imperativs zuzulassen. Die Herausforderung christlicher Zeitgenossenschaft besteht vor diesem Hintergrund darin, die christlichen Zeitbezüge als Paradigmen einer nachhaltigen Kultivierung des Umgangs mit Zeit zu verdeutlichen, die eine kulturelle Ressource auch für eine säkulare Gesellschaft darstellt. Dazu müssen in Theorie und Praxis diese Paradigmen ihre Tauglichkeit erweisen, die Kategorien des Kinetischen und des Ethischen im Kontext der Temporalstrukturen moderner Gesellschaften einander neu zuzuordnen.

4. Die Kultur der Zeit: Skizzen christlicher Zeitgenossenschaft

Die Begründungspflichten einer christlichen „KinEthik" sind erst dann erfüllt, wenn die Bestimmung genuin christlicher Zeitbezüge auch zu konkreten Beiträgen für den Prozess der (sozial)ethischen Urteilsbildung und Handlungsorientierung führt. Ein solcher Beitrag lässt sich nicht einfach von der Bestimmung theologischer Zeitbegriffe ableiten, sondern muss zunächst sondieren, ob christliche Zeitbezüge einen spezifischen, theoretisch wie praktisch fassbaren Umgang mit den Modi der Zeit stilisieren und kultivieren. Dabei interessiert vor allem, inwieweit sie den Umgang mit Vergangenheit, Gegenwart und Zukunft derart neu formatieren, dass die Wahrnehmung christlicher Zeitgenossenschaft ein besonderes Profil gewinnt.

An drei thematischen Komplexen wird im folgenden skizziert, was es genauerhin für eine „KinEthik" heißt, aus christlicher Perspektive die Zeichen der Zeit zu lesen und selbst in dieser Zeit handlungsorientierende Zeichen zu setzen. Gemeinsam ist ihnen die Erörterung sozialethischer Herausforderungen, die auf das Regime des kinetischen Imperativs zurückgehen: Welche politische Funktion hat im Prozess beschleunigten Vergangenheitsverlustes und der damit einhergehenden temporalen Distanzierung von vergangenem Unrecht die ethisch gebotene Erinnerung an die Opfer und Täter dieses Unrechts (4.1.)? Welche kulturelle Bedeutung kommt angesichts der ökonomisch bedingten Einebnung von Eigenzeiten und der Beseitigung unproduktiver Auszeiten dem Widerstand gegen eine pausenlose Betriebsamkeit zu? Wie lässt sich verhindern, dass die Sensibilität für die „Gezeiten" der Zeit, für geistesgegenwärtiges Erfassen eines günstigen Augenblicks nicht erneut ökonomisch instrumentalisiert wird (4.2.)? Welche ethische Relevanz lässt sich angesichts eines lange Zeit forcierten Interesses an „postreligiösen" Zukunftsorientierungen der „postsäkularen" Präsenz religiöser Zukunftshoffnung zumessen (4.3.)?

Mit diesen Leitfragen sind zugleich drei Anlässe bzw. sozio-kulturelle Konstellationen bezeichnet, an denen exemplarisch deutlich werden kann, wie sich in einer christlichen Perspektive die Kategorien des Kinetischen, Ethischen und Sozialen zueinander in Beziehung setzen lassen und welchen besonderen Beitrag die Gesellschaft von den Christen erwarten kann, wenn sie die Möglichkeiten einer ethischen Orientierung in der Zeit diskutiert. Bei der Präzisierung der Umrisse einer theologischen KinEthik ist somit an Überlegungen anzuknüpfen, wie sie auch „außerhalb" christlicher Diskurskontexte begegnen. Anders kann für eine Christliche Sozialethik auch nicht ihre Anschlussfähigkeit im interdisziplinären Diskurs gesichert werden. Einer solchen Bezugnahme auf säkulare Paralleldiskurse kann man vorhalten, sie würde frühzeitig die Chance verspielen, etwas „spezifisch" Christliches zu entwickeln, da sie der Kontextualität christlicher Ethik gegenüber ihrer Optionalität den Vorrang gebe. Eine solche Skepsis ist nicht nur voreilig, sondern rührt auch aus einem Missverständnis dessen, was genuin christlich ist: Das „entscheidend" Christliche muss nicht identisch sein mit dem „unterscheidend" Christlichen.[163] Wer etwas vermeintlich „exklusiv" Christliches reklamiert, verfügt damit keineswegs schon über ein hinreichendes Kriterium, um jenes zu identifizieren, was das Christentum ausmacht. Im Übrigen kommt es dem Bemühen, christliche Sinn- und Handlungskonzepte überzeugend darzulegen, keineswegs entgegen, wenn sie grundsätzlich in Differenz zu anderen Diskursbeiträgen vorgetragen werden. Wenn der spezifisch christliche Beitrag christlicher Ethik das spezifisch Christliche als etwas Exklusives bestimmt, bedeutet dies, sich vom interdisziplinären Austausch auszuschließen. Dies gilt für die Theorie ebenso wie für die Praxis. Entscheidend für eine evangeliumsgemäße Zeitgenossenschaft ist, dass sie die größtmögliche Solidarität mit den Zeitgenossen nicht dem Streben nach „Alleinstellungsmerkmalen" opfert.

Allerdings ist in jüngster Zeit zu beobachten, dass die solidarische Zeitgenossenschaft der Christen und die darin eingeschlossene notwendige Dialogbereitschaft unter prekäre Prämissen gestellt wird. So wird etwa immer häufiger von Christen gefordert, sie sollten im Kontext weltanschaulicher Pluralität etwas Eigenes und von den moralischen Optionen ihrer Mitbürger Verschiedenes sein und sagen.[164] Auf den ersten Blick scheint dies eine selbstverständliche Dialogbedingung zu sein. Ein Gespräch lebt davon, dass alle Beteiligten etwas Eigenes einbringen und dieses Eigene soll gegenüber Anderen etwas Verschiedenes sein. Diese Auffassung ist allerdings im Kontext moderner Gesellschaften doppelt problematisch: zum einen hinsichtlich der jeweiligen Verschiedenheit und Andersheit, an der sich alle Diskursteilnehmer orientieren sollen. Sie kann der geschickt getarnte Versuch sein, in diesem Verschiedenen einen Grund zu sehen, sich

[163] Vgl. J. Werbick, Vom entscheidend und unterscheidend Christlichen, Düsseldorf 1992.

[164] Vgl. etwa bei M. Heimbach-Steins, Identität – Kontextualität – Optionalität, in: C. Sedmak, (Hg.), Was ist gute Theologie, Innsbruck/Wien 2003, 165, die unkritische Übernahme der Kritik am Projekt solidarischer Zeitgenossenschaft von F. Magnis-Suseno, „Kin-Ethik", in: JCSW 43 (2002) bes. 293.

nicht mit dem Eigenen im Anderen zu identifizieren. Das Verschiedene ist dasjenige, worin der Andere mir nicht gleicht, d. h. worin er mir nicht gleich ist. Das Verschiedene wird dann rasch zum Vorwand, um Ungleichheiten zu betonen und zu pflegen.

Prekär ist dieser Ansatz auch unter einer zweiten Rücksicht, denn er kann z. B. auf Seiten der Christen ein Selbstmissverständnis implizieren: Etwas Eigenes und Unverwechselbares sein und sagen zu sollen, wird hier so gedeutet, dass es sich um etwas „unterscheidend" Christliches handelt. Wer unterscheidet, muss ausscheiden und ausschließen. Wer aber in und durch den Vorgang des Ausschließens seine Identität wahren will, erweist sich als Vertreter einer Ideologie. „Ideologien schließen sich in ihrer Lehre und Absicht gegenseitig aus und sind nichts als das, wodurch sie sich gegenseitig bekämpfen" (K. Rahner).[165] Wer mit einer Ideologie eine andere Ideologie – und sei es die des kinetischen Imperativs – überwinden will, verstrickt sich nur um so mehr im Gestrüpp des Ideologischen.

4.1. Unterbrochene Zeit: Ethik und Politik der Erinnerung

Im Zeitalter der Beschleunigung wächst komplementär zur Rate der technisch-wissenschaftlichen Innovationen die Veraltensquote vieler Bestände der Lebenswelt. Dadurch „nimmt die Menge der Zivilisationselemente zu, die noch gegenwärtig sind, aber über die sich schon die Anmutungsqualität der Gestrigkeit oder Vorgestrigkeit gelegt hat".[166] Stetig wächst die Zahl der Jahre, auf die zurückzublicken bedeutet, mit einer Welt zu tun zu

[165] Der Ideologiefalle können Christen am ehesten dadurch entgehen, dass sie das „entscheidend" Christliche (und sie von allen Ideologien unterscheidende) als dasjenige identifizieren, das alle Menschen verbindet und sie einander gleich macht. Aus christlicher Sicht ist dies der universale Heilswille Gottes, die Geschöpflichkeit und Gottebenbildlichkeit aller Menschen. Es ist die Orientierung am alle Menschen Verbindenden, das Christen zum Einsatz für Menschenrechte und das (soziale und religiöse) Gemeinwohl motiviert. Erst diese Orientierung macht sie unterscheidbar von sozialen und religiösen Bewegungen, die nur partikulare Interessen vertreten. Vgl. hierzu auch W. Kern, Das spezifisch Christliche ist das allgemein Menschliche, in: B. J. Hilberath (Hg.), Erfahrung des Absoluten – absolute Erfahrung?, Düsseldorf 1990, 132–149.

[166] H. Lübbe, Schrumpft die Zeit? Zivilisationsdynamik und Zeitumgangsmoral, in: K. Weis (Hg.), Was ist Zeit, 56. Vgl. auch Ders., Die Aufdringlichkeit der Geschichte, Graz/Wien/Köln 1989; Ders., Modernisierung und Folgelasten, Berlin 1997, 23–50; Ders., Im Zug der Zeit, 55–74; Ders., Der Lebenssinn der Industriegesellschaft, Berlin/Heidelberg ^{2}1994, 68–71.

haben, die sich in wesentlichen Hinsichten immer mehr von der aktuellen Lebenswelt unterscheidet. Kohärenz und Identität individuellen und sozialen Lebens sind auf das Vertrautsein mit der eigenen Vergangenheit angewiesen. Diese Vergangenheitsvertrautheit wird um so schwieriger, je mehr aufgrund der Innovationsbeschleunigung die eigene Vergangenheit „vergeht“ und unzugänglich wird. Daher steigt gerade unter dem Regiment des kinetischen Imperativs die Notwendigkeit eines historischen Bewusstseins, das über die Akte des Erinnerns die eigene Vergangenheit erschließbar und aneignungsfähig hält. Ihre sozio-kulturelle Funktion und Relevanz besteht in der Kompensation eines modernisierungs- bzw. innovationsbedingten Verlustes, die jeweilige Gegenwart mit ihrem Herkommen zu verknüpfen. Kaum anders lässt sich der temporalen Diffusion individueller und sozialer Identität entgegenwirken. Offensichtlich brauchen soziale Systeme, die eine hohe Entwicklungsdynamik auszeichnet, ein kulturelles Widerlager, um die permanenten Modernisierungsschübe aushalten und verarbeiten zu können. Würden alle Herkunftselemente in demselben Maße veralten und verschwinden wie Innovationselemente hinzukommen, gäbe es keine Konstanz im Bereich der Systemidentität und -integration. Dieser ist darauf angewiesen, dass sich die Integrationselemente nicht beliebig rasch ändern und die Ressourcen der Innovationsverarbeitungskapazität auf regenerativem Niveau gehalten werden. Dazu gehören Strukturen und Prozesseren, die soziale Kontinuität ermöglichen und – wenn nicht schon ihre Inhalte, so doch diese Strukturen und Prozesse selbst – eine hohe Geltungskonstanz besitzen. Sie halten in dieser Konstanz gegenwärtig, „was die Gegenwart mit der Vergangenheit in kollektiver und individueller Erinnerung zusammenbindet.“[167]

Die Palette entsprechender Beispiele ist breit. Immer neue Museen werden seit den 1980er Jahren in Deutschland eröffnet, historische Großausstellungen erweisen sich als Publikumsmagnete, ganze Stadtviertel werden unter Denkmalschutz gestellt, etliche Dörfer lassen sich anlässlich der mehrhundertjährigen Wiederkehr ihrer ersten urkundlichen Erwähnung eine Heimatchronik schreiben. Die Kalender weisen immer neue Gedenktage auf – vom Tag der Arbeit, dem Tag der Frauen bis zum Tag des Buches und des Baumes. Geburts- und Todestage berühmter Dichter, Philosophen und Wissenschaftler können – wie das „Einsteinjahr“ 2005 – eine ganze Nation dazu bringen, sich ihren großen Geistern zuzuwenden. „Runde“ Jahrestage einschneidender politischer Ereignisse – Anfang und Ende der Weltkriege, Fall der Berliner Mauer – werden regelmäßig medial

[167] Ders., Modernisierung und Folgelasten, 38. Vgl. auch R. Beier-de Haan, Erinnerte Geschichte – Inszenierte Geschichte. Ausstellungen und Museen in der Zweiten Moderne, Frankfurt 2005.

in großer Aufmachung begangen. Zu einem (sozial)ethisch bedeutsamen Phänomen werden diese Umgangsformen mit Vergangenem aber erst, wenn dessen „Modalität“ bedacht wird: Ist dasjenige, dessen gedacht wird, von der Art, dass es fortgesetzt und vollendet werden *soll* oder dass es sich nicht mehr wiederholen *darf*? Ist es überhaupt etwas, dem sich eine Gesellschaft stellen *muss*?[168]

4.1.1. Geschuldete Erinnerung: Wider die Verjährung des Unrechts

Nicht jede kulturelle Retrospektive dient der ethisch-temporalen „Fernorientierung“ moderner Gesellschaften und nicht jede entspricht einem genuin christlichen *anamnetischen* Verhältnis zu dem, was in der Zeit geschieht. Christliche Anamnese ist zwar auch ein Vollzug des Innehaltens, der Erinnerung und als solcher ein Vollzug der Unterbrechung des Laufs der Dinge. Indem sie verdrängte Konflikte und unabgegoltene Hoffnungen ins Gedächtnis ruft (vgl. Apg 3,11–26; 7,1–53), bestreitet sie aber die Normativität und den Kontinuitätsanspruch des Faktischen.[169] Sie konfrontiert die Kontinuitätserwartungen der Täter mit dem Gedächtnis der Opfer. Sie befragt die Gegenwart auf das ihr Zugehörige und ihr zugleich Fehlende, weil es verdrängt, vertuscht, verworfen oder vergessen wurde, und macht es in der Weise des Vermissens gegenwärtig.[170] Von ihr gehen Inspirationen und Irritationen aus. Erinnerung ist aufklärerisch; sie hält das Bewusstsein wach, dass etwas Gegebenes etwas Gewordenes ist – vielleicht auch, weil es sich an die Stelle eines anderen gesetzt und dieses um seine Zukunft gebracht hat. Erinnerungslose Vernunft ist unaufgeklärt.

[168] Vgl. zum Ganzen auch R. Boschki, Vergegenwärtigen. Bausteine für eine Erinnerungsethik, in: E. Geldbach (Hg.), Vom Vorurteil zur Vernichtung?, Münster 1995, 234–244; Th. Laubach, Ethik und Erinnerung, in: forum medienethik 1999/ Heft 2, 58–69.;

[169] Zur Bandbreite dieses christlichen Grundvollzugs und des mit ihm Assoziierbaren siehe P. Petzel/N. Reck (Hg.), Erinnern. Erkundungen zu einer theologischen Basiskategorie, Darmstadt 2003.

[170] Vgl. hierzu besonders die Arbeiten von J. B. Metz, Memoria passionis, in: Karl-Rahner-Akademie (Hg.), Geschichte denken, Münster 1999, 107–116; Ders., Das humane Gedächtnis zu schärfen, in: Wiener Jahrbuch für Theologie 2 (1998) 55–66; Ders., Zwischen Erinnern und Vergessen, in: M. Liebmann u. a. (Hg.), Metamorphosen des Eingedenkens, Graz 1995, 25–34; Ders., Dimensionen der Anamnetik, in: K. Pfeiffer (Hg.), Vom Rande her?, Würzburg 1996, 155–162; Ders., Anamnetische Vernunft, in: A. Honneth u. a. (Hg.), Zwischenbetrachtungen (FS Habermas), Frankfurt 1989, 733–738. Auf dieser Linie liegt auch der Essay von J. Manemann, Rettende Erinnerung an die Zukunft, Mainz 2005.

Auf eine romantischen Verklärung des Vergangenen lässt die christliche Anamnesis sich nicht ein. Sie hält vor allem gegen die Leidensvergesslichkeit auf Seiten der Sieger der Geschichte, der Erfolgreichen und Arrivierten das Gedächtnis der Leidenden aufrecht. Sie ist stets „memoria passionis" und als solche ein Dementi zum bereitwilligen Sichabfinden mit den herrschenden Verhältnissen. Sie macht klar, dass die Zustimmung zu Dasein und Geschichte nicht eine Sache nur der Überlebenden des Kampfes ums Dasein sein darf, wenn sie nicht zu einer zynischen Regung verkommen soll. Sie ist ein Einspruch gegen den Versuch, das eigene Glück auf das mitleidlose Vergessen fremden Unglücks zu gründen.

Christliche Erinnerung ist ein Akt der Solidarität mit den Opfern von Gewalt und Unrecht und mit den Verlierern des Kampfes gegen Unrecht und Gewalt, indem sie ihren Kampf für mehr Gerechtigkeit und Frieden fortsetzt. Archive und Museen können nicht erinnern; sie speichern lediglich die Asservate der Kulturgeschichte. Sie sind angewiesen auf eine lebendige anamnetische Kultur. Die Auseinandersetzungen um die Errichtung eines Holocaust-Mahnmals in Berlin haben bis zu seiner Einweihung im Jahre 2005 gezeigt, dass diese Debatte weitaus mehr an lebendiger und kritischer „Aufarbeitung" des Vergangenen geleistet hat, als dies das Monument am Ende vielleicht leisten kann. Hier war der Prozess bereits das Denkmal.[171] Wie aber das architektonische Denkmal an ein Geschehen erinnern will, das nicht verjähren kann und darum „unvergesslich" ist, so kann auch die Erinnerung keinen Schlussstrich ziehen wollen. Erinnerung ist nichts, das sich unter Denkmalschutz stellen und an ein architektonisch und ästhetisch gewiss beeindruckendes „Nationaldenkmal" im Zentrum Berlins delegieren lässt. Allein das Vermögen der den Tätern Nachgeborenen, sich dieser Vergangenheit aufrichtig zu stellen, entscheidet darüber, ob sie aufrecht den Nachgeborenen der Opfer entgegentreten dürfen.

Christlich ist eine politische Anamnetik nicht allein wegen ihrer Option für die Opfer, sondern auch und ferner nur dann, wenn sie Revanchegedanken von sich fernhält. Nicht jede Form der Anamnese ist per se frei davon, das Wissen um begangenes Unrecht um seiner möglichen Vergeltung willen wach zu halten. Erinnerung ist ambivalent. Ohne die Erinnerung an begangenes Unrecht wächst die Gefahr seiner Wiederholung. Nicht selten wird ein „gutes" Gedächtnis aber auch dazu benutzt, um alte Gräben aufzureißen und den Gedanken der Rache zu stimulieren. Wo stets alte Wunden aufgerissen und offene Rechnungen präsentiert werden, stärkt dies nicht allein die Sehnsucht nach einem Ende der Konfliktvererbung, sondern auch den Ruf nach Vergeltung. Sollte man daher

[171] Vgl. hierzu C. Leggewie/E. Meyer, „Ein Ort, an den man gerne geht" – Das Holocaust-Mahnmal und die deutsche Geschichtspolitik nach 1989, München 2005.

nicht um des „lieben“ Friedens und um eines friedlichen Neuanfangs willen nicht doch dem Vergessen des Unrechts den Vorzug geben? Die europäische Geschichte kennt zahlreiche Beispiele, wie nach großen Bürgerkriegen mit dem Friedensschluss eine abolitio (Aufhebung), oblivio (Vergessen) und/oder remissio (Vergebung) des Geschehenen einherging. Entsprechende Passagen finden sich etwa im Westfälischen Frieden 1648 („Beiderseits soll das ewig vergessen und vergeben, alle Beleidigungen, Gewalttätigkeiten, Schäden und Unkosten derart gänzlich abgetan sein, dass alles in Vergessenheit begraben sei.“) oder nach dem Ende von O. Cromwells Herrschaft in England, als Karl II. den „act of free an general pardon, indemnity and oblivion“ (1660) verkündet.[172] Kann es nicht sein, dass gerade die Erinnerung „fortzeugend“ Böses hervorbringt – wie der nicht enden wollende Nordirland-Konflikt zeigt? Wäre es nicht recht und billig, die Chronik der wechselseitigen Aufrechnung von Grausamkeiten (mit ihrer Logik des „Auge um Auge, Zahn um Zahn“) um eines Neuanfangs willen endgültig zu schließen? Ist „in dubio“ der Friede nicht wichtiger als Gerechtigkeit oder führt ein auf solcher „Amnesie“ basierender Friede nicht in neue Ungerechtigkeit?

4.1.2. Gebotene Versöhnung: Wider die Gnadenlosigkeit des Rechts

Von besonderer sozialethischer Bedeutung und Brisanz sind die Fragen nach dem Verhältnis von Erinnerung und Gerechtigkeit heute für Gesellschaften, die sich in Phasen des politischen Umbruchs befinden und sich neu einer nationalen Einheit und Identität vergewissern müssen: nach einem erfolgreichen Aufstand gegen ein politisches Unrechtssystem, im Übergang zu einem demokratischen Rechtsstaat. Die strafrechtliche Aufarbeitung begangenen Unrechts stellt einen wesentlichen Beitrag zu einem wirklichen politischen Neuanfang und zur Herstellung des inneren Friedens dar. Denselben Effekt sollen aber auch großzügige Amnestieregelungen haben, welche am Ende „Gnade vor Recht“ ergehen lassen.[173] Man wird – gerade aus christlicher Perspektive – im Einzelfall ein solches Vorgehen befürworten können, aber erst, nachdem Recht und Unrecht, Schuld und Unschuld, Täter und Opfer festgestellt wurden. Das Institut der Begnadigung darf diese Feststellung nicht konterkarieren, sondern soll verhindern, dass das Recht gnadenlos wird.

[172] Vgl. hierzu mit weiteren Belegen Ch. Meier, Erinnern – Verdrängen – Vergessen, in: Merkur 50 (1996) 937–952.

[173] Vgl. G. Smith/A. Margalit (Hg.), Amnestie oder Die Politik der Erinnerung in der Demokratie, Frankfurt 1997.

Auf diese beiden Pole ist auch die christliche Idee der Versöhnung zu beziehen.[174] Sie ist nicht denkbar ohne das Moment der Erinnerung, aber auch nicht ohne das Moment der Umkehr und Vergebung, ohne die eine Vergegenwärtigung begangenen Unrechts zu einer Identifikation des Täters mit seinen Taten führt, ihn auf das festgelegt und reduziert, was er den Opfern angetan hat. Die Idee der Versöhnung entspringt der Weigerung, sich mit einer Situation abzufinden, in der ein Mensch, eine Partei oder eine Nation meint, der Feind der anderen sein zu müssen. Sie drängt auf die Unterscheidung der Person von ihren Handlungen, des Täters von seinen Untaten. Sie macht auch den Terroristen nicht zur Bestie oder zu einem Dämon, sondern behandelt ihn als das, was er ist: zwar ein Mörder, aber deswegen noch immer ein Mensch. Und weil er ein Mensch bleibt, legt sie ihn nicht auf das fest, was er angerichtet hat, sondern hält ihm die Möglichkeit der Umkehr und einer gemeinsamen Zukunft offen. Dies kann ein durchaus schmerzvoller und mühsamer Prozess sein. „Als Überwindung einer schuldbelasteten Vergangenheit erfordert Versöhnung von den Konfliktparteien die Bereitschaft, Vergebung zu erbitten und zu gewähren. Versöhnung hat somit auf beiden Seiten eine tiefgreifende Veränderung von innen her zur Voraussetzung: seitens der Täter die Abkehr von der Gesinnung, in der die Tat erfolgte, also: Reue; seitens der Opfer den Verzicht auf Rache sowie darauf, die Täter mit ihrer Tat zu identifizieren, also: Verzeihung. Versöhnung kommt erst dann zum Ziel, wenn die Täter durch Schuldeinsicht und Reue zum Bekenntnis der Schuld und (soweit möglich) zu Akten der Wiedergutmachung geführt werden, und wenn sich andererseits die Opfer bereit finden, das ihnen zugefügte Unrecht nicht zu vergelten und nachzutragen, sondern zu vergeben."[175]

Bei diesem Prozess kommt es entscheidend darauf an, dass eine Begegnung zwischen Tätern und Opfern öffentlich zustandekommt, die einen kathartischen Vorgang auslöst. Vergebung oder Versöhnung hinter dem Rücken der Opfer kann es nicht geben![176] Darum gilt es zunächst den Op-

[174] Vgl. ausführlicher G. Beestermöller/H.-R. Reuter (Hg.), Politik der Versöhnung, Stuttgart 2002; D. Ansorge, Vergebung auf Kosten der Opfer? Umrisse einer Theologie der Versöhnung, in: SaThZ 6 (2002) 36–58; G. Sauter (Hg.), „Versöhnung" als Thema der Theologie, Gütersloh 1997; B. Seiger, Versöhnung – Gabe und Aufgabe, Frankfurt 1996; R. Schreiter, Wider die schweigende Anpassung. Versöhnungsarbeit als Auftrag und Dienst der Kirche im gesellschaftlichen Umbruch, Luzern 1993; Th. Herr, Versöhnung statt Konflikt, Paderborn 1991.

[175] H.-R. Reuter, Ethik und Politik der Versöhnung, in: G. Beestermöller/H.-R. Reuter (Hg.), Politik der Versöhnung, 22.

[176] Unter dieser Rücksicht verlangt die Rede von „Vergebung" und „Verzeihung" angesichts des Schicksals der Opfer der Schoa besondere Behutsamkeit. Wenn die Theologie darüber spekuliert, ob es eine Versöhnung des Sünders mit

fern zu ihrem ersten Recht zu verhelfen: dass die Wahrheit über sie berichtet wird. Dies beginnt mit einer Offenlegung von Fakten über das Ausmaß der Verbrechen, setzt sich fort in einer gesamtgesellschaftlichen Anerkennung der begangenen Taten als Unrecht und mündet in der Aufnahme dieser Anerkennung in das kollektive Gedächtnis einer Gesellschaft. Die Aufarbeitung der Vergangenheit wird sich auch der Mittel strafrechtlicher Verfolgung bedienen – vor allem um das Vertrauen der Opfer in die neue Rechtsordnung zu stärken. „Es ist insofern rechtsethisch geboten, öffentlich und mit allgemeiner Geltung zu deklarieren, wer rechtswidrig und wer rechtskonform gehandelt hat. Solange wir an der Idee individueller Verantwortlichkeit für wohlumschriebene Handlungsfolgen festhalten, ist es geboten, so weit wie möglich rechtliche Schuld zuzurechnen, festzustellen und damit auch zu begrenzen.“[177] Bei diesem Weg geht es um die Wiederherstellung der gegenseitigen Achtungsverhältnisse zwischen Rechtspersonen auf der Basis der wechselseitigen Achtung ihrer Menschenwürde. Versöhnung ist damit jedoch nicht erreicht. Sie erfordert einen Gesinnungswandel der Täter, der durch das Strafrecht nicht erzwungen werden kann und sich nicht in juristisch verfügten Akten der „Wiedergutmachung“ erschöpft. Versöhnung setzt zwar Recht und (retributiv-ausgleichende) Gerechtigkeit voraus, jedoch schaffen diese als solche noch nicht Versöhnung.

In diese Richtung weist das Instrument der „Wahrheitskommission“, das vor allem in Südafrika nach der Überwindung des Apartheidregimes eingesetzt wurde.[178] „Im Sinn des Wahrheitspostulats sollte die Kommission in öffentlichen, massenmedial verbreiteten Verhandlungen schwerste Menschenrechtsverletzungen aufklären und dokumentieren; sie sollte ferner rückhaltlos aussagebereiten politisch motivierten Tätern Straffreiheit gewähren können; sie sollte schließlich vor allem die Würde der Opfer wiederherstellen, indem ihnen nicht nur Entschädigung gewährt, sondern ein Forum zur öffentlichen Darstellung und Erzählung ihrer Leidensgeschichte geboten wurde.“[179] Hier konnte ein Täter Straffreiheit erlangen, wenn er seine Vergehen, denen eine ideologische Motivation zugrunde lag, öffent-

Gott gleichsam an den Opfern „vorbei“ gebe, da ja nur Gott allein Sünden vergeben kann, muss sie sich fragen, worin sie noch das Unsühnbare und Unverzeihliche des millionenfachen Massenmordes sehen will. Zu dieser Problemanzeige vgl. auch J.-H. Tück, Das Unverzeihbare verzeihen?, in: IkaZ 33 (2004) 174–188.

[177] Ebd., 33. Vgl. auch G. Haeffner (Hg.), Schuld und Schuldbewältigung. Keine Zukunft ohne Auseinandersetzung mit der Vergangenheit, Düsseldorf 1993.

[178] Vgl. hierzu u. a. N. Klein, Schuldzurechnung und Schuldanerkenntnis. Erinnerungspolitik im „neuen“ Südafrika, in: P. Petzel/N. Reck (Hg.), Erinnern, 133–144 (Lit.).

[179] H.-R. Reuter, Ethik und Politik der Versöhnung, 35.

lich eingestand bzw. bei der Aufklärung von systematischen Menschenrechtsverletzungen des alten Regimes mitwirkte. Mit dieser Form der Amnestie blieb das begangene Unrecht zwar ungesühnt,[180] aber weder verborgen noch vergessen. Eben dies markiert auch eine entscheidende Schwachstelle der südafrikanischen Wahrheits- und Versöhnungskommissionen. Die Täter konnten sich dieser Einrichtung um der Möglichkeit einer Amnestieerlangung willen aus rein strategischem Kalkül bedienen, ohne dass es ihnen dabei um Gerechtigkeit für die Opfer oder um Wahrheitsfindung ging. Darin besteht aber auch der Preis einer Hoffnung auf Versöhnung. Sie ist angewiesen auf eine Umkehr der Täter (und nicht selten auch der Opfer), die sich nicht erzwingen lässt. Sie erzwingen wollen, hieße sie verfehlen. Sie nicht zu erhoffen, hieße den Stab über sie zu brechen und jede Aussicht auf Umkehr und Aussöhnung aufzugeben.

Kontinuierlich – und nicht bloß in einer zeitlich befristeten Wahrheitskommission – lässt sich dem Vergessen von Unrecht und Gewalt nur in einer Kultur der Erinnerung entgegenwirken, die dauerhaft Front macht gegen eine mit zunehmender zeitlicher Entfernung zum begangenen Unrecht wachsenden Haltung der Indifferenz, gegen die Versuchung einer retrospektiven Beschönigung und einer „klammheimlichen“ Faszination durch Personen, denen die Monstrosität ihrer Untaten eine bizarre „Größe“ verleiht.[181] Gedenkstättenarbeit, geschichtswissenschaftliche Erforschung des Geschehenen, didaktisch sorgfältige aufbereitete Publikationen erreichen aber nur dann ihre Ziele, wenn sie auf Menschen treffen, für die ein Geschichtsbewußtsein Bestandteil eines moralischen Bewusstseins ist.

4.2. Befreite Zeit: Ethik und Ökonomie sozialer Auszeiten

Das Regime des kinetischen Imperativs drängt darauf, die letzten Lücken zwischen einer an natürlichen Rhythmen und Zyklen orientierten Zeitgestaltung und den davon abgekoppelten, an abstrakten Uhrzeiten ausgerichteten künstlichen Zeitgebern zu schließen. Sein Fortschrittsversprechen ist kaum noch überbietbar: Alles soll zu jeder Zeit an jedem Ort möglich und verfügbar sein! Hochgeschwindigkeitstechnologien eröffnen Zugriff auf alles, überall und immer. Sie setzen dabei voraus, dass es ebenso technisch möglich ist, alles Mögliche zu jeder Zeit Realität werden zu lassen. Dazu muss man nicht allein den Zufall ausschalten, der dafür sorgt,

[180] Vgl. dazu V. Nerlich, Apartheidkriminalität vor Gericht, Berlin 2002.

[181] Vgl. weiterführend Th. Hoppe, Erinnerung, Gerechtigkeit und Versöhnung, in: J. Calliess/Ch. Weller (Hg.), Friedenstheorie, Rehburg-Loccum 2003, 233–263.

dass manches anders kommt als es erwartet und geplant wurde. Auch der Vorstellung, es gäbe für bestimmte Ereignisse besondere „Eigenzeiten" ihrer Verwirklichung und spezifische „Gezeiten" für das erfolgreiche Anfangen oder Unterlassen von Unternehmungen, muss jede Plausibilität genommen werden. Dafür wird die Aussicht eröffnet, ökonomisch-technische Produktivitätszuwächse und eine Steigerung individueller Freiheitschancen bzw. Handlungsoptionen gleichermaßen verbuchen zu können.

Allerdings steht hinter dieser Aussicht eine sehr eingeengte Vorstellung von Zeitsouveränität und Zeitautonomie. Anstatt zwischen unterschiedlichen Mustern der Zeitorientierung wählen und mit ihnen agieren zu können, wird ein monokulturelles Arrangement der Verfügung über alles Zeitliche propagiert. Die Reduktion der Eigenzeiten und Gezeiten der Zeit zugunsten einer auf eine einzige Funktion hin ausgerichteten Rationalitätsform (z. B. „Zeit ist Geld") erhöht nicht die Stabilität sozialer Systeme, sondern schränkt ihre Reaktionsmöglichkeiten auf unerwartete Herausforderungen und unverhoffte Glücksfälle stark ein. Im jüdisch-christlichen Verständnis von Zeit und ihren Formen ist der Gedanke lebendig geblieben, dass sich die Zeit nicht indifferent zum Geschehen in ihr verhält, sondern es besonderer zeitlicher Konstellationen bedarf, um bestimmte Ereignisse geschehen zu lassen.

Die Zeit ist hier nicht eine Hohlform des Erlebens und Handelns, sondern immer schon mit einem bestimmten Inhalt identisch. Der Inhalt des Geschehens macht ebenso die Bedeutung der Zeit aus, wie es ohne ihn überhaupt kein Zeiterleben gibt. Alles hat sein Dasein darin, dass es gezeitigt wird. Alles hat *seine* Zeit und für jedes Vorhaben unter dem Himmel gibt es eine bestimmte Stunde (vgl. Koh 3,1 ff.).[182] Den *kairos* eines Geschehens zu erfassen, bedeutet ein Gespür zu haben für das, was an der Zeit ist, für die Flüchtigkeit des Augenblicks, der über das Gelingen oder Mißlingen einer Handlung entscheidet. Ein *„kairologisches"* Zeitverständnis widerstreitet der Einebnung spezifischer „Eigenzeiten" von Beziehungen und Ereignisse im menschlichen Leben. Es weckt ein Bewußtsein dafür, wann die Zeit drängt, sich zu beeilen, etwas Bestimmtes zu beginnen, und wann die Zeit reif ist, es zu vollbringen.[183] Die Gunst der Stunde bemisst sich jedoch nicht nach dem, was jeweils „zur Zeit" als aktuell oder modern ausgegeben wird, sondern zeigt an, dass es jetzt „an der Zeit" ist, einen Wert oder ein Ziel zu realisieren und einen Plan zu verwirklichen, zu dem man sich vorher schon entschieden haben muss, um überhaupt ermessen zu können, wofür die Stunde jetzt „günstig" ist. In der Weise „ergrei-

[182] Vgl. hierzu u. a. T. Gretler, Zeit und Stunde. Theologische Zeitkonzepte zwischen Erfahrung und Ideologie in den Büchern Kohelet und Daniel, Zürich 2004.

[183] Vgl. auch G. Marramao, Kairós. Apologia del tempo debito, Rom/Bari ^{2}1993.

fenden Ergriffenwerdens“ kommen hier menschliches Tun und Kairos zusammen. Hier erhält die Zeit plötzlich eine neue Qualität; sie wird zur Entscheidungs- und Schicksalszeit (vgl. Mk 1,15).[184] Sie erhält in einem bestimmten Moment (Vor)Zeichencharakter für die Zukunft (vgl. Mt 16,3).[185] Die Aufforderung, die „Zeichen der Zeit“ zu deuten, ist hier zugleich Bestandteil des alten christlichen Bemühens um eine „Scheidung der Geister“. Hier geht es um eine Unterscheidung von situativen Inspirationen und Impulsen, welche für zukunftsträchtige Veränderungen und welche für Strohfeuer des Fortschrittes stehen.[186]

Ein „kairologisches“ Bewusstsein, das der jeweiligen Situation in ihrer Einmaligkeit gerecht werden will, liefert sich gerade dieser Situation nicht aus, sondern nutzt ihre Gunst für die Umsetzung von Handlungs- und Wertpräferenzen, die aus rationaler Prüfung und nicht aus Opportunismus oder Konformismus gegenüber kurzlebigen Trends, Tendenzen, Moden und Allüren hervorgegangen sind (vgl. Röm 12,1 f.). Nur wer Ziele und Ideale hat, die über den Tag hinaus bestehen, vermag im Kairos auch einen „Fingerzeig Gottes“ zu erkennen und für sich zu nutzen.[187] Für alle anderen gilt die Einsicht Senecas: „Ignoranti quem portum petat, nullus ventus suus est“.[188] Wer keinen Hafen kennt, muss sich dem Treiben der Winde überlassen, und wer das Navigieren nicht beherrscht, weiß auch günstige Winde nicht zu nutzen

Das kairologische Denken ist einerseits „prinzipienfest“, andererseits sensibilisiert es für das Situative, dem es gerecht werden will. Insofern geht es ihm auch um die Aufwertung des Einmaligen, Partikularen und Kontingenten, das „mit einem Mal“ die Chance für die Realisierung eines fundamentalen Wertes eröffnet.[189] Um einen „Kairos“ erkennen und erfassen zu

[184] Vgl. hierzu P. Tillich, Systematische Theologie III, Stuttgart ^{2}1978, 419–425.

[185] Zum exegetischen Befund siehe K. Scholtissek, „Könnt ihr die Zeichen der Zeit deuten?“, in: ThGl 85 (1995) 195–223.

[186] Vgl. M. Heimbach-Steins, Unterscheidung der Geister – Strukturmoment christlicher Sozialethik, Münster 1994.

[187] Vgl. P. Valadier, Signes des temps, signes de Dieu?, in: Etudes 335 (1971) 261–279.

[188] Seneca, Epistulae Morales VII, 71, 3.

[189] Gegenüber dem Wiederholbaren, Allgemeinen und Notwendigen will es das Außerordentliche und Außergewöhnliche, das Plötzliche und Zusammenhangslose, das Überraschende und Regellose nicht bloß als Widerpart einer Handlungsorientierung gelten lassen, die auf das Beständige und Regelmäßige setzt. Es ist darauf aus, moralische Orientierungsleistungen auch von der Begegnung mit dem Charismatischen und Unkonventionellen her zu gewinnen. In diesem Kontext wäre es durchaus lohnend, seitens der Sozialethik noch einmal auf die Anregungen der „Situationsethik“ einzugehen (vgl. dazu M. J. Suda, Ethik, Wien/Köln/Weimar 2005,

können, der sich immer nur für einen kurzen Zeitraum bietet, muss man warten können – unter Umständen für lange Zeit. Der Fall der innerdeutschen Mauer 1989 und die Erlangung der deutschen Einheit wären unmöglich geblieben, wenn nicht einerseits die Deutschen in Ost und West über Jahrzehnte hinweg an der Überzeugung festgehalten hätten, „ein Volk" zu sein, und wenn sie nicht andererseits die Gunst der Stunde genutzt hätten, um dieser Überzeugung zur Realisierung zu verhelfen – zunächst mit den eindrucksvollen „Montagsdemonstrationen" und dann mit den Mitteln der Politik und der Diplomatie.

4.2.1. Die Gunst der Stunde: Über Zeit und Geld, Konsum und Geiz

Der kinetische Imperativ will sich mit der Unkalkulierbarkeit des Kairos nicht abfinden. In Gestalt von Moden, Trends und „in/out"-Listen macht er im Bereich des Konsums und Lifestyles verfügbar, was sonst noch in den Bereich des Unverfügbaren gehört. Anstatt auf einen Kairos zu warten, der sich zu seiner Zeit selbst einstellt, wird er nun zu bestimmten Fristen künstlich hergestellt: Geschickt werden Sonderangebote platziert, die nur für kurze Zeit gelten und die Konsumenten nötigen sich zu beeilen, wenn sie die seltene Gelegenheit nutzen wollen, sich ein „Schnäppchen" zu ergattern. Discount-Ketten künden via Prospekt an, ab wann ein Billig-PC zu haben ist, und helfen mit dem Hinweis „nur solange der Vorrat reicht" der notwendigen Kaufbereitschaft über die Herstellung von Zeitdruck wirkungsvoll nach. Die „Billigflieger" unter den Airlines öffnen im Internet zu nächtlicher Stunde regelmäßig ein kleines Zeitfenster, in dem es möglich ist, Tickets zu Dumpingpreisen zu erwerben. Auch hier gilt: Wer zuerst kommt, zahlt am wenigsten. Und wer nicht kommt zur rechten Zeit, muss draufzahlen für das, was übrig bleibt.

Die Instrumentalisierung des Kairos ist ein Begleitphänomen des kulturellen Umbruchs zu einer Gesellschaft, die angesichts schwindender Wohlstandsniveaus den Umgang mit Knappheiten neu organisieren muss. Dass Zeit Geld ist, Zeit und Geld knappe Güter sind und man aus der Not des Mangels an beiden Gütern eine Tugend machen kann, führen Aktionen und Kampagnen vor, die eine vormalige Fehlhaltung im Umgang mit materiellen und immateriellen Werten in eine Schlüsselqualifikation des findigen und intelligenten Konsumenten verwandeln. Seit einigen Jahren wird

259–290; P. Reifenberg, Sozialethik aus dem Glauben, St. Ottilien 1992), was zuletzt programmatisch versucht hat G. Winter, Grundlegung einer Ethik der Gesellschaft, München/Mainz 1970.

die Haltung des Geizes – auch für Wohlhabende – als vorbildlich dargestellt.[190] Zuvor sind Geizkragen stets als genussfeindlich, verschroben und ungesellig beschrieben worden. Sie verlassen das Haus nie ohne Taschenrechner, ihre Passion ist der Vergleich von Preisschildern, ihr Talisman ist die Centmünze. Ihre größte Angst besteht darin, übers Ohr gehauen zu werden. Aus Sorge, man könnte ihnen das Geld aus der Tasche ziehen, haben sie ihre Hand stets am Portemonnaie. Sie vermeiden jede Situation, in denen die Gefahr droht, ihr eigenes Geld ausgeben zu müssen. Das Urbild des Geizkragens ist ein Mann, der so wenig isst, „dass der Hals immer dünner und faltiger wird und der Kragen weit absteht."[191] Vorzugsweise hält er sich dort auf, wo es etwas umsonst gibt, und häufig trifft er dort seinen engsten Verwandten: den Schnorrer. Inzwischen ist der Geizkragen aber von der Witzfigur zum Vorbild aufgestiegen: Geiz steht heute für eine sehr intelligente Technik der Lebensführung, die sorgfältig Aufwand und Ertrag kalkuliert und allem Unkalkulierbaren möglichst aus dem Weg geht. „Ich bin doch nicht blöd" lautet ihr von der Handelskette MediaMarkt verbreitetes Credo. Geizige gelten als besonders clever. Sie wissen, wie man es vermeidet, über den Tisch gezogen zu werden. Ihr Intelligenzquotient bemisst sich an den Preisnachlässen, die sie herausholen. Ihre größte Kränkung besteht darin, dass sie eine Rabattaktion verpasst oder ihre Rabattkarten zu Hause vergessen haben. Mit dem Sparen um des Sparens willen, mit der Moral der Askese, der Entsagung und des Verzichtes, also mit dem Geiz alter Prägung, haben die Geizkampagnen nichts mehr im Sinn. Von ihnen geht ein hedonistischer Appeal aus. Sie haben es geschafft, das zusammenzubringen, von dem man bisher glaubte, es passe nicht zusammen: Konsumspaß und kleine Preise.

Jedoch ist es fraglich, ob sich auf lange Sicht die Geizkampagnen für die Konsumenten wirklich rechnen. Es kann sein, dass am Ende der Kunde dennoch draufzahlt. Wer den heimischen Parkettboden mit billigem Lack versiegelt, riskiert giftige Ausdünstungen. Wer billiges Fleisch von Tieren kauft, die mit hohen Hormongaben zur Schlachtreife gehetzt wurden, riskiert Schäden an der eigenen Gesundheit. Preise sagen nie die ganze Wahrheit, erst recht nicht in den Schnäppchen- oder „Geiz-ist-geil-Aktionen". Wer mit einem Billigflieger für 19 Euro auf die Kanarischen Inseln fliegt, lässt sich darüber hinwegtäuschen, dass damit erhebliche ökologi-

[190] Vgl. hierzu u.a. U. Busch, Geiz ist geil! Wieso auf einmal?, in: Utopie kreativ 2004/Heft 163, S. 389–401; R. Nitsche, Das große Buch vom Geiz, Berlin 2003. Zum Ganzen siehe auch M. Jäckel, Einführung in die Konsumsoziologie, Wiesbaden 2004.

[191] B. Schönberger, Der Geiz, in: K. Hofmeister/L. Bauerochse (Hg.), Geil & geizig. Die Todsünden als Gebot der Stunde, Würzburg 2004, 26.

sche Nebenkosten verbunden sind. Wer den billigsten Kaffee, den billigsten Teppich, das billigste T-Shirt haben will, sollte wissen, dass dahinter oft Kinderarbeit oder andere ausbeuterische Arbeitsverhältnisse stehen.

Zu den weiteren Paradoxien der Kopplung von Zeit und Geld, von Konsum und Geiz gehören auch die wieder in Mode gekommenen Rabattsysteme. Dass sich unter Knappheitsbedingungen das Geldausgeben lohnt, verspricht die „Payback"-Karte. Sie arbeitet mit einer doppelten Buchführung. Bei Vorlage dieser Rabattkarte (am besten inclusive Kreditkartenfunktion) an der Kasse erfolgt mit der Abbuchung eines Kaufbetrages vom Girokonto des Käufers zugleich eine Gutschrift auf seinem Payback-Konto. Hier wird nicht nur der Effekt des Preisnachlasses ins Spiel gebracht, sondern auch suggeriert, man könne beim Geldausgeben Geld verdienen. Das gilt jedoch nur für den Verkäufer. Denn der Rabatt dient ausschließlich dazu, beim Kunden eine erhöhte Zahlungsbereitschaft auszulösen. Und die Gutschrift wird gewährt, um auf Dauer eine Zahlungsfähigkeit zu sichern, die dann wieder in Zahlungsbereitschaft umgewandelt werden kann. Natürlich steht sich der Kunde mit Payback-Karte besser als ohne, aber noch besser steht sich der Anbieter, der Kunden langfristig an sich binden kann und obendrein über die Zuordnung gekaufter Waren zu bestimmten Geschäften und Konsumenten noch zuverlässige Daten über das Käuferverhalten gewinnt. Ebenso begehrt wie Geld sind Informationen über diejenigen, die noch welches haben. Um beides herrscht ein Wettbewerb – schließlich gibt es nicht nur Payback, sondern auch das Konkurrenzunternehmen „happydigits".

Paradox mag es auch anmuten, dass ausgerechnet in einem Wirtschaftssystem, das auf Wachstum ausgerichtet ist, plötzlich das Moment des Geizes den Konsum antreiben soll. Hierfür gibt es die ganz unspektakuläre Antwort, dass auch der Geiz eine Form des Habenwollens und des Mehrhabenwollens ist. Auch in ihm steckt die Logik der Steigerung.[192] Hinter dem Geiz steht eine permanente Unruhe, die nie ein Entspannen, nie ein „Genug" zulässt. Für nichts anderes haben die Geizigen mehr etwas übrig. Eigentlich ist darum der Geiz eine Form der Gier – die Gier, etwas haben zu wollen und für dieses Wollen und Haben alles andere hintanzusetzen. Wer durch Geiz reich wird, verarmt darum an allem anderen.

[192] Vgl. auch J. de Graaf u. a., Affluenza. Zeitkrankheit Konsum, München 2002.

4.2.2. Freie Zeit – Zeit der Freiheit: Gegen den Zwang der Pausenlosigkeit

Ein kairologisches Zeitverständnis verlangt nicht nur, zur rechten Zeit das Richtige zu tun, sondern auch zur rechten Zeit eine Aktivität einzustellen. Es verlangt von einer Gesellschaft, sich dafür Zeit zu nehmen, das in die Zeit Kommende und mit der Zeit (Ver-)Gehende auf sein Bleibendes hin freizugeben. Dazu gehört auch, dass der Mensch von Zeit zu Zeit etwas sein-lassen kann, d. h. auf ein Machen und Weiter-Machen verzichtet. Zur Kreativität des Hervorbringens gehört es, zum richtigen Zeitpunkt nichts mehr zu tun. Jeder Künstler, Schriftsteller, Maler oder Komponist weiß darum, dass ab einem bestimmten Moment jegliche Fortsetzung seiner Tätigkeit nur zu einer „Verschlimmbesserung" des Kunstwerkes führt. Das rechtzeitige Aufhören ist darum eine Sinnbedingung für ein gutes Ende (als Vollendung) und ebenso für einen guten Anfang, – woran die Bibel mit dem Hinweis auf die Erschaffung des Sabbat als eines Tages der gelassenen Vollendung des gesamten Schöpfungswerkes Gottes erinnert (vgl. Gen 2,1–3). Das Aufhören des Hervorbringens führt hier zum Eigen- und Selbstsein des Hervorgebrachten. Das Aufhören ist somit kein Akt, der dem Hervorgebrachten etwas vorenthält, sondern eine Bedingung dafür, dass das Bestehende das ihm Fehlende erhält: Man lässt etwas sein, d. h. es wird losgelassen, freigelassen. Erst in dieser Freiheit kommt das Freigelassene zu sich selbst. Im Nichttun lässt man sich und dem Getanen Zeit. Man lässt es gut sein. Auf diese Weise ist das Ende nicht Abbruch, Negation und Zerstörung, sondern wohltuende Verhinderung eines ewigen „weiter so". Die Vollendung des Tuns ist somit das Gelassen-Sein, in dem das Dasein und die Zeit ihre „Bleibe" haben. Ein solches Verhältnis zum Aufhören ist kreativ.

Es sind die Pausen, welche eine Ressource für die Kreativität moderner Gesellschaften darstellen.[193] Solche kreativen „Auszeiten" dürfen nicht dem Raubbau preisgegeben, sondern müssen auf regenerativem Niveau gehalten, d. h. von ökonomischen Verwertungen frei gehalten werden. Das individuelle und soziale Leben braucht Zäsuren zur Verhinderung von Überforderung durch endlos anschlussfähige und daher unüberschaubare Handlungsketten. Es braucht die gesellschaftlich verbürgte Chance des Innehaltens und Verweilens, der produktiven Ablenkung vom Alltag, der intelligenten Zerstreuung und den gesicherten Freiraum einer von ökonomischen Beanspruchungen freien Zeit. Dies ist auch eine Bedingung auto-

[193] Vgl. zum Ganzen auch G. Muri, Pause! Zeitordnung und Auszeiten aus alltagskultureller Sicht, Frankfurt 2004 (Lit.).

nomer Zeitgestaltung. Vor allen individuellen Fähigkeiten setzt sie die gesellschaftlich vermittelte Sicherheit voraus, dass es auf Dauer und rhythmisch wiederkehrend überhaupt verlässliche Zeiträume selbst zu gestalten und gemeinsam mit anderen Menschen zu verbringen gibt.

Das Netz des gesellschaftlichen Lebens wird um so grobmaschiger und poröser, je weniger eine Gesellschaft ihren Angehörigen einen gemeinsamen Lebensrhythmus ermöglicht. Die Gefahr einer Dissoziierung komplexer Gesellschaften, die angesichts eines schwindenden Wertkonsenses, einer Pluralisierung der Lebensstile sowie der Auflösung einer religiösen Matrix ohnehin besteht, wird jedoch durch die Individualisierung der Freizeit noch erhöht. Den Zusammenhalt einer Gesellschaft garantiert aber nicht allein die individuelle, sondern auch eine gemeinsame Teilhabe an kulturellen Gütern, ein gemeinsames Erleben und Füllen der Zeit, das gemeinsame Betroffensein von den Wechselfällen der Geschichte. Der Sinn kollektiven „Nichtstuns" liegt gerade darin, das Bewusstsein für solche Gemeinsamkeiten entstehen zu lassen. Nicht zufällig sind es arbeitsfreie Tage, an denen sich auch Industriegesellschaften ihrer Geschichte und Identität vergewissern.

Gegen die ökonomische Auszehrung von Zeitbiotopen diesseits und jenseits der Ökonomie lassen sich im Übrigen auch ökonomische Überlegungen anbringen. Auch für die Nutzung der Zeit gibt es Grenzen des Wachstums, deren Überschreitung soziale Systeme instabil macht. Ein entsprechendes Beispiel für die ökonomisch motivierte Achtung ökonomischer Brachzeiten praktiziert die New Yorker Börse: „Stürzt der amtliche Index, der Dow Jones, um 350 Punkte, wird das Börsengeschäft für eine halbe Stunde unterbrochen; stürzt er um 550 Punkte, wird die Pause auf eine Stunde verlängert, wahlweise wird der Geschäftsbetrieb für den jeweiligen Tag völlig gestoppt."[194] Um der Geschäfte willen hört für eine Weile jede Geschäftigkeit auf. Soziale „Auszeiten" wären jedoch verkannt, wenn sie lediglich dem Auftanken von Kräften dienen würden, die eine Hochgeschwindigkeitskultur auf Touren halten sollen. In diesem Fall wären die Elemente der Verlangsamung und „Entschleunigung" in Wahrheit Bestandteile einer Strategie zur Verstetigung prekärer Beschleunigungsprozesse.

Nur wenn zum Anfangen das Aufhören gehört, bleiben Neu-Anfänge möglich. Gleichwohl ist es ebenso wichtig, von Zeit zu Zeit auch das „Neustarten" von Dingen und Ereignissen zu unterbrechen und nichts zu tun. In diesem Nicht(s)tun ist es dann möglich, sich des Sinnes von Anfangen und Aufhören zu vergewissern. Dies ist auch die „temporale" Sinnbestimmung der christlichen Fest- und Feiertage. Vor allem der Sonntag steht

[194] Kh. A. Geissler, Vom Tempo der Welt, Freiburg/Basel/Wien 1999, 200.

für freie Zeit, befreite Zeit, Zeit der Freiheit. Er erinnert an den „Anfang" der Schöpfung, holt ihn mitten ins Leben zurück und stellt die Frage, was es heißt, am Leben zu sein, wenn abgesehen wird von dem, was uns stets etwas Bestimmtes tun oder sein lässt. Gibt es jenseits des Systems der Mittel und Zwecke, Funktionen und Strukturen etwas Sinnvolles, das das Dasein zeitigt? Für eine Antwort auf diese Frage muss man die Zeit und das Dasein freihalten von Mitteln und Zwecken. Darum steht der Sonntag abseits von allen wirtschaftlichen Kosten/Nutzen-Erwägungen. Ökonomisch gesehen rechnet er sich nicht. Statt dessen erfragt, erschließt und repräsentiert er inmitten des funktionalen Systems der technisch-ökonomischen Daseinssicherung das, was nicht funktionalisierbar ist. Er ist „Leerstelle" für das, was den Sinn aller Funktionalität ausmacht; er hält die Zeit offen für das, was keine ökonomischen und technischen Äquivalente hat. Darin liegt auch seine „Säkularisierungsresistenz". Er thematisiert etwas, das zu thematisieren sich modernisierungsbedingt nicht erledigt hat.[195]

4.3. Erschlossene Zeit: Ethik und Theologie der Zukunft

Der kinetische Imperativ hat dafür gesorgt, dass aus den Zeitsemantiken moderner Gesellschaften all jene „utopischen" Gehalte verschwunden sind, für die religiöse Hoffnungen auf ein Ende der Geschichte stehen, das nicht Abbruch, sondern Vollendung der Geschichte bedeutet. Zwar forciert auch er ein Fragen nach der Zukunft, die eine Zukunft des Gegenwärtigen ist. Aber dieses Gegenwärtige wird nur als Vergangenheit eines Künftigen verstanden, das durch geeignete Maßnahmen herbeizuführen ist. Und dieses Künftige ist selbst wiederum nur Vorläufer eines Folgenden.[196] Der kinetische Imperativ kennt kein „finales" Geschehen – weder für die Welt im Ganzen noch für das Individuum. In der späten Moderne setzt darum das säkulare Nachdenken über Geschichte meist am Verlust sinnstiftender und bedeutungsgenerierender Funktionen der Zukunft an. Dasein, Sinn und Zukunft stehen einander indifferent gegenüber. Wenn von der Zukunft kein Sinn mehr zu erwarten ist, der über den Tag hinaus

[195] Vgl. hierzu auch E. Jünemann, Zur Diskussion der Sonntagsruhe, in: U. Nothelle-Wildfeuer/N. Glatzel (Hg.), Christliche Sozialethik im Dialog, Grafschaft 2000, 239–258; J. P. Rinderspacher, „Ohne Sonntag gibt es nur noch Werktage", Bonn 2000; B. S. Nuss, Der Streit um den Sonntag, Idstein 1996.

[196] Vgl. hierzu u. a. St. Böschen/K. Weis, Die Gegenwart der Zukunft. Zeitlandschaften im Wandel, Wiesbaden 2004; E. Holst/J. P. Rinderspacher/J. Schupp (Hg.), Erwartungen an die Zukunft. Zeithorizonte und Wertewandel in der sozialwissenschaftlichen Diskussion, Frankfurt/New York 1994.

die Hoffnung auf eine Vollendung aller Weltverbesserungsbemühungen begründet, kann sie weder utopische Energien freisetzen noch der Suche nach Daseinsakzeptanz einen Anhalt bieten.

Einem solchen Zeit- und Daseinsverständnis kommt ein *„eschatologisches"* Zeitverhältnis in die Quere. Es nimmt den Philosophensatz ernst, dass der Mensch sich so zu seinem Dasein verhält, dass er sich zu seinen auf Zukunft hin entworfenen Möglichkeiten verhält. Es bestreitet, dass die Globalisierung von Ökonomie, Technik und Wissenschaft inclusive einer globalen Synchronizität bereits das Letzte und Äußerste ist, was dem Menschen möglich bleibt. Ein „eschatologisches" Zeitverhältnis fragt nach der „Zukunft der Zeit" und geht somit anders „aufs Ganze" als die Akteure beschleunigter Globalisierung. Sie kennen kein anderes Ganzes als die Globalisierung. Auf etwas anderes zu setzen oder zu hoffen erscheint als eine recht unbegründete Option auf etwas höchst Ungewisses.

Wie alles mit der Zeit in die Welt kommt, so vergeht auch alles, indem die Zeit vergeht. Mit dem Ende der Zeit scheint damit auch alles zu Ende zu sein. Allerdings trifft diese Feststellung nicht den Kern eschatologischen Denkens im christlichen Verständnis. Als eine „eschatologische" Bewegung will das Christentum nicht nur aufmerksam machen auf das Vergehen und auf die Vergänglichkeit als „letztem" Fixum der Handlungsorientierung. Es fragt auch, ob letztlich *für* Mensch und Welt nicht mehr „drin" ist, als *in* der Welt wirklich und möglich ist?[197] Ein derart fragendes „eschatologisches" Zeitverhältnis setzt im Modus der Hoffnung darauf, dass die vergängliche Welt dem Menschen mehr verspricht als nur sich selbst. Es setzt darauf, dass ein Leben in der Einheit von Leben und Tod nicht nur den Tod vor Augen hat. Mit dem utopischen Denken ist ihm gemeinsam, dass es sich auf einen in Raum und Zeit offensichtlich unerreichbaren Zustand richtet, dessen Möglichkeit dennoch unterstellt wird, um in Raum und Zeit mehr zu ermöglichen, als es die gegebenen Umstände nahelegen. Gemessen an den jeweiligen Umständen geht es hier um „außerwirkliche" Zustände, deren Antizipation dem Gegenwärtigen seine Zukunftsfähigkeit vor Augen stellt.

Im Zentrum christlicher Zukunftshoffnung steht die Überzeugung, dass der Widerstreit von Leben und Tod von Gott zugunsten des Lebens entschieden worden ist. Der Widerstand der Christen gegen den schicksalhaften und machbaren Tod gründet in der Hoffnung darauf, dass dort, wo der Tod ins Leben kommt, Gott mit ihm kommt und es mit ihm aufnimmt. Diese Hoffnung macht vor Resignation und Kleinmut gefeit und bleibt

[197] Vgl. H.-J. Höhn, Versprechen. Das fragwürdige Ende der Zeit, Würzburg 2003, 77–98. Zum Ganzen vgl. auch K. Rahner, Zur Theologie der Zukunft, München 1971.

doch immer auch angefochten, da ihre Erfüllung stets etwas Ausständiges ist. Skeptischen Zeitgenossen kann man die Vertretbarkeit einer solchen Hoffnung *auf* ihre Erfüllung nicht besser demonstrieren, als dass man zu Lebzeiten bereits überzeugend *aus* ihr lebt. Ihre Berechtigung wird sich dann auch daran erweisen, welche Konsequenzen sie für ein Leben „vor" dem Tod und für ein Handeln über den (Todes)Tag hinaus hat. Kaum anders lässt sich in „postsäkularen" Zeiten zeigen, welche Bedeutung die Semantik des Christentums für den Gebrauch der praktischen Vernunft hat, ohne dass dabei der Unterschied zwischen Glaube und Vernunft, zwischen Hoffen und Wissen verwischt wird. Hierbei geht es nicht darum, religiöse Überlieferungen auf einen rein moralischen Gehalt zu reduzieren. Vielmehr soll die praktische Vernunft im Hinblick auf ihr „Außerhalb" beziehungsfähig gemacht werden für jene prä- und metarationalen Ressourcen der Moralität, von denen sie zehrt, ohne sie selbst hervorbringen zu können.[198]

Wenn zum postsäkularen Denken die Einsicht gehört, dass das Religiöse zur Geschichte des Rationalen selbst in der Weise gehört, dass es von diesem nicht abgespalten werden darf, ist dann nicht das Religiöse darauf hin zu befragen, ob seine Traditionen „nicht immer noch verschlüsselte semantische Potentiale enthalten, die, wenn sie nur in begründende Rede verwandelt und ihres profanen Wahrheitsgehaltes entbunden würden, eine inspirierende Kraft entfalten können?"[199] Nimmt man – wie im Folgenden versucht – über eine ethische Inversion der christlichen Zukunftshoffnung eine solche Entschlüsselung vor, kann die Bedeutung eines eschatologischen Zeitverhältnisses als Ressource einer sozialen Praxis sondiert werden, die sich in zweifacher Weise der Aufgabe moralischer „Letztverantwortung" stellt. Zum einen geht es um die Frage, was letztlich die unbedingte Anerkennung eines bedingten Menschen trägt, von dem am Ende nicht einmal mehr als ein Haufen Dreck übrig bleibt. Zum anderen steht zur Diskussion, wie sich der Einsatz für die unabgegoltenen Ideale und Werte des ethisch-politischen Projektes der Moderne frei halten kann von Resignation und Verzweiflung, wenn er diese widerständig gegen die Globalisierung ökonomischer Zwänge, gegen die Plünderung der Natur oder gegen den Zynismus religiös motivierten Terrors behaupten will. In dieser Zeit ist es mehr denn je ein Gebot der Vernunft, sich für

[198] Vgl. hierzu ausführlicher H.-J. Höhn, Dezentrierte Vernunft, in: A. Holderegger (Hg.), Fundamente der Theologischen Ethik, Freiburg/Fribourg 1996, 74–94; Ders., Soziale Differenzierung und plurale Vernunft. Komprehensive Rationalität als Basis einer Christlichen Sozialethik, in: Th. Hausmanninger (Hg.), Christliche Sozialethik zwischen Moderne und Postmoderne, Paderborn 1993, 91–110.

[199] J. Habermas, Zwischen Naturalismus und Religion, 13.

die Herstellung sozialer Gerechtigkeit auf dem Weg der solidarischen Verwirklichung individueller Freiheit, für die Bewahrung der Schöpfung und die Sicherung des Friedens einzusetzen. Aber mehr denn je ist ungewiss, ob ein solcher Einsatz jemals sein Ziel erreichen kann. Gefragt ist eine Zukunftshoffnung, die gute Gründe liefert, sich dennoch auf den Weg zu diesem Ziel zu machen.[200]

4.3.1. Wirkliche Möglichkeiten: Handeln unter Ungewissheit

Wer die Vernunft um triftige Gründe für die Berechtigung der Hoffnung auf etwas Ungewisses konsultiert, wird kaum mehr als die Vorzugsregel hören, bei ungewissen Dingen dürfte man berechtigterweise jenes wählen, für das man sich vernünftigerweise einsetzen würde, sollte seine Erreichbarkeit erwiesen sein. Man handelt vernünftig, sich um das Ungewisse zu bemühen, selbst wenn es ungewiss hinsichtlich seiner Tatsächlichkeit, aber gewiss hinsichtlich seiner Möglichkeit ist.[201] Wenn es eine „eschatologische Rationalität" gibt, die ein Handeln unter Ungewissheit vernünftig erscheinen lässt, dann muss das, was sie entwirft, nicht nur widerspruchsfrei denkbar sein. Die erhoffte, aber unabsehbare Zukunft muss nicht nur gewünscht, sondern vernünftigerweise auch gewollt und das Gewollte zum Gegenstand gegenwärtiger Praxis werden können. Zum Bestandteil einer ethischen Fernorientierung des Wollens und Handelns wird das Eschatologische also nur dann, wenn es sich nicht bloß auf einen „Jüngsten Tag" richtet, sondern wenn es in dieser Ausrichtung beschreibt, wie man über den Tag hinaus handeln kann. Unter dieser Rücksicht steht das Eschatologische für den Versuch, „alle Dinge so zu betrachten, wie sie vom Standpunkt der Erlösung aus sich darstellten."[202] Anders formuliert: Ein eschatologisches Zeitverhältnis im Format der Hoffnung richtet sich auf eine zunächst für unmöglich gehaltene Zukunft, um aus ihr eine mögliche Wirklichkeit herauszuschälen. Sie erscheint dann am Ende als etwas, das wirklich möglich ist. Ein eschatologisches Zeitverhältnis schafft auf diese Weise Denk- und Handlungsmöglichkeiten, die anders nicht bewusst werden können

[200] Vgl. hierzu auch C. SEDMAK, Hoffnung, die Gründe nennt, in: W. Schmidinger (Hg.), Wovon wir leben werden, Innsbruck 2002, 127–173.

[201] Zu den Modellen scholastischer und neuzeitlicher Philosophie, mit moralischer Unsicherheit umzugehen, siehe R. SCHÜSSLER, Moral im Zweifel. 2 Bde., Paderborn 2002/2005.

[202] Th. W. ADORNO, Minima Moralia. Reflexionen aus dem beschädigten Leben, Frankfurt 1951, 333.

und dient so einer bewussten Lebensführung. „Die Vorstellung, dass das eigene Leben anders sein könnte, als es ist, ist eine wesentliche Bedingung der Bewußtheit dieses faktischen Lebens. Denn dieses Leben spielt sich in einem Umkreis verhüllter Möglichkeiten ab, denen der positive oder negative Ausgriff auf andere Zustände Kontur zu geben vermag.“[203]

Hierbei kommt es entscheidend darauf an, die Vernunft von Illusionen frei zu halten. Allzu oft präsentieren sich auch Sozialutopien als Wunschdenken. Zwar ist das Wunschdenken nicht vernunftlos – schließlich wird hier nicht nur gewünscht, sondern auch gedacht. Ein solches Denken bleibt aber dennoch illusionär, wenn es auf Annahmen beruht, die sich einzig einem Wunsche verdanken, und es kein Vernunftkriterium nennen kann, anhand dessen der Wirklichkeitsstatus des Angenommenen und der Wahrheitsgrad dieser Annahme angebbar ist. Für die Bestimmung eines solchen Kriteriums bietet sich an, die Verknüpfung von Ethik und Eschatologie in ideologie- und vernunftkritischer Perspektive herauszuarbeiten: Von einer Illusion ist die eschatologische Unendlichkeitsperspektive dann unterscheidbar, wenn das, was sie für wirklich und wahr hält, um der Rationalität und Moralität der (ethischen) Vernunft willen unterstellt werden muss.

In die elementare Bestimmung der Rationalität und Moralität der ethischen Vernunft ist bereits ein eschatologisches Moment eingelassen. Zu ihren Grundgeboten zählt nämlich, den Menschen jederzeit nicht bloß als Mittel, sondern stets auch als Zweck an sich selbst zu behandeln. Und dieser Anspruch ergeht kategorisch – unbedingt, ohne „wenn“ und „aber“.[204] Diesem Gebot gerecht zu werden verlangt nicht nur, jeden Menschen als prinzipiell frei und als jedem anderen Menschen gleich(berechtigt) zu betrachten. Unbedingt ist diese Anerkennung erst dann, wenn sie den vielfach bedingten und endlichen Menschen nicht bloß als bedingten und endlichen behandelt. Sie verlangt, dass er nicht bloß „bis auf weiteres“ respektiert wird. Nur so kommt in den Blick, dass er stets auch als Zweck an sich selbst zu betrachten ist. Ihn lediglich als Sterblichen und Vergänglichen zu betrachten, hieße ihn letztlich als „Nichtigen“ einzustufen. Moralische „Letztverantwortung“ besteht somit darin, einen Sterblichen unbedingt anzuerkennen, d. h. als einen, der nicht bloß sterblich ist. Das bedeutet wiederum kontrafaktisch darauf zu setzen, „dass nicht Mortalität, sondern Moralität der letzte Maßstab der Vernunft ist, wie faktisch darauf bestehen, dass Mortalität bekämpft werden muß“.[205]

[203] M. Seel, Drei Regeln für Utopisten, in: Merkur 55 (2001) 754.

[204] Vgl. hierzu etwa die klassischen Formulierungen bei I. Kant, Grundlegung der Metaphysik der Sitten (Akademie-Ausgabe 428–437).

[205] H. Ebeling, Die ideale Sinndimension. Kants Faktum der Vernunft und die Basis-Fiktionen des Handelns, Freiburg/München 1982, 111. Zum Ganzen vgl. auch

Dieser Kampf ist die Praxis der Anerkennung der Freiheit und der Würde des Anderen; sie zielt auf die Realisierung von Freiheitsmöglichkeiten, die sich in naher oder ferner Zukunft durch solidarisches Handeln ergeben können. Jede ferne oder nahe Zukunft ist aber immer auch die Zeit des Todes, der jeden Einsatz um seine Erfüllung bringt. Moralisches Engagement setzt sich daher immer der Gefahr der Vergeblichkeit aus. Aber es kann gar nicht anders, als dieses Risiko einzugehen, will es sich dem unbedingten Anspruch auf Realisierung von Freiheit und Würde nicht entziehen.

Wie man sich zur Vergänglichkeit des Menschen stellt, bleibt somit der entscheidende Prüfstein für die Moralität eines Lebensentwurfs. Damit verschärft sich jedoch der Widerstreit zwischen der faktischen Endlichkeit und Bedingtheit der Sterblichen und dem kategorischen Anspruch der Anerkennung ihrer Unbedingtheit. Diesen Widerstreit vermag die ethische Vernunft mit den Mitteln der „reinen" Vernunft nicht aufzulösen. Die ethische Vernunft verlangt zwar, Endliche als nicht bloß Endliche anzuerkennen. Ihr Anspruch endet daher nicht an den Grenzen der Endlichkeit. Allerdings ist zu dem von ihr geforderten Grenzübersteig ein endliches Vernunftsubjekt nicht in der Lage. Ohne die Perspektive der „Unendlichkeit" (im Sinne einer „aufgehobenen" Endlichkeit) ist die Vernunft aber nicht Ort der Moralität. Ihr Dilemma besteht darin, dass sie ebenso mit der Endlichkeit und Bedingtheit der Vernünftigen zu rechnen hat, wie sie dem ins Unendliche und Unbedingte weisenden Anspruch der Vernunft gerecht werden muss.

Die eigene Endlichkeit und die Vergänglichkeit der Anderen in einer Dimension des Unzerstörbaren und Unvergänglichen aufgehoben zu sehen, ist somit ein Gebot der ethischen Vernunft, wenn die Endlichkeit und Sterblichkeit der Vernünftigen mit dem ins Unendliche und Unbedingte weisenden Anspruch der Moralität vereinbar sein soll. Dies ist einem endlichen Subjekt jedoch nur unter der Bedingung zumutbar, dass es in dem von der Vernunft gebotenen Widerstand gegen den schicksalhaften und machbaren Tod auf eine Wirklichkeit setzen kann, die sich im Tod gegen Tod durchsetzt.

4.3.2. Postulate der Vernunft: Hoffen über den Tod hinaus

Erst unter der Bedingung eines Dementis des Todes kann einem Vernunftsubjekt auch die Ausführung einer sittlich gebotenen Tat zugemutet

DERS., Vernunft und Widerstand. Die beiden Grundlagen der Moral, Freiburg/München 1986; DERS., Neue Subjektivität. Die Selbstbehauptung der Vernunft, Würzburg 1990.

werden, deren Umstände oder Nebenfolgen ihrer Ausführung nicht gewollt werden können, weil sie etwa den Untergang oder die Niederlage dessen zur Folge haben, der das Gute tut. Jedoch ist die Vernunft offenkundig nicht in der Lage darzulegen, dass diese Bedingung zur Erfüllung des von ihr Gebotenen tatsächlich erfüllt ist oder „der Fall" sein kann. Die „Aufhebung" der Endlichkeit droht so lange eine schöne, aber letztlich unhaltbare Utopie zu bleiben, wie es nicht gelingt, ihre rationale Zumutbarkeit zu erweisen. Gleichwohl ist sie es wert, dass man hier nicht zu früh aufgibt. Es steht keineswegs von vornherein fest, dass es keine „vernünftigen" Werte und Ideale gibt, die es rechtfertigen, dafür das eigene Leben zu investieren oder gar auf's Spiel zu setzen, auch wenn man selbst zu Lebzeiten nicht mehr die Früchte dieses Einsatzes ernten wird. Das Kriterium für die vernünftige Zumutbarkeit sozialer Utopien, Visionen und Ideale ist zu eng gefasst, wenn es am Tod festgemacht wird und sein Prüfstein die „prämortale" Realisierbarkeit bildet. So wie wir von der Vernunft genötigt werden, über den Tag hinaus zu planen, so leitet sie uns auch an, über den eigenen letzten Lebenstag hinaus zu denken, d. h. über den eigenen Tod hinaus. Über den Tod hinaus zu denken heißt aber, in die Ungewissheit hinein zu leben und zu sterben.

Für den Umgang mit Ungewissheiten ist die Klugheitsregel hilfreich, dass man im Bemühen für etwas Ungewisses und Strittiges dann vernünftig handelt, wenn die Konsequenzen der Einlösung eines umstrittenen Imperativs unstrittig positiv sind. Wenn aber die Ermittlung dieser Konsequenzen selbst unter Ungewissheitsbedingungen erfolgt, kann für diese nur eine gewisse Wahrscheinlichkeit angenommen werden. Ein prominentes „Testverfahren" für eine wahrscheinlichkeitstheoretische Inversion einer religiösen Unendlichkeitsperspektive (im Stile eines spieltheoretischen Modells als Grundlage rationaler Entscheidung unter Ungewissheit) stellt Blaise Pascals Argument der Wette dar (Pensées, Fragment 233).[206] Ursprünglich entworfen als ein nicht-metaphysisches Kalkül zur Ermittlung der Berechtigung, ein Leben zu führen „etsi deus daretur", kann es auch als Vorlage dienen, die rationale Zumutbarkeit eines eschatologischen Zeitverhältnisses zu erproben. Hierbei sind folgende Parameter zu beachten: Nicht das Eingehen eines Risikos im Spiel angesichts eines ungewissen Ausgangs ist bereits unvernünftig, vielmehr kann dies erst ermessen werden, wenn die Höhe des Einsatzes bekannt ist. Die Rationalität des Einsatzes bemisst sich zum einen danach, ob der Einsatz in einem vernünftigen Verhältnis zu den Gewinnchancen steht, und zum anderen danach, welche Tragweite der Verlust des Einsatzes für den Wettspieler besitzt. Bei glei-

[206] Vgl. hierzu die instruktive Interpretation von L. GOLDMANN, Der verborgene Gott, Frankfurt 1985, 423–452.

cher Wahrscheinlichkeit von Gewinn und Verlust ist es vernünftig, einen endlichen Wetteinsatz zu riskieren, wenn ein möglicher unendlicher Gewinn winkt und der mögliche Verlust des Wetteinsatzes verkraftbar ist. Das Wettrisiko kann zusätzlich gemindert werden, wenn mit der Aussicht auf einen unsicheren Gewinn in einem Bereich die Aussicht auf einen sicheren Gewinn auf einem anderen Feld verbunden ist (wie dies etwa bei Wohltätigkeitslotterien der Fall ist). Wer gemäß Pascals Wette auf die Gott zu verdankende Aufhebung der Sterblichkeit setzt, gewinnt ein unendliches Gut, falls sich diese Aufhebung realisieren lässt. Sollte dies nicht der Fall sein, hat er sich immer noch für ein ehrbares und anständiges Leben entschieden. „Wer dagegen nicht auf Gott setzt, verliert ein unendliches Gut, falls Gott existiert und gewinnt nichts, falls Gott nicht existiert. Wenn man aber ewiges Heil gewinnen kann, falls der Glaube an Gott recht hat, jedoch nichts verliert und nichts gewinnt, wenn er nicht recht haben sollte, ist es vernünftiger, sich für ein Leben im Glauben an Gott zu entscheiden als das Gegenteil.“[207]

Pascals Argument ist jedoch kein Beweis für die Wahrheit der Annahme einer Aufhebung der Sterblichkeit, sondern ein Klugheitsargument, das mittels einer Nutzenkalkulation die Übernahme einer bestimmten Lebenspraxis vernünftig zu legitimieren sucht. Auf den ersten Blick scheint dies für das Vorhaben einer ethischen Inversion eines eschatologischen Zeit- und Wirklichkeitsverhältnisses zu genügen. Allerdings tritt hierbei eine folgenreiche Unstimmigkeit zwischen einem „theoretischen“ und einem „praktischen“ Vernunftgebrauch auf. Der theoretische Vernunftgebrauch orientiert sich an der Frage „Was kann ich wissen?“, richtet sich auf die Welt der (in Raum und Zeit wahrnehmbaren) Phänomene und will deren Vielfalt in einen widerspruchsfreien Erklärungszusammenhang bringen, indem sie aus dem Material der sinnlichen Anschauung die nach den Prinzipien der Naturkausalität geordnete Welt der Erkenntnisgegenstände zusammensetzt. „Jenseits“ dieses Phänomenbereiches greifen die Wahrnehmungs- und Erkenntniskompetenzen der theoretischen Vernunft nicht mehr. Der praktische Vernunftgebrauch orientiert sich an der Frage „Was soll ich tun?“, richtet sich auf die Welt menschlicher Handlungsmotive, -ziele und -zwecke und will diese im Abgleich mit dem „Sittengesetz“ bzw. mit den Forderungen des kategorischen Imperativs rechtfertigen bzw. auf ihre Verantwortbarkeit hin testen. Folgt man I. Kants Unterscheidung dieser beiden Vernunftvermögen, so taucht unversehens ein Widerspruchsproblem auf. Für die praktische Vernunft wird nämlich eine Annahme als hinreichend unterstellt, was nachzuweisen in die Zuständigkeit

[207] I. U. Dalferth, Die Wirklichkeit des Möglichen. Hermeneutische Religionsphilosophie, Tübingen 2003, 294.

der theoretischen Vernunft fällt, aber von ihr faktisch nicht nachgewiesen werden kann: die Aufhebung menschlicher Sterblichkeit. Die „eschatologische Option", dass menschlichem Dasein, seinem Wert und seiner Würde über den Tod hinaus ein Moment der Unzerstörbarkeit zukommt, führt bei dem Versuch, sie von einer bloßen Illusion zu unterscheiden, daher in einen Dissens der beiden Vernunftvermögen. Für die praktische Vernunft ist diese Option unbestritten anschlussfähig an den ebenso unstrittigen Imperativ, jeden Menschen als prinzipiell frei, als jedem anderen Menschen gleich und als nicht bloß endlichen, nicht bloß bedingten Menschen anzuerkennen. Für die theoretische Vernunft ist die Annahme eines Unendlichkeits- und Unbedingtheitsmomentes an einem unstrittig bedingten und endlichen Wesen schlechthin unerweisbar und darum auch nicht verantwortbar. Damit entsteht ein Kohärenzproblem hinsichtlich einer für die theoretische Vernunft höchst strittigen Implikation eines für die praktische Vernunft völlig unstrittigen Imperativs.

Dieses Problem begegnet erneut bei dem Versuch, beide Vernunftvermögen zur Weltgestaltung einzusetzen. Die Welt, die mit dem Instrumentar der theoretischen Vernunft erkannt wird, ist nach Gesetzen aufgebaut, die sich von den Gesetzen strukturell unterscheiden, welche die Welt der Ziele, Zwecke und Motive moralischen Handelns bestimmen. Auf der einen Seite gelten die Gesetze der Naturkausalität „aus Notwendigkeit", auf der anderen Seite gelten die Gesetze der Handlungskausalität „aus Freiheit". Um dem unbedingten moralischen Anspruch in seiner spezifischen Verpflichtungskraft gerecht zu werden, muss das Handlungssubjekt sich ausschließlich am „Sittengesetz" orientieren. Um aber denselben Anspruch wirksam zu realisieren, muss es jene „Naturgesetze" beachten, die in der Welt den Zusammenhang von Ursachen und Wirkungen bestimmen. Da beide Gesetzmäßigkeiten strukturell voneinander verschieden sind, decken sich die Bedingungen für die Wirksamkeit einer Handlung nicht mit den Bedingungen für die Sittlichkeit einer Handlung. Wenn nun der Anspruch der ethischen Vernunft in keiner anderen Welt verwirklicht werden soll als in jener, die stets ineins die Welt der naturgesetzlich beschreibbaren Phänomene und der moralischen Handlungszwecke ist, entsteht erneut ein Kohärenzproblem, „weil alle praktische Verknüpfung der Ursachen und Wirkungen in der Welt, als Erfolg unserer Willensbestimmung, sich nicht nach moralischen Gesinnungen des Willens, sondern der Kenntnis der Naturgesetze und dem physischen Vermögen, sie zu unseren Absichten zu gebrauchen, richtet."[208]

Diese Unstimmigkeit ließe sich für die theoretische Vernunft beseitigen, wenn für sie nachweisbar wäre, dass die Wahrnehmung der „eschato-

[208] I. Kant, Kritik der praktischen Vernunft, A 204 f.

logischen Option" seitens der praktischen Vernunft zu unstrittig positiven Konsequenzen in der Welt der sinnlich wahrnehmbaren Phänomene führt.[209] Das aber ist keineswegs der Fall. Denn hier begegnet ja gerade das Problem, dass Menschen im Einsatz für das sittlich Gute oft mehr Nachteile als Vorteile haben, Opfer bringen müssen, an widrigen Umständen scheitern und ohne menschliches Eigen- oder Fremdverschulden um ihr Lebensglück gebracht werden. Das Arrangement von Blaise Pascals „Wette" vermag hier keinen echten Ausweg zu zeigen. Denn es siedelt die unstrittig positiven Konsequenzen einer umstrittenen Option im Bereich des „Postmortalen" an, über den die theoretische Vernunft schlechthin keine Aussage treffen kann. Sie kann mit ihren Mitteln nicht entscheiden, ob diese Folgen nicht bloß Illusionen sind. Aber von der praktischen Vernunft kann ebensowenig erwartet werden, von ihrer Option abzurücken, da es sonst um die Autonomie und die Kohärenz ihres Anspruchs in der Welt der Handlungen, Zwecke und Motive geschehen wäre. Eine sittlich gebotene Tat unterlassen, nur weil die empirischen Bedingungen ihrer Wirksamkeit nicht hinreichend erfüllt sind, kann für sie kein zureichender Grund sein, von ihrem unbedingten Anspruch abzugehen.

Die Unstimmigkeit zwischen theoretischer und praktischer Vernunft kann in und von keinem der beiden Vernunftvermögen allein beseitigt werden, solange die Rechtfertigung der strittigen Option im Bereich des Wissens (theoretische Vernunft) oder Sollens (praktische Vernunft) gesucht wird. Dem ethischen Sollen entspricht im Vernunftsubjekt der Wille, dass die faktische Kraft des Unbedingten nicht letztlich der bedingten Macht des Faktischen unterliegt, d. h. der Einsatz für das Gute immer wieder zynisch ausgenutzt wird oder dass der Skandal unschuldigen Leidens verjährt. Unser Wissen reicht aber niemals aus, um darzulegen, dass das Faktische und das Normative jemals wirklich überein kommen können und es jemals eine „Weltordnung" geben wird, in der kein Mensch mehr meint, der Feind eines anderen sein zu müssen, um des eigenen Vorteils willen dem Anderen elementare Rechte vorenthalten zu dürfen oder wegen eines

[209] Das Folgende verdankt Wesentliches der Postulatenlehre von I. KANT, Kritik der praktischen Vernunft, A 204–240. Zu ihrer Interpretation und Kritik vgl. etwa G. SALA, Kants „Kritik der praktischen Vernunft", Darmstadt 2004, 243–339; J. SPRUTE, Religionsphilosophische Aspekte der kantischen Ethik, in: NZSTh 46 (2004) 289–305; R. LAUTH, Die Bedeutung des Sinn-Begriffs in Kants praktischer Postulatenlehre, in: H. Rahner/E. v. Severus (Hg.), Perennitas (FS Th. Michels), Münster 1963, 585–601. Zu ihrer Weiterführung im wissenschaftstheoretischen Kontext der Gegenwart siehe R. SCHAEFFLER, Erfahrung als Dialog mit der Wirklichkeit, Freiburg/München 1995, bes. 135 ff., 159 ff., 257 ff., 343 ff., 367 ff., 386 ff., 461 ff., 939 ff., 647–770.

kurzfristigen Gewinns die Folgelasten der Ausbeutung von Mensch und Umwelt auf spätere Generationen abwälzen zu können.

Ob der Einsatz für eine solche Weltordnung einem Vernunftsubjekt zumutbar ist, lässt sich einzig in einer dritten Form des Vernunftgebrauchs erweisen. Sie muss mit den beiden ersten Vermögen der Vernunft kompatibel sein, ohne auf diese reduziert werden zu können. Für I. Kant ist es ausgemacht, dass dieses Dritte in Form eines „Vernunftpostulates" entworfen werden kann und die Fragen „Was kann ich wissen? Was soll ich tun?" um die Frage erweitert „Was darf ich hoffen?" Postulate stellen nach Kant für ein endliches Vernunftwesen praktisch-notwendige, unbedingte, d. h. kategorische Forderungen aus dem Sittengesetz dar, das sich in der Form eines Sollensanspruchs auf den freien Willen des Vernunftsubjekts bezieht. Sie basieren somit auf dem Grundsatz der Moralität, der selbst kein Postulat, sondern ein normatives Faktum der Vernunft ist. Ein Postulat hat die Form eines Satzes der theoretischen Vernunft, ist seinem Inhalt nach aber nicht als ein solcher erweislich, sofern dieser „einem a priori unbedingt geltenden praktischen Gesetze unzertrennlich anhängt" (KpV 220). Er ist der Form nach objektiv notwendig und enthält der Sache nach die (Voraus)Setzung einer Wirklichkeit, die als Bedingung der Möglichkeit zur Verwirklichung eines „höchsten Gutes" und zur Befolgung des „Sittengesetzes" überhaupt (KpV 244) anzusehen ist. Die Basis dieser Überlegung ist bei I. Kant die Evidenz des Sittengesetzes (KpV 81 f.). Der Anspruch dieses Sollens bezieht sich indessen auf ein Wirklichsein: Das Gute soll in Raum und Zeit realisiert werden. Diese Realisierung des Guten soll wiederum ein Vollzug von Vernunft und Freiheit sein. Es sollen ja nicht einfachhin bestimmte Fakten geschaffen werden, sondern bestimmte Taten als Verwirklichung eines vom Sittengesetz bestimmten Wollens. Gleichwohl ist dies nicht eine alleinige Angelegenheit der praktischen Vernunft. Um das Gute zu tun, genügt es nicht dieses Gute zu wollen, man muss auch wissen, was und wie jeweils in Raum und Zeit zu agieren ist, um das Gute zu realisieren. Wie nun theoretische Vernunft („Was kann ich wissen?") und praktische Vernunft („Was soll ich tun"?) zusammenstimmen können, wenn die äußeren Umstände dies zunächst als unmöglich erscheinen lassen, ist eine Leitfrage der Postulatenlehre.[210]

[210] Der Part, den die christliche Eschatologie hierbei übernehmen kann, besteht darin, jenes semantische Material bereitzustellen, auf das die Vernunft angewiesen ist, sollen ihre Postulate nicht inhaltsleer bleiben. Dabei hat sie ihrerseits etwas zu gewinnen. Wenn von Christen gefordert ist, „jedermann Rechenschaft zu geben von der Hoffnung, die in uns ist" (1 Petr. 3,25), impliziert dies, dass sich diese Hoffnung auf Gründe stützt, denen sich Glaubende und Denkende auf verantwortbare Weise anvertrauen können. Für eine postsäkulare Konstellation von Glaube und Vernunft

Die Berechtigung für den Vollzug der Hoffnung und für die Unterstellung ihrer Erfüllung ergibt sich für I. Kant daraus, dass andernfalls Anspruch und Inhalt der ethischen Vernunft in logischer Hinsicht widersprüchlich und hinsichtlich ihrer praktischen Auswirkungen vernunftwidrig erscheinen würden. Sie wäre logisch widersprüchlich, weil der unbedingte Anspruch der ethischen Vernunft nur bedingt gelten würde. Und sie wäre vernunftwidrig, weil das Vernunftsubjekt einem Gebot unterstellt würde, das ihm nur Nachteile, Verluste und Niederlagen in der Bilanz seines Strebens nach Gütern und Werten bringt.[211]

Allein eine postulatorische Hoffnung führt das theoretische und praktische Vernunftinteresse widerspruchsfrei zusammen. Sie rechtfertigt es, mit guten Gründen an den Forderungen der praktischen Vernunft auch kontrafaktisch festhalten zu können. Was für die theoretische Vernunft unmittelbar nicht erweislich ist, kann ihr dennoch mittelbar plausibel und zumutbar gemacht werden. Diese Vermittlungsleistung erfüllt ein „Vernunftpostulat“. Es weist den vernunftgemäßen Weg aus einer Zerreißprobe, die der Vernunft nicht „von außen“ auferlegt wurde, sondern die aus ihrer Selbsttätigkeit entstanden ist. Eine solche Zerreißprobe ergibt sich, wenn die Vernunft unterschiedlichen Gesetzmäßigkeiten verpflichtet ist, die zum Aufbau strukturverschiedener Erfahrungs- und Handlungswelten führen, und sich diese Welten derart durchdringen, dass die Aufgabe, sie als Bereiche oder Dimensionen der einen Wirklichkeit zu begreifen, in die der Mensch gestellt ist und in der er dem unbedingten Anspruch der ethischen Vernunft gerecht werden soll, sich als ebenso unbestreitbar wie unerfüllbar erweist.

Dieser „innere“ Widerstreit der Vernunft kann rational nur so bewältigt werden, dass er überschritten wird auf einen Ermöglichungsgrund, der verhindert, dass die Dissonanz der Vernunftvermögen zum Selbstwiderspruch und zur Selbstaufhebung der Vernunft führt. Nach I. Kant steht ein Vernunftpostulat für einen solchen Ermöglichungsgrund, „dessen Begriff in keiner uns möglichen Erfahrung, mithin für den theoretischen Vernunftgebrauch hinreichend seiner objektiven Realität nach bewiesen werden kann, dessen Gebrauch aber zur bestmöglichen Bewirkung jenes Zwecks doch durch praktische reine Vernunft geboten ist, und mithin als möglich angenommen werden muß“.[212] Da die Erfüllung des kategorischen Impe-

bedeutet das: „Die praktische Vernunft findet in religiösen Überlieferungen etwas vor, das einen als ‚Vernunftbedürfnis‘ formulierten Mangel zu kompensieren verspricht – wenn es denn gelingt, das historisch Vorgefundene nach eigenen Maßstäben anzueignen“, J. Habermas, Zwischen Naturalismus und Religion, 231.

[211] Vgl. hierzu auch M. Forschner, Immanuel Kant über Vernunftglaube und Handlungsmotivation, in: ZPhF 59 (2005) 327–344.

[212] I. Kant, Kritik der Urteilskraft, 457 f.

rativs der ethischen Vernunft ein unstrittiger Inhalt sowohl des Sollens als auch eines vernünftigen Willens ist und mit dem normativen Faktum der ethischen Vernunft unzertrennbar zusammenhängt, so müsste die Unmöglichkeit der Erfüllbarkeit des kategorischen Imperativs nach Kant auch die Falschheit der Annahme eines normativen Faktums der Vernunft beweisen. Aber gerade dieses Faktum ist dem Vernunftsubjekt a priori gewiss. Mit dieser Gewissheit inkompatibel ist die Unterstellung, dass die Erfüllung des von diesem Faktum ausgehenden Anspruchs unmöglich sei. Vielmehr ist es für die Vernunft unumgänglich, dasjenige vorauszusetzen, was zur objektiven Möglichkeit seiner Erfüllung notwendig ist.

Anhand dieser Denkfigur ist nun auch ein Kriterium angebbar, welche Utopien, Visionen und Ideale über in Raum und Zeit unerreichbare Zustände der Vernunft zumutbar sind. Es muss gezeigt werden können, dass ihre Anstrebbarkeit aus Vernunftgründen gedacht werden kann und der praktische Einsatz für sie ein Vernunftpostulat ist. Postulate dieser Art stellen eine Forderung der Vernunft dar, welche die Annahme der Realität dessen rechtfertigt, was nötig ist, um eine bestimmte Erfahrung oder von der Vernunft gebotene Praxis zu ermöglichen – wie etwa der Protest gegen den Skandal unschuldigen Leidens, der sich realisiert in der Solidarität mit den Leidenden im Kampf gegen ihr Leid. Die äußeren Umstände mögen einer Beendigung des Leidens (faktisch oder grundsätzlich) entgegenstehen, aber dies ist kein zureichender Grund, einen solchen Versuch zu unterlassen. Der scheinbar „vernünftige" Verzicht auf ein aussichtsloses Unternehmen, verdoppelt das Elend der Leidenden. Sie werden aufgegeben, abgeschrieben, vergessen. Dies will der ethisch-eschatologische Anspruch auf unbedingte Solidarität „im Angesicht des Todes und darüber hinaus" verhindern. Und genau dies unterscheidet ihn auch von einer Illusion oder Projektion, die sich aus der Unerbittlichkeit und Härte der Realität hinwegträumen, anstatt es widerständig mit ihr aufzunehmen.

Die Vertreter einer solchen Argumentation kommen jedoch bei allem Bemühen um eine „vernunftimmanente" Begründung nicht an dem Eingeständnis vorbei, dass die Vernunftpostulate einzig im Modus des Hoffens realisiert werden können. Hier kann die Vernunft zwar ihr gesamtes Erkenntnisvermögen ausschöpfen und aus eigener Verantwortung von einer „rationalen" Hoffnung sprechen. Dennoch gibt es auch hier eine „offene" Stelle. Die Überwindung des Todes mag zwar ein plausibles Postulat der Vernunft sein, aber sie richtet sich auf ein Ziel, das nicht als Ergebnis eigener Leistungen eines Vernunftsubjekts in Betracht kommen kann.[213] Gera-

[213] Vgl. hierzu auch E. Jüngel, Der Mensch – im Schnittpunkt von Wissen, Glauben, Tun und Hoffen, in: ZThK 101 (2004) 315–345.

de dies macht ja das Eigentümliche der Hoffnung aus. Man setzt auf ein Geschehen, dessen Eintreten nicht im eigenen Vermögen liegt.

Eine solche postulatorische Hoffnung ist rationalitäts- und modernitätskompatibel, auch wenn sie keine Vision einer „besseren" Zeit befördert, in der es möglich sein könnte, ein rundum „gutes" Leben zu führen. Sie ermöglicht vielmehr die unverzichtbare Probe darauf, wie belastbar, zeitgemäß und zukunftsträchtig die Wünsche und Ziele, welche soziales Handeln heute leiten, tatsächlich sind. Die primäre Orientierungsleistung eschatologischer Rationalität ist eine Erhöhung der Präzision, mit der normative und „ultimative" Ansprüche an die Adresse der Gesellschaft formuliert werden. Die Menschen sollten möglichst genau wissen, was an der Zeit ist. Aber ihnen sollte auch nicht eine Perspektive vorenthalten werden, in der denkbar wird, worauf letztlich Verlass ist.

Vielleicht liegt die Schwäche einer theologisch inspirierten Ethik heute darin, dass sie zu zaghaft um den Nachweis der Möglichkeit des Erhofften und seiner Verlässlichkeit bemüht ist. Zu ihrem eigenen Schaden! Denn geglaubt und erhofft werden kann nur das, was auch gedacht werden kann. Und vielleicht liegt die Schwäche der Philosophie heute darin, dass es ihr an Ermutigungen mangelt, sich ebenfalls diesem Thema zu stellen. Manches wird voreilig als Nötigung der Vernunft abgetan, was dem Denken als Zumutung erscheint. Unzumutbar ist jedoch nur das, was im Denken nicht verantwortet werden kann. Wenn es zutrifft, dass die Philosophie die Antwort ist auf die Frage „Habt Ihr auch an alles gedacht?", dann wird es Zeit, sich wieder um „eschatologische" Konzepte und Methoden zeitlicher Fernorientierung in der Ethik Gedanken zu machen. An alles denken, heißt aber auch, daran zu denken, was wohl andere – und das schließt die Theologie ausdrücklich ein – über dieses Thema denken.

5. Perspektiven: Theologische Orientierung in postsäkularer Zeit

Zu den wichtigsten Orientierungsmitteln zählen Landkarten. Allerdings erlauben sie nur eine Orientierung im Raum, nicht aber in der Zeit. Sie ermöglichen es, dass man sich orten kann, Entfernungen abzuschätzen und Bewegungsrichtungen zu bestimmen vermag. Landkarten dienen dem Sichzurechtfinden in einer Umgebung. Sie setzen voraus, dass sich diese Umgebung nur wenig verändert und dass alles, was sie verzeichnen, auch der Fall ist – und bleibt. Ethische Orientierungen haben eine ähnliche Funktion. Sie dienen aber nicht allein der individuellen und gemeinsamen Ortung in der Welt. Sie wollen auch eine Ordnung des Lebens und Handelns ermöglichen. Dazu genügt es nicht, sich am bloß Faktischen auszurichten und auf Vorgegebenes zu rekurrieren. „Die Welt, in der wir leben, ist nicht nur das, was der Fall ist, sie ist immer auch das, was der Fall sein könnte. Und nur indem wir das Wirkliche vor dem Hintergrund des Möglichen verstehen, werden wir handlungsfähig."[214] Orientierung impliziert somit ein Wissen über das, was aktuell ist, aber auch darüber, was nicht mehr oder noch nicht ist. Die Orientierung im Raum, in einer Umgebung bleibt daher defizitär ohne eine Orientierung in der Zeit. Erst mit ihr kommt eine dynamische Weltsicht zustande. Gerade eine Ethik der Zeit, die zunächst nur darüber aufklärt, was es heißt, in und mit der Zeit zu leben, legt die Voraussetzungen frei, um zu erkennen, dass und wie die Welt veränderbar ist.

5.1. Religion und Moral: Orientierung im Kontingenten – Kontingenz der Orientierung?

Allerdings wirft jeder Versuch, menschliches Handeln in Raum und Zeit nicht nur zu orten, sondern auch zu ordnen, selbst wiederum Orientierungsprobleme auf. Er ist stets von einem Standpunkt außerhalb der von

[214] I. U. Dalferth, Leben angesichts des Unverfügbaren. Die duale Struktur religiöser Lebensorientierung, in: W. Stegmaier (Hg.), Orientierung. Philosophische Perspektiven, Frankfurt 2005, 245 f. Zu den fundamentaltheologischen Konsequenzen dieses Sachverhalts siehe K. v. Stosch, Glaubensverantwortung in doppelter Kontingenz, Regensburg 2001.

ihm konzipierten Ordnung entworfen. Er hat darum stets einen blinden Fleck, insofern der Ort, von dem aus er ordnet und ortet, selbst nicht Teil dieser Ordnung ist und darin nicht geortet werden kann. „Zu jeder Ordnung gibt es daher Alternativen, insofern sich von anderen Standpunkten aus die Verhältnisse zwischen den Phänomenen nicht nur anders beschreiben lassen, sondern auch andere Verhältnisse beschrieben werden können. Jede Ordnung ist insofern nur eine unter anderen möglichen Schematisierungen eines Phänomenbereichs, und es gibt keine Ordnung aller möglichen Ordnungen."[215] Zwar gehört jeder Gesichts*punkt*, von dem aus die Welt als Horizont des Handelns erschlossen wird, nicht zum Gesichts*feld*, das er erschließt. Aber da die Welt der Inbegriff aller möglichen Standpunkte ist, gibt es diese für die Handelnden nur in einer irreduziblen Vielfalt und Vielzahl von Perspektiven auf die Welt, die von verschiedenen Standpunkten aus eingenommen werden. „In keinem Gesichtsfeld kann alles wahrgenomen werden. In jedem Gesichtsfeld wird dann aber nicht nur dasselbe auf verschiedene Weise, sondern immer auch Verschiedenes wahrgenommen, das sich von dem entsprechenden Standpunkt, aber nicht auch von jedem anderen aus in den Blick fassen läßt."[216]

Die Einsicht in die Pluralität und strukturelle Kontingenz von Ordnungen, mit deren Hilfe Handlungsorientierungen in Raum und Zeit möglich werden, und in die Kontingenz der individuellen oder gesellschaftlichen Auswahl einer dieser Ordnungen, mag für ethische Ordnungsentwürfe zunächst eine Relativierung ihres Geltungsanspruchs bedeuten. Hier scheint sich jene Schlussfolgerung aufzudrängen, die gemeinhin „postmoderne" Verhältnisse zu charakterisieren meint: Beliebigkeit, Unverbindlichkeit, Relativismus.[217] Nichts scheint dem Charakteristikum des Ethischen mehr zu widerstreiten als die Bestreitung jeglichen Unbedingtheitsmomentes. Allerdings bedeutet es einen Kurzschluss, das Faktum der Pluralität und strukturellen Kontingenz ethischer Orientierungsmodelle gleichzusetzen mit der Aufhebung der Unbedingtheit des Ethischen. Dessen Unbedingtheit hat mit Logik und Struktur des moralischen Sollens als Gegenstand einer Erfahrung zu tun, nicht aber mit dem Geltungsanspruch ethischer Orientierungsmodelle.

Konstitutiv für moralische Erfahrungen ist eine Wahrnehmung dessen, was den Menschen unbedingt angeht. Es wird dabei nicht „etwas Unbedingtes" erfahren (nach Art eines sachhaften oder personalen Gegen-

[215] I. U. Dalferth, Leben angesichts des Unverfügbaren, 247.

[216] Ebd., 248.

[217] Vgl. zu Recht und Unrecht solcher Einschätzungen M. Knapp, Verantwortetes Christsein heute. Theologie zwischen Metaphysik und Postmoderne, Freiburg/Basel/Wien 2006, 7–66 (Lit.).

übers), sondern die Form bzw. das Format eines Angegangenseins, d. h. es wird Unbedingtheit erfahren. Ein Exempel hierfür ist die Gewissenserfahrung – verstanden als eine „Sollenserfahrung", die den Menschen mit sich selbst konfrontiert und die Notwendigkeit einer Stellungnahme zu sich selbst erweist. Eine Gewissenserfahrung zeichnet sich dadurch aus, dass der Sollensanspruch an das Subjekt „ergeht", d. h., er besteht vorgängig zu einer Stellungnahme. Er nimmt es in Beschlag – auch gegen seinen Willen; er fordert es, auch gegen seinen Widerstand. Der Sollensanspruch konfrontiert das Subjekt als „Sinnenwesen" mit sich selbst als Vernunftwesen. Das „Sinnenwesen", das Gefühlen, Leidenschaften, Ängsten etc. ausgesetzt ist, wird hierbei angefragt, ob es sich in seinem bewussten Wollen und Tun von diesen Impulsen vernünftigerweise leiten lassen kann. Der Sollensanspruch erhält seine unbedingte Verpflichtungskraft somit nicht erst von seiten des Gegenstands, der Situation oder einer Norm, woraufhin der Mensch angesprochen wird. „In der Bestimmung der Gegenstände sittlicher Verpflichtung gingen die Meinungen verschiedener Zeiten und Zonen, verschiedener Kulturkreise stark auseinander. Im einen Land ist erlaubt, was im anderen verboten ist. Aber darauf kommt es hier nicht an. Entscheidend ist der Aktcharakter auf seiten des Subjekts, nicht das Gesollte, sondern das Sollen selbst. Dieses aber hält sich in seiner Unbedingtheit durch: durch den gesellschaftlichen und geschichtlichen Wandel der gesollten Verhaltensweisen. Das Sollen ist das innere Unbedingtheitsmoment in einer überaus vielfältigen, kollektiven und individuellen, herkunftsmäßigen und situationsgemäßen Bedingtheit des Gesollten."[218]

[218] W. Kern, Gotteserkenntnis heute, in: Ders. (Hg.), Aufklärung und Gottesglaube, Düsseldorf 1981, 113 f. Im Gewissen erfährt sich der Mensch als Angesprochener und als hinsichtlich seiner Identität Gefragter. Die „Gewissenserfahrung" ist darum primär eine Fraglichkeitserfahrung. Ich werde angesprochen als einer, der in Übereinkunft mit mir selbst und meiner Welt im ganzen leben kann und mir wird zugleich klar, dass gerade diese Übereinkunft hier und jetzt fraglich ist. Die Gewissenserfahrung hebt die moralische Autonomie des Menschen nicht auf, sondern „weckt" sie; sie beeinträchtigt nicht die Freiheit des Menschen, sondern macht sie bewußt: Der Mensch erfährt sich „im Gewissen" als einer, der mit sich selbst nicht identisch ist, aber wesenhaft gefragt ist nach seiner Identität. Das Gewissen konstituiert die Personalität des Menschen, indem es ihn als unvertauschbares, unvertretbares, sich selbst überantwortetes und aufgegebenes Subjekt konstituiert. Das Gewissen konstituiert Personalität, Identität aber kann es nur anfragen und einfordern, nicht jedoch verleihen. Vgl. M. Heidegger, Sein und Zeit, Tübingen [15]1979, 273. „Was ruft das Gewissen dem Angerufenen zu? Streng genommen – nichts. Der Ruf sagt nichts aus, gibt keine Auskunft über Weltereignisse, hat nichts zu erzählen. Am wenigsten strebt er darnach, im angerufenen Selbst ein ‚Selbstgespräch' zu eröffnen. Dem angerufenen Selbst wird ‚nicht' zu-gerufen, sondern es ist aufgerufen zu ihm selbst, das heißt zu seinem eigensten Seinkönnen. Der Ruf stellt, seiner Ruftendenz entspre-

Eine ähnliche Struktur und Logik weisen religiöse Erfahrungen auf, deren Charakteristikum das Moment der Selbsttranszendenz ist. Hierbei erlebt sich eine Person als „ergriffen“ von einer Wirklichkeit, über die sie selbst nicht verfügen kann. Sie erfährt sich „berührt“ von dem, an das sie selbst nicht Hand anlegen kann. „Diesseits“ der Vernunft, wird der Mensch dessen gewahr und gewiss, was „jenseits“ der Vernunft und ihrer Vermögen des logischen Ableitens und technischen Bewerkstelligens waltet. Ergriffenheit gibt es nur als Ergriffensein; selbst greifen kann der Mensch nur nach dem, was seinerseits schon ihn ergreift.[219] Was ihn ergreift, kann er aber von sich aus nicht in den Griff kriegen.

Religiöse Erfahrungen weisen sich genauerhin durch einen Doppelaspekt aus: Sie erschließen zum einen die Modalität des Erfahrungsgegenstandes als eines Unverfügbaren. Zum anderen ermöglichen sie eine Selbst-, Sinn- und Identitätserfahrung des Erfahrungssubjekts im Bezug auf das Unverfügbare, so dass das religiöse Subjekt von sich sagen kann: „Ich werde meiner selbst gewiss und gewahr durch etwas, dessen ich selbst nicht Herr werde. Dasjenige über das ich selbst nicht Herr werde, lässt mich über mich selbst Herr werden. Dasjenige, was mich befremdet, führt mich zu mir selbst und behält dabei seine Fremdartigkeit“. Es begegnet eine Wirklichkeit, die in dem Sinn eine andere Wirklichkeit ist, dass sie sich in die bisherige Weltsicht der Person nicht einfügt, sondern diese Weltsicht verändert und dazu führt, dass sie ein Verhältnis zu ihren Lebensverhältnissen einnimmt, das diese transzendiert.[220] Erfahrungen dieser Art sind mehr als nur ein singuläres Widerfahrnis im Leben, sondern betreffen das Leben als ganzes[221]. Widerfahrnisse *im* Leben führen zu Erfahrungen *mit*

chend, das angerufene Selbst nicht zu einer ‚Verhandlung‘, sondern als Aufruf zum eigensten Selbstseinkönnen ist er ein Vor-(nach-‚vorne‘-)Rufen des Daseins in seine eigensten Möglichkeiten.“

[219] Eine reiche Phänomenologie entsprechender Beispiele zusammen mit philosophischen und sozialpsychologischen Überlegungen über den Charakter dieses „aktiven Passivs“ findet sich bei H. Joas, Die Entstehung der Werte, Frankfurt 1997; Ders., Braucht der Mensch Religion? Über Erfahrungen der Selbsttranszendenz, Freiburg/Basel/Wien 2004, 11–31.

[220] Vgl. hierzu auch E. Herms, Offenbarung und Glaube, Tübingen 1992, 168–220.

[221] Die Strukturmomente dieser Erfahrung finden sich etwa in alttestamentlichen Berufungs- und Erwählungserzählungen (vgl. Berufung des Mose in Ex 3,1 ff.). Hier wird die Erfahrung eines zugleich Anziehenden und Befremdenden („brennender Dornbusch“) zum Auslöser einer Selbstfindung und Beauftragung bzw. Sendung, in der ein Mensch die Bestimmung seines Lebens findet, ohne dass das Moment des Anziehenden und Befremdenden jemals getilgt oder aufgehoben wird. Vgl. hierzu im Anschluß an strukturell analoge Beispiele – die Berufungsvision Jesajas (Jes 6)

dem Leben, die wiederum unsere Einstellung *zu* den Dingen und Ereignissen im Leben bestimmen. Neben dem situativen Moment gibt es noch eine andere Zeitsignatur religiöser Erfahrungen: ihr Prozesscharakter, die lange Inkubationszeit religiöser Einsichten, die dynamische und biographische Verfassung von Erfahrung und Deutung, die Geschichtlichkeit von Offenbarung und Glaube. Nach biblischem Verständnis teilt sich Gott dem Menschen (auch) dadurch mit, dass dem Menschen in seiner Lebenserfahrung und Lebensgeschichte ein Weg sichtbar wird, auf dem sich „herausstellt", wie Gott ihm zugewandt ist. Eine religiöse Erschließungserfahrung kann dann die Eröffnung eines solchen Lebensweges und das Gehen dieses Weges selbst genannt werden. Situativ ist dabei das In-Gang-Setzen einer Bewegung, prozesshaft ist die Orts- und Selbstveränderung. Situativ ist die Weichenstellung, prozesshaft die Richtungsänderung, die sich erst nach geraumer Zeit im Rückblick zeigt. Solche Erschließungserfahrungen sind „Vorkommnisse" und „Vorgänge", von denen man erst später sagen kann, was eigentlich vorgegangen und dabei herausgekommen ist.[222]

„Religiös" ist bei beiden Erfahrungstypen dann die Einstellung eines Subjekts zu dem, an das es in der jeweiligen Erfahrung weder ganz herankommt (weil es ihm unverfügbar ist), noch daran vorbeikommt (weil es davon unausweichlich angegangen wird) und das ihm gegenüber keine neutrale Stellungnahme zuläßt. „Religiös" ist die Einstellung zu jenem Unableitbaren, von dem nicht loszukommen ist, weil es das Dasein durchgängig bestimmt und sich als das zeigt, woraus der Mensch leben kann. Im Wissen darum muss das solchermaßen „Unbegreifbare" daher auch dort, wo es dem Menschen ganz nahe kommt, in seiner Unverfügbarkeit anerkannt und in diesem Sinne unantastbar bleiben. Zur (Selbst)Transzendenz erheben kann nur das je Größere, das über alles Welthafte erhaben bleibt. Seine Bedeutung ist nicht mit anderen Größen verrechenbar. Jede Religion will einerseits bezeugen, wovon der Mensch ergriffen ist, und muss es zugleich als unbegreifbar beschreiben. Sie will manifestieren, was den Menschen ganz erfasst und muss es zugleich als unfassbar, unableitbar und unverfügbar verstehen. Was den Menschen unbedingt angeht, lässt sich nicht als Bestandteil des Ensembles seiner kontingenten Lebensverhältnisse und Lebensumstände identifizieren.[223]

und die Damaskusvision des Paulus (Apg 9) F. Ricken, Analogie der Erfahrung, in: M. Laarmann/T. Trappe (Hg.), Erfahrung – Geschichte – Identität. Zum Schnittpunkt von Philosophie und Theologie, Freiburg/Basel/Wien 1997, 91–109.

222 Vgl. hierzu auch G. Haeffner, Erfahrung – Lebenserfahrung – religiöse Erfahrung, in: ThPh 78 (2003) 161–192.

223 Es gehört zur paradoxen Struktur religiöser Erfahrung, dass im Vollzug der Erfahrung das Nichtfassbare der Erfahrung miterfahren wird. Charakteristische

Dem säkularen Denken ist diese Denkstruktur zunehmend fremd geworden. Es ist geprägt von dem Wissen um die Kontingenz, Vorläufigkeit und Relativität all dessen, was der Mensch als etwas Absolutes, Definitives und Unverfügbares ausgegeben hat. Allein der Gedanke der Unantastbarkeit menschlicher Würde ist ihm geblieben. Religion sucht nach dem Unverrechenbaren, Indisponiblen und Unabdingbaren, von dessen Anerkennung ein menschenwürdiges Dasein lebt. Säkulares Denken steht in der Versuchung, dies für fundamentalistisch zu halten. Aber wer das Moment des Unverrechenbaren und Unverfügbaren aufgibt, stellt ein gemeinsames Merkmal der religiösen und ethischen Vernunft in Frage. Die Erfahrung unbedingten Angegangenseins ist ebenso konstitutiv für den christlichen Glauben wie für jede Ethik, der es die Sicherung des Humanum geht.

Unbedingten Wert und Würde hat menschliches Dasein in der Welt nur, wenn Wert und Würde nicht ihren Grund im Kontingenten haben, wenn sie nicht zurückgeführt werden können auf Maß, Zweck und Größe dessen, was Menschen einander geben und nehmen können. Das Christentum behauptet und bezeugt, dass der Mensch Adressat einer unbedingten Zuwendung ist, die nicht Maß nimmt an seiner Leistungsfähigkeit, nicht an seiner Intelligenz, nicht an seiner moralischen Qualität. Unbedingt ist die Anerkennung von Wert und Würde des Menschen nur, wenn sie derart maß-los ist. Unbedingt ist die Anerkennung menschlicher Würde, wenn der Maßstab von Humanität nicht verlagert wird in das Umfeld der endlichen, bedingten und kontingenten Vollzugsbedingungen des Menschseins.

5.2. Zeichen der Zeit: Postreligiös oder postsäkular?

Säkulares Denken kann mit der These konform gehen, dass eine unbedingte Anerkennung von Wert und Würde des Menschen ihr Maß und ihren Grund nicht im Kontext der kontingenten Vollzugsbedingungen moralischer Praxis haben kann, wenn sie wirklich „kategorisch" sein will. Aber es wird die theologische Implikationen dieser These nicht anerkennen und darin eine Verletzung der „Autonomie" der ethischen Vernunft erkennen. Moralische Orientierungen sind in der Moderne „postreligiös" zu begründen. Allerdings verkennt dieser Einwand, dass die Anerkennung der ethi-

Ausdrücke dafür in religiösen Zeugnissen lauten: Das Auge wird „geblendet", d. h. es „sieht" das Versagen seines Sehvermögens" (vgl. Apg 9, 1 ff.), oder der menschliche Geist gerät „außer sich", d. h. er ist sich seiner bewusst im Wissen um die Enteignung des Selbstverfügenkönnens und -bewusstseins. Vgl. hierzu R. Schaeffler, Erfahrung als Dialog mit der Wirklichkeit, Freiburg/München 1995, 425–434.

schen Vernunft als Instanz der Rechtfertigung moralischer Überzeugung, nicht besagt, dass sie auch die alleinige Quelle sein muss, die solche Überzeugungen hervorbringt. Die Autonomie der Vernunft als alleiniger Rechtfertigungszusammenhang moralischer Werte und Normen wird keineswegs angetastet, wenn es eine Pluralität von Erschließungs- und Entdeckungskonstellationen von Werten und Normen gibt. Ebensowenig muss die eingangs skizzierte Mehrfachkontingenz ethischer Orientierung zwangsläufig beim Relativismusverdacht stehen bleiben. Vielmehr sind gerade im Blick auf den Ort einer theologisch inspirierten Ethik andere Gewinn/Verlust-Rechnungen möglich. Pluralität hebt zwar Monopole auf und steigert Konkurrenz, sie vermehrt aber auch Handlungsoptionen. Eine unhintergehbare Pluralität von Orientierungen eröffnet „einen nie auszuschöpfenden Spielraum, in dem wir unser gemeinsames Leben in Beziehung zueinander und zu Dritten gestalten können. Weil uns weder die Ordnungen, in denen wir uns orientieren, definitiv festlegen, noch die Ortungen, die wir in ihrem Horizont vornehmen, unveränderlich fixieren, können wir in einer immer wieder Neues erschließenden und entdeckenden Weise unser Leben gemeinsam vollziehen."[224]

Für moderne Gesellschaften ist die Pluralität von Orientierungsmustern eine wichtige Ressource, um auf neue Herausforderungen flexibel reagieren zu können. Religiöse Daseinsorientierungen, die lange Zeit als Modernisierungsverlierer gelten mussten, da sie ein Opfer umfassender Rationalisierungs-, Entmythologisierungs- und Säkularisierungsprozesse zu werden schienen, erhalten in diesem Kontext neue Selbstbehauptungschancen. Lange Zeit dominierte in den Selbstdeutungsmustern moderner Gesellschaften sowie in ihrer soziologischen Reflexion ein lineares Verständnis von wissenschaftlich-technischem Fortschritt, von ökonomischem Wachstum und politischer Selbstbestimmung. Es sollte in allen Belangen ständig „vorwärts" und „aufwärts" gehen. Der Lauf der Welt hat diese Erwartung nicht bestätigt. Zu Beginn des 21. Jahrhunderts sind diese Tendenzen in den „Megatrend" der gegenläufigen Gleichzeitigkeit übergegangen: Was überwunden schien, beharrt auf seiner Präsenz. Was als veraltet galt, macht dem Neuen den Rang streitig. Nahezu alle Bereiche von Kultur und Gesellschaft sind von dieser Dialektik geprägt. Auch die Religion macht hier keine Ausnahme. Sie hat offensichtlich ihr modernisierungsbedingtes Ende überlebt und ist hinweggegangen über jene Zeit, die meinte, über Religion einfach hinweggehen zu können: die Moderne.[225]

[224] I. U. DALFERTH, Leben angesichts des Unverfügbaren, 248.

[225] Vgl. hierzu u. a. G. KÜENZLEN, Die Wiederkehr der Religion. Lage und Schicksal der säkularen Moderne, München 2003; F. W. GRAF, Die Wiederkehr der Götter, München 2004; P. M. ZULEHNER u. a., Kehrt die Religion wieder? Religion im Leben

Die Prognose eines modernisierungsbedingten Komplettverschwindens des Religiösen hat sich im globalen Maßstab als unzutreffend erwiesen. Die Annahme, dass wissenschaftlich-technischer Fortschritt und die Emanzipation des Politischen vom Religiösen in Gestalt einer Trennung von Kirche und Staat sowie die Umstellung der Lebensführung auf Prinzipien zweckrationalen Handelns das Religiöse zum Verschwinden bringen, ist am prominentesten Fall einer derart „modernisierten" Gesellschaft, den USA, eindeutig falsifiziert worden. Dies gilt im globalen Maßstab auch für die Erwartung, ein wissenschaftlich-technischer Fortschritt führe über die Entmythologisierung von Weltbildern zur Irrelevanz des Religiösen für Formen und Inhalte kultureller Selbstverständigung. Stattdessen gelingt der Religion immer öfter die Rückkehr in die politische und mediale Öffentlichkeit. Religion ist keineswegs nur eine Sache des privaten Erlebens, sondern auch ein Medium der Darstellung sozialer Differenzen und des Austragens sozialer Konflikte. Auf der Bühne zivilgesellschaftlicher Öffentlichkeit spielt sie keineswegs nur eine Nebenrolle.[226] „Allen Entlarvungsgesten und säkularen Überwindungsprogrammen zum Trotz existieren die Religion und die Religionen fort – freilich als höchst ambivalente Phänomene –, ambivalent im doppelten Wortsinn: widersprüchlich im Erscheinungsbild der Religion und Religionen, zugleich aber auch Widersprüche in der Stellungnahme zu ihnen provozierend. Vermeintliche religiöse Gewissheiten können sich mit einem politischen Fundamentalismus verbinden und in Gewalt und Terror umschlagen. Religiöse Bindungen können aber auch zu friedlichen Konfliktlösungen befähigen, indem sie an das Maß des Menschlichen erinnern, das Bewusstsein menschlicher Endlichkeit, Begrenztheit und Kontingenzanfälligkeit lebendig halten und somit eine Ethik der Toleranz und der Anerkennung von Alterität befördern".[227]

Unabhängig davon, in welcher Weise sich Religion als kulturell präsent erweist, kann sich die Moderne offenkundig ihrer eigenen Säkularität nicht

der Menschen, Ostfildern 2001; Ders., Spiritualität – mehr als ein Megatrend, Ostfildern 2004; R. Polak (Hg.): Megatrend Religion? Neue Religiositäten in Europa, Ostfildern 2002; M. Hildebrandt u. a. (Hg.), Säkularisierung und Resakralisierung in westlichen Gesellschaften, Wiesbaden 2001. Siehe auch den Literaturbericht von J. Dierken, Ist die Säkularisierung am Ende?, in: ThLZ 130 (2005) 128–140.

[226] Vgl. K. Gabriel (Hg.), Religionen im öffentlichen Raum: Perspektiven in Europa (JCSW 44), Münster 2003; St. Bruce, Politics and Religion, Oxford 2003; D. Herbert (Hg.), Religion and Civil Society. Rethinking Public Religion in the Contemporary World, Hampshire/Burlington 2003 (Lit.); P. Norris/R. Inglehart, Sacred and Secular. Religion and Politics Worldwide, Cambridge/Mass. 2004; W. Röhrich, Die Macht der Religionen, München [2]2006.

[227] V. Drehsen u. a. (Hg.), Kompendium Religionstheorie, Göttingen 2005, 6.

mehr sicher sein. Dass sie selbst einmal von der Religion ganz loskommen könnte, gehört zu den modernen Illusionen, von denen die Moderne loskommen muss. Vor allem die von ihr ausgelösten Rationalisierungsprozesse haben sich als höchst ambivalent herausgestellt und die aufklärerische Gleichsetzung von Vernunft und Fortschritt bzw. von Religion und Rückschritt als voreilig erwiesen. Längst ist klar, dass eine aufklärerische Orientierung am Fortschritt von Vernunft und Wissenschaft nicht bedeutet, man müsse alles Überkommene hinter sich lassen, um voranzukommen. Für ein vernunftgemäßes Modell humaner und zukunftsfähiger Entwicklung braucht es mehr und anderes als nur die instrumentelle und emanzipatorische Vernunft.[228] Es gibt offenkundig technisch Unableitbares, ökonomisch Unverrechenbares und politisch Unverfügbares, das in Modernisierungsprozessen verkannt, verdrängt oder unterschlagen wurde und dessen Leerstellen zunehmend deutlich werden. So braucht es in der Tat mehr und anderes als den Vergemeinschaftungsmodus des Marktes, der alle zwischenmenschlichen Beziehungen in das Kalkül der Primärorientierung am aufgeklärten Selbstinteresse presst. Das soziale Band menschlichen Miteinanders, das aus gegenseitiger Anerkennung geknüpft wird, geht in den Begriffen der gegenseitigen Unterstellung einer Präferenz von Eigeninteressen und der zweckrationalen Organisation von Vorteils- und Nutzenmaximierungen nicht auf. Hier gilt: sola ratione numquam sola. Die ökonomische Vernunft vermag im Umgang mit der Welt niemals die „ganze Wahrheit" ans Licht zu bringen. Gesucht werden daher Wahrnehmungsformen, welche das Nicht-Ökonomische der Ökonomie vergegenwärtigen können. Ebenso gilt es angesichts der neuen Biotechnologien, welche ein naturalistisches bzw. szientistisches Selbstverständnis des Menschen befördern, auch das Nicht-Technische der Technik und gegenüber einer Biopolitik das Nicht-Politische der Politik bewusst zu halten, sollen die Errungenschaften der humanistischen Moderne nicht verspielt werden.

Es liegt nahe, in den von der Moderne verkannten und verdrängten „Weltanschauungen" jene Anregungen zu suchen, welche für die Aufarbei-

[228] Schon seit geraumer Zeit ist die Moderne in eine Phase eingetreten, in der die Schattenseiten des Fortschritts die gesellschaftlichen Auseinandersetzungen bestimmen. Im Rückblick erscheint sie als ein Wettlauf von technisch-wissenschaftlichen Anstrengungen, die naturwüchsigen Gefährdungen des menschlichen Lebens zu entschärfen, mit immer weiter ausschlagenden Risiken, die von Technik und Wissenschaft hervorgebracht werden, aber mit ihren eigenen Mitteln nicht mehr zu bewältigen sind. Modernisierung wird zum reflexiven Prozess, d. h. der Prozess der Problembewältigung generiert das Problem, wie selbstproduzierte Probleme bewältigt werden können. Vgl. ausführlicher U. Beck (Hg.), Entgrenzung und Entscheidung: Was ist neu an der Theorie reflexiver Modernisierung?, Frankfurt 2004; Ders./W. Bonss (Hg.), Die Modernisierung der Moderne, Frankfurt 2001.

tung der negativen Folgen von Modernisierungsprozessen hilfreich sein können. Die Moderne ist insofern „religionsproduktiv", wie sie Fragen produziert, auf die ein religiöses Verhältnis zu Zeit und Welt die Antwort sein und geben kann. Gerade religiöse Zeitbegriffe und Weltbilder stehen für ein Krisen- und Lebenswissen, das neu an Relevanz gewinnen kann, sofern es gelingt, seine Bedeutungspotentiale aus ihrer religiösen Verkapselung zu entbinden. „Im Gegensatz zur ethischen Enthaltsamkeit eines nachmetaphysischen Denkens, dem sich jeder generell verbindliche Begriff vom guten und exemplarischen Leben entzieht, sind in heiligen Schriften und religiösen Überlieferungen Intuitionen von Verfehlung und Erlösung vom rettenden Ausgang aus einem als heillos erfahrenen Leben artikuliert, über Jahrtausende hinweg subtil ausbuchstabiert und hermeneutisch wachgehalten worden".[229] Sollen diese Einsichten ihren kognitiven Gehalt zu erkennen geben, müssen sie in säkulare Kontexte ethisch-politischer Selbstverständigung übersetzt werden. Dies ist nicht eine Aufgabe, die einseitig den Religionsgemeinschaften zuzumuten ist. Auch säkularen Bürgern ist zuzumuten, „religiöse Beiträge zu politischen Streitfragen ernst zu nehmen und in kooperativer Wahrheitssuche auf einen Gehalt zu prüfen, der sich möglicherweise in säkularer Sprache ausdrücken und in begründender Rede rechtfertigen lässt."[230]

In einer Gesellschaft, die sich die Dialektik der Modernisierung bewusst macht, sind die Modernisierungsfolgen somit nicht mehr ungleich verteilt. Ihre Aufarbeitung mündet in einen komplementären Lernprozess. Der Vernunftkultur ist die Aufgabe gestellt, das semantische Erbe religiöser Traditionen auf dem Wege einer „rettenden Aneignung" aus der religiösen Sphäre in eine allgemein zugängliche Sprache zu übersetzen. Sie muss Abschied nehmen von der geschichtstheoretischen und normativen Unterstellung des klassischen Säkularisierungstheorems, das den Relevanz- und Funktionsverlust der Religion für unausweichlich zu hielt, ihn als „fortschrittlich" begriff und darin ein Telos sozialer Evolution sah. Die Bringschuld, welche die Vertreter religiöser Traditionen zu erfüllen haben, besteht in einer kognitiven Reorganisation ihrer Glaubensüberzeugungen, wobei sie sich den Erfordernissen der kommunikativen Vernunft zu stellen haben und sich im Kontext einer liberalen Demokratie als diskurs-, tole-

[229] J. Habermas, Zwischen Naturalismus und Religion, 115. Vgl. auch Ders., Glauben und Wissen, 29. „Moralische Empfindungen, die bisher nur in religiöser Sprache einen hinreichend differenzierten Ausdruck besitzen, können allgemeine Resonanz finden, sobald sich für ein fast schon Vergessenes, aber implizit Vermisstes eine rettende Formulierung einstellt. Eine Säkularisierung, die nicht vernichtet, vollzieht sich im Modus der Übersetzung."

[230] J. Habermas, Zwischen Naturalismus und Religion, 145.

ranz- und pluralitätsfähig erweisen müssen. Damit wird allen kulturkritischen Positionen widersprochen, welche die ehedem mit Modernisierungsprozessen verbundene Erwartung einer unausweichlichen Verabschiedung des Religiösen einfach umkehren und die Krisenphänomene der technisch-industriellen Moderne zum Anlaß nehmen, dass die Moderne wieder Platz macht für dasjenige, an dessen Stelle sie sich setzen wollte.

Beide Seiten müssen sich an gemeinsamen Kriterien orientieren, von denen her sich ermessen lässt, was es heißt: sich und andere zu orientieren. Anders formuliert: Orientierung im Sinne einer ethisch-politischen Selbstvergewisserung, Standortbestimmung und perspektivischen Wegbeschreibung ist eine kooperativ zu leistende Aufgabe. Es gibt keinen zureichenden Grund, religiöse Orientierungsmodelle apriori vom Wettstreit um taugliche Handlungsorientierungen auszuschließen, wenn das Monopol eines alleinverbindlichen Paradigmas der Welterschließung gefallen ist. Sie müssen sich aber zugleich einem höheren Anspruchsniveau stellen. Denn in weltanschaulich pluralen Gesellschaften treten vermehrt kognitive und normative Differenzen auf, wenn es gilt, Verhaltensorientierungen und den Gebrauch dieser Orientierungen zu verabreden. Wer hier andere davon überzeugen möchte, sie sollten sich an den eigenen Überzeugungen orientieren, hat eine erhebliche Bringschuld zu erfüllen, um die eigenen Überzeugungen intelligibel und plausibel zu machen. Dies gilt aber auch für die Vertreter säkularer Handlungsorientierungen.

Genau dies meint auch die Kategorie „postsäkular“, die ebensowenig eine Zeitangabe oder Epochenschwelle meint wie die Kategorie „postmodern“, sondern einen Perspektivenwechsel in der Reflexion des Verhältnisses von Gesellschaft und Religion in der Moderne beschreibt. Ein postsäkulares Bewusstsein weiß um die Dialektik einer planen Säkularisierung der Kultur[231] und muss sich zu ihr in ein reflexives Verhältnis setzen.[232]

[231] Die Kategorie der Säkularisierung wird hier als „Containerbegriff“ benutzt, der in sozial- und kulturgeschichtlicher Perspektive einen höchst facettenreichen Vorgang der Entflechtung von Religion und Gesellschaft beschreibt. Dazu gehört u. a. die Relativierung von Religion als Medium sozialer Integration, ein Plausibilitäts- und Relevanzverlust religiöser Gehalte im Ensemble der kollektiven Lebensführungsgewissheiten, eine Verdrängung religiöser Autorität aus dem Bereich politischer Herrschaft und deren Legitimation, eine Erosion im Bereich der Weitergabe religiöser Daseinsorientierung auf dem Wege der Tradition und in der Zuständigkeit religiöser Institutionen, die Entdeckung und Wahrung der Autonomie des „Profanen“ gegenüber dem Religiösen sowie die „Konvertierung“ ursprünglich religiöser Sinngehalte in Elemente profanen Denkens. Zur Begriffs- und Ideengeschichte vgl. etwa G. Marramao, Die Säkularisierung der westlichen Welt, Frankfurt/Leipzig 1999.

[232] Genau besehen meint das Stichwort „postsäkular“ (bei J. Habermas) nicht Rückkehr der Religion in die Gesellschaft oder in die Moderne, denn sie war nie

Nichts anderes ist von einem religiösen Bewusstsein verlangt. Es ist gefragt, ob es durch eine reflexive Ausschöpfung (und nicht bloß traditionalistische Bewahrung) seiner normativen Traditionen für eine pluralitätsfähige Kommunikationskultur sich als eine inspirierende und motivierende Kraft einzubringen vermag. Sich orientieren in postsäkularen Konstellationen heißt darum für beide Seiten: Maß und Ziel des Handelns gerade nicht nur bei sich selbst suchen. Orientiert ist „menschliches Verhalten, wenn es noch auf etwas anderes ausgerichtet ist als sich selbst und seine Eigenwelt. In diesem Sinne bedeutet Orientierung:

– philosophisch gesprochen: Transzendenz statt Immanenz, im nichtmetaphysischen Sinne des Hinausgehens über sich selbst und die beliebig manipulierbaren Eigenparameter des Verhaltens, unter Bezugnahme auf nichtmanipulierbare ‚Außenkriterien' welche der eigenen Kontrolle nicht unterliegen;
– systemtheoretisch gesprochen, Weltreferentialität anstelle totaler Selbstreferentialität, mit Bezug auf einen mehr oder weniger verselbständigten Orientierungsrahmen;
– ökologisch im weitesten Sinne gesehen: Offenheit statt Geschlossenheit, mit ‚Gegenverkehr' zu dem nach ‚außen' gerichteten Orientierungsverhalten (…).“[233]

Die Aufgabe der Theologie besteht hierbei im Nachweis, dass der christliche Glaube kein selbstreferentielles, geschlossenes Orientierungssystem ohne Anschlussfähigkeit für die Orientierungsleistungen anderer, z. B. ästhetischer, ethischer oder historischer Weltdeutungsperspektiven ist. Bereits die Tatsache, dass er mit der Theologie ein eigenes Reflexionssystem hervorgebracht hat, das allen „immanentistischen“ (bzw. fideistischen) und fundamentalistischen Versuchungen zum Trotz mit jener Reflexionslogik operiert, der auch die anderen sozio-kulturellen Selbstverständigungsdiskurse folgen, verweist auf die strukturelle Offenheit des Glaubens für sein säkulares „Außerhalb“.

Eine Möglichkeit, diesen Außenbezug herzustellen, stellt das Projekt einer Ethik der Zeit dar, die über den Aufweis der „zeitgemäßen Unzeitgemäßheit“ christlicher Einstellungen zur Zeit zu einer Lesart der Zeichen

gänzlich verschwunden, sondern dass die Aufmerksamkeit von Intellektuellen für die Religion zurückkehrt. Vgl. hierzu die Kritik von H. Joas, Braucht der Mensch Religion?, Freiburg/Basel/Wien 122–128. Zum Ganzen siehe auch H.-J. Höhn, Auf dem Weg in eine postsäkulare Kultur? Herausforderungen einer kritischen Phänomenologie der Religion, in: P. M. Zulehner (Hg.), Spiritualität – mehr als ein Megatrend, Ostfildern 2004, 15–28.

233 Vgl. H. Spinner, Der ganze Rationalismus in einer Welt von Gegensätzen, Frankfurt 1994, 240.

dieser Zeit führt, die über den Glauben hinaus anschlussfähig ist für säkulare ethische Orientierungsversuche. Vielleicht stehen in „postsäkularen" Konstellationen die Chancen besser, dass solche Impulse Aufmerksamkeit finden und nicht an Vorbehalten scheitern, die längst als unbegründet erwiesen wurden. Eine christlich inspirierte Ethik der Zeit entschärft entgegen der gängigsten Ansicht der Religionskritik gerade nicht durch ihre Transzendenzperspektive in Gestalt einer postulatorischen Hoffnung die Forderung der Vernunft, das moralisch Gute um seiner selbst willen zu verfolgen. Vielmehr rechtfertigt sie den Mut, angesichts widriger Verhältnisse dem Anspruch der Vernunft zu folgen und sich auf die Geschichte mit all ihren Kontingenzen einzulassen.

Wenn die Überzeugung derer schwindet, die Religion für um so entbehrlicher und verzichtbarer halten, je moderner die Moderne wird, aber auch das Vorurteil der Gläubigen aufgehoben wird, dass außerhalb des Glaubens nur Verfall und Haltlosigkeit sei, je säkularisierter die Moderne werde, dann ist vielleicht eine günstige Stunde für eine neue Betrachtungsweise des Verhältnisses von Zeit und Sein, von Glaube und Moral gekommen. Dies muss nicht bedeuten, Glaube in Moral aufgehen zu lassen. Neben einer ethischen Inversion christlicher Glaubensbestände gibt es eine Vielzahl anderer Möglichkeiten einer postsäkularen Rekonstruktion der unabgegoltenen sozio-kulturellen Bedeutung des Christentums.[234] Es ist an der Zeit, dass sich daran neben der Sozialethik auch andere theologische Disziplinen beteiligen. Auch unter postsäkularen Vorzeichen bleibt dies gleichwohl ein zeitaufwändiges Unternehmen, das die Theologie zudem nicht im Alleingang zu bewältigen vermag. Sie muss sich generell als „interdisziplinäre Disziplin" organisieren. Um sagen zu können, was *an* der Zeit ist, bedarf es eines umfangreichen Wissens, wie es um das Dasein *in* der Zeit bestellt ist. Erst dann lässt sich sagen, was *mit* der Zeit aus diesem Dasein werden kann. Dennoch ist auch hier Tempo angesagt. Es gilt keine Zeit zu verlieren. Vom kinetischen Imperativ der Moderne ist zu lernen, dass die Reduzierung von Zeitverlusten beim Start wissenschaftlicher Projekte der Realisierung von Zeitgewinnen bei ihrer Durchführung dient.

[234] Man darf gespannt sein, inwieweit eine Neuausrichtung der Theologie, die den „cultural turn" der Sozial- und Geisteswissenschaften mitvollzieht (vgl. A. Reckwitz, Die Transformation der Kulturtheorien, Weilersweist 2000) und sich als Kulturwissenschaft versteht, relevante Beiträge zu den Selbstverständigungsdiskursen moderner Gesellschaften liefern kann. Vgl. dazu die Arbeiten von J. Lauster, Religion als Lebensdeutung, Darmstadt 2005; K. Tanner, Religion und symbolische Kommunikation, Leipzig 2004; W. Gräb, Sinn fürs Unendliche, Gütersloh 2002; M. Eckholt, Poetik der Kultur, Freiburg/Basel/Wien 2002; M. Moxter, Kultur als Lebenswelt, Tübingen 2000; P. Hünermann, Theologie als Kulturwissenschaft, in: K. Gabriel u. a. (Hg.), Zukunftsfähigkeit der Theologie, Paderborn 1999.

Auswahlbibliographie

Die Bibliographie verzeichnet nicht alle zitierten Beiträge, sondern nur solche Titel, welche für die methodischen und inhaltlichen, problem- und theoriegeschichtlichen Aspekte einer Ethik gesellschaftlicher Zeitverhältnisse relevant sind.

ADAM, B./GEISSLER, Kh./HELD, M. (Hg.): Die Nonstop-Gesellschaft und ihr Preis, Stuttgart 1998.

ADAM, B.: Das Diktat der Uhr. Zeitformen, Zeitkonflikte, Zeitperspektiven, Frankfurt 2005.

ADAM, B.: Time and Social Theory, Cambridge 1990.

ADAM, B.: Timescapes of Modernity. The Environment and Invisible Hazards, London 1998.

BACKHAUS, K./BONUS, H. (Hg.): Die Beschleunigungsfalle oder Der Triumph der Schildkröte, Stuttgart [3]1998.

BAERYSWIL, M.: Chillout. Wege in eine neue Zeitkultur, München 2000.

BECK, K.: Medien und die soziale Konstruktion von Zeit, Opladen 1994.

BENZ, E.: Akzeleration der Zeit als geschichtliches und heilsgeschichtliches Problem, Mainz 1977.

BERGMANN, W.: Das Problem der Zeit in der Soziologie, in: KZSS 35 (1983) 462–504.

BERGMANN, W.: Die Zeitstrukturen sozialer Systeme, Berlin 1981.

BIEBER, H.-J. u. a. (Hg.): Die Zeit im Wandel der Zeit, Kassel 2002.

BIERVERT, B./HELD, M. (Hg.): Zeit in der Ökonomik. Perspektiven für die Theoriebildung, Frankfurt/New York 1995.

BLUMENBERG, H.: Lebenszeit und Weltzeit, Frankfurt [2]1986.

BORSCHEID, B.: Das Tempo-Virus. Eine Kulturgeschichte der Beschleunigung, Frankfurt 2004.

BÖSCHEN, St./WEIS, K.: Die Gegenwart der Zukunft. Zeitlandschaften im Wandel, Wiesbaden 2004.

BOSCHKI, R.: Vergegenwärtigen. Bausteine für eine Erinnerungsethik, in: E. Geldbach (Hg.), Vom Vorurteil zur Vernichtung?, Münster 1995, 234–244.

BRAUNWARTH, M.: Gedächtnis der Gegenwart. Signatur eines religiös-kulturellen Gedächtnisses, Münster 2002.

BRIESKORN, N./WALLACHER, J. (Hg.): Beschleunigen, Verlangsamen. Herausforderung an zukunftsfähige Gesellschaften, Stuttgart 2001.

CHENU, M.-D.: Les signes des temps, in: NRTh 97 (1965) 29–39.

CHENU, M.-D.: Les signes des temps, in: Y. Congar/M. Peuchemaurd (Hg.), L'Église dans le monde de ces temps, Bd. 2, Paris 1967, 205–225.

COMBLIN, J.: Die Zeichen der Zeit, in: Conc 41 (2005) 412–423;

Dalferth, I. U.: Gedeutete Gegenwart. Zur Wahrnehmung Gottes in den Erfahrungen der Zeit, Tübingen 1997.

Dux, G.: Die Zeit in der Geschichte. Ihre Entwicklungslogik vom Mythos zur Weltzeit, Frankfurt 1989.

Eberling, M.: Beschleunigung und Politik. Zur Wirkung steigender Geschwindigkeiten des ökonomischen, technischen und gesellschaftlichen Wandels auf den demokratischen Staat, Frankfurt 1996.

Elias, N.: Über die Zeit (Arbeiten zur Wissenssoziologie II), Frankfurt 1988.

Eriksen, Th. H.: Die Tyrannei des Augenblicks. Die Balance finden zwischen Schnelligkeit und Langsamkeit, Freiburg/Basel/Wien 2002.

Freyer, Th.: Zeit – Kontinuität und Unterbrechung, Würzburg 1993.

Friedrichs J. u. a. (Hg.): Die Diagnosefähigkeit der Soziologie, Opladen 1998.

Fries, H.: Zeichen der Zeit, in: N. Klein u. a. (Hg.), Biotope der Hoffnung. Zu Christentum und Kirche heute (FS Kaufmann), Olten/Freiburg 1988, 13–22.

Fürstenberg, F./Mörth, I.: Zeit als Strukturelement von Lebenswelt und Gesellschaft, Linz 1986.

Geissler, Kh.: Alles. Gleichzeitig. Und zwar sofort. Unsere Suche nach dem pausenlosen Glück, Freiburg/Basel/Wien 2004.

Geissler, Kh.: Vom Tempo der Welt. Am Ende der Uhrzeit, Freiburg/Basel/Wien 1999.

Gendolla, P.: Zeit. Zur Geschichte der Zeiterfahrung, Köln 1992.

Georgi, D. u. a. (Hg.): Religion und Gestaltung der Zeit, Kampen 1994.

Gleick, J.: Schneller! Eine Zeitreise durch die Turbo-Gesellschaft, Stuttgart/München 2000.

Gronemeyer, M.: Das Leben als letzte Gelegenheit. Sicherheitsbedürfnisse und Zeitknappheit, Darmstadt 1993.

Grossklaus, G.: Medien-Zeit, Medien-Raum. Zum Wandel der raumzeitlichen Wahrnehmung in der Moderne, Frankfurt ²1997.

Guelluy, R.: Les exigences méthodologiques d'une théologie des signes des temps, in: RThL 12 (1981) 415–428.

Günther, H.: Zeit der Geschichte. Welterfahrung und Zeitkategorien in der Geschichtsphilosophie, Frankfurt 1993.

Heintel, P.: Innehalten. Gegen die Beschleunigung – für eine andere Zeitkultur, Freiburg/Basel/Wien ³2000.

Held, M./Geissler Kh. (Hg): Ökologie der Zeit. Vom Finden der rechten Zeitmaße, Stuttgart 1993.

Held, M./Geissler, Kh. (Hg.): Von Rhythmen und Eigenzeiten. Perspektiven einer Ökologie der Zeit, Stuttgart 1995.

Höhn, H.-J.: Im Zeitalter der Beschleunigung. Konturen einer theologischen Sozialanalyse als Zeitdiagnose, in: Jahrbuch für Christliche Sozialwissenschaften (1991) 245–264.

Höhn, H.-J.: „Freiheit im Ungewissen". Perspektiven theologischer Zeitdiagnostik, in: W. Bartoszewski u. a. (Hg.), Die Freiheit beim Wort nehmen. Verantwortung und Verständigung in pluralistischen Verhältnissen, Graz/Wien/Köln 1999, 273–288.

Höhn, H.-J.: Zeit nehmen – Zeit lassen. Zur Kritik am kinetischen Imperativ der Moderne, in: Lebendiges Zeugnis 55 (2000) 57–68.

Höhn, H.-J.: „Beeil dich!?" Über die Beschleunigung des Lebens und die Befristung des Daseins, in: Jahrbuch für Arbeit und Menschenwürde 2 (2001) 13–22.
Höhn, H.-J.: Ökonomie der Zeit – Ökologie der Zeit, in: H. Schmidinger (Hg.), Wovon wir leben werden. Die Ressourcen der Zukunft, Innsbruck 2002, 49–84.
Höhn, H.-J.: Die Zeit der Gesellschaft. Sozialethik als Zeitdiagnose, in: Jahrbuch für Christliche Sozialwissenschaften 43 (2002) 260–287.
Höhn, H.-J.: Versprechen. Das fragwürdige Ende der Zeit, Würzburg 2003.
Höhn, H.-J.: Nach den Zeichen der Zeit forschen! „Gaudium et spes" und die Aufgabe christlicher Zeitgenossenschaft, in: W. Boscheinen/H. Nitsche (Hg.), Freude und Hoffnung. 40 Jahre Pastoralkonstitution. Bd. 2, Bad Honnef 2005, 61–72.
Hölscher, L.: Die Entdeckung der Zukunft, Frankfurt 1999.
Höver, G.: Sittlich handeln im Medium der Zeit, Würzburg 1988.
Hohn, H.-W.: Die Zerstörung der Zeit. Wie aus einem göttlichen Gut eine Handelsware wurde, Frankfurt 1984.
Holst, E./Rinderspacher, J. P./Schupp, J. (Hg.): Erwartungen an die Zukunft. Zeithorizonte und Wertewandel in der sozialwissenschaftlichen Diskussion, Frankfurt/New York 1994.
Honneth, A.: Desintegration. Bruchstücke einer soziologischen Zeitdiagnose, Frankfurt 1994.
Horntrich, G.: Gut in der Zeit. Zur zeitlichen Genese des Subjekts aus sozialwissenschaftlichen und theologisch-ethischen Perspektiven, Münster 2003.
Jackelén, A.: Zeit und Ewigkeit, Neukirchen-Vluyn 2002.
Kahle, W.: Die Zeichen der Zeit, in: ZRG 24 (1972) 289–315.
Kirchmann, K.: Verdichtung, Weltverlust und Zeitdruck, Opladen 1998.
Kneer G. u. a. (Hg.): Soziologische Gesellschaftsbegriffe. Konzepte moderner Zeitdiagnosen, München 1997.
Koselleck, R.: Fortschritt und Beschleunigung. Zur Utopie der Aufklärung, in: Akademie der Künste Berlin (Hg.), Der Traum der Vernunft, Darmstadt/Neuwied 1985, 75–103.
Koselleck, R.: Vergangene Zukunft. Zur Semantik geschichtlicher Zeiten, Frankfurt 1989.
Koselleck, R.: Zeitschichten. Studien zur Historik, Frankfurt 2003.
Laubach, Th: Warum sollen wir uns überhaupt erinnern?, in: O. Fuchs u. a. (Hg.), Zugänge zur Erinnerung, Münster 2001, 183–198.
Levine, R.: Eine Landkarte der Zeit. Wie Kulturen mit Zeit umgehen, München 1998.
Link, Chr. (Hg.): Die Erfahrung der Zeit, Stuttgart 1984.
Lohmann, G.: Moral und Zeit, in: E. Angehrn u. a. (Hg.), Der Sinn der Zeit, Weilerswist 2002, 181–198.
Lübbe, H.: Zeit-Verhältnisse. Zur Kulturphilosophie des Fortschritts, Graz/Wien/Köln 1983.
Lübbe, H.: Der Lebenssinn der Industriegesellschaft, Berlin/Heidelberg [2]1994.
Lübbe, H.: Im Zug der Zeit. Verkürzter Aufenthalt in der Gegenwart, Berlin/Heidelberg 1992.
Manemann, J.: Rettende Erinnerung an die Zukunft, Mainz 2005.
Manzke, K. H.: Ewigkeit und Zeitlichkeit, Göttingen 1992.

MARGALIT, A.: Ethik der Erinnerung, Frankfurt 2000.
MARQUARD, O.: Zukunft braucht Herkunft, Stuttgart 2003.
MARRAMAO, G.: Kairós. Apologia del tempo debito, Rom/Bari ²1993.
MARRAMAO, G.: Potere e secolarizzazione. Le categorie del tempo, Rom ²1985.
MAURER, A.: Stand und Perspektiven zeitsoziologischer Forschung, in: H. Meyer (Hg.), Soziologie in Deutschland und die Transformation großer gesellschaftlicher Systeme, Berlin 1992, 590–607.
MEESTERS, M.: Die Bedeutung des Faktors Zeit im Rahmen einer theologischen Ethik, Frankfurt 1981.
METZ, J. B.: Glaube in Geschichte und Gesellschaft, Mainz ⁵1992
MEIER, Chr.: Erinnern – Verdrängen – Vergessen, in: Merkur 50 (1996) 937–952.
MEYER, Th./MILLER, S. (Hg.): Zukunftsethik und Industriegesellschaft, München 1986.
MIETH, D.: Ethik angesichts der Beschleunigung der Biotechnik, in: ApuZ B 33–34 (2000) 3–9.
MOORE-EDE, M.: Die Nonstop-Gesellschaft. Risikofaktoren und Grenzen menschlicher Leistungsfähigkeit in der 24-Stunden-Welt, München 1993.
MÜLLER, H.-P.: Sinn deuten. Über soziologische Zeitdiagnostik, in: Merkur 51 (1997) 352–357.
MÜLLER-DOHM, St. (Hg.): Jenseits der Utopie. Theoriekritik der Gegenwart, Frankfurt 1991.
MURI, G.: Pause! Zeitordnung und Auszeiten aus alltagskultureller Sicht, Frankfurt 2004.
NASSEHI, A.: Die Zeit der Gesellschaft. Auf dem Weg zu einer soziologischen Theorie der Zeit, Opladen 1993.
NASSEHI, A.: Keine Zeit für Utopien. Über das Verschwinden utopischer Gehalte aus modernen Zeitsemantiken, in: R. Eickelpasch/A. Nassehi (Hg.), Utopie und Moderne, Frankfurt 1996, 242–286.
NOWOTNY, H.: Eigenzeit. Entstehung und Strukturierung eines Zeitgefühls, Frankfurt 1995.
PAPCKE, S.: Wo bitte geht es zur Realität? Sozialwissenschaften und Zeitdiagnose, in: C. Leggewie (Hg.), Wozu Politikwissenschaft?, Darmstadt 1994, 243–257.
PETZEL, P./RECK, N. (Hg.): Erinnern. Erkundungen zu einer theologischen Basiskategorie, Darmstadt 2003.
PICHT, G.: Die Zeit und die Modalitäten, in: Ders., Hier und Jetzt, Stuttgart 1980, 362–374.
PICHT, G.: Von der Zeit. Vorlesungen und Schriften, Stuttgart 1999.
RAHNER, K.: Zur Theologie der Zukunft, München 1971.
RAULFF, U.: Der unsichtbare Augenblick. Zeitkonzepte in der Geschichte, Göttingen ²2000.
REESE-SCHÄFER, W.: Die seltsame Konvergenz der Zeitdiagnosen, in: U. Beck/A. Kieserling (Hg.), Ortsbestimmungen der Soziologie, Baden-Baden 2000, 101–116.
REESE-SCHÄFER, W.: Zeitdiagnose als wissenschaftliche Aufgabe, in: Berliner Journal für Soziologie 6 (1996) 377–390.
REUSCH, S. (Hg.): Das Rätsel Zeit, Darmstadt 2004.

RICOEUR, P.: Das Rätsel der Vergangenheit. Erinnern – Vergessen – Verzeihen, Göttingen 1988.
RIESCHER, G.: Zeit und Politik. Zur institutionellen Bedeutung von Zeitstrukturen in parlamentarischen und präsidentiellen Regierungssystemen, Baden-Baden 1994.
RINDERSPACHER, J. P. (Hg.): Zeit für die Umwelt. Handlungskonzepte für eine ökologische Zeitverwendung, Berlin 1996.
RINDERSPACHER, J. P.: Gesellschaft ohne Zeit. Individuelle Zeitverwendung und soziale Organisation der Arbeit, Frankfurt/New York 1985.
RINDERSPACHER, J. P.: Der Fortschritt der Schnecke. Geschwindigkeitskultur im Kontext europäischer Technik- und Kulturgeschichte, in: Theologia Practica 28 (1993) 97–101.
RÖDL, S.: Kategorien des Zeitlichen. Eine Untersuchung der Formen des endlichen Verstandes, Frankfurt 2005.
ROSA, H.: Temporalstrukturen in der Spätmoderne, in: Handlung, Kultur, Interpretation 10 (2001) 335–381.
ROSA, H.: Critical Theory of Speed Social Acceleration: Ethical and Political Consequences of a Desynchronized High-Speed-Society, in: Constellations 10 (2003) H. 1, 3–33.
ROSA, H.: Beschleunigung. Die Veränderung der Zeitstrukturen in der Moderne, Frankfurt 2005.
ROSA, H. (Hg.): fast forward. Essays zu Zeit und Beschleunigung, Hamburg 2004.
RÜSEN, J. (Hg.): Zeit deuten. Perspektiven - Epochen - Paradigmen, Bielefeld 2003.
RUSTEMEYER, D.: Sinnformen. Konstellationen von Sinn, Subjekt, Zeit und Moral, Hamburg 2001.
SANDBOTHE, M./ZIMMERLI, W. Chr. (Hg.): Zeit – Medien – Wahrnehmung, Darmstadt 1994.
SANDBOTHE, M.: Die Verzeitlichung der Zeit. Grundtendenzen der modernen Zeitdebatte in Philosophie und Wissenschaft, Darmstadt 1998.
SANDER, H.-J.: Das singuläre Geschichtshandeln Gottes – eine Frage der pluralen Topologie der Zeichen der Zeit, in: P. Hünermann/B. J. Hilberath (Hg.), Die Dokumente des Zweiten Vatikanischen Konzils: Theologische Zusammenschau und Perspektiven, Freiburg/Basel/Wien 2006, 134–147.
SANDER, H.-J.: Die Zeichen der Zeit erkennen und Gott benennen. Der semiotische Charakter von Theologie, in: ThQ 182 (2002) 27–40.
SANDER, H.-J.: Die Zeichen der Zeit, in: G. Fuchs/A. Lienkamp (Hg.), Visionen des Konzils, Münster 1997, 85–102.
SCHEUERMANN, W.: Liberal Democracy and the Social Acceleration of Time, Baltimore 2004.
SCHIMANK, U./VOLKMANN, U. (Hg.): Soziologische Gegenwartsdiagnosen I–II, Opladen 2000/2002.
SCHMIDINGER H. (Hg.): Die Zeichen der Zeit, Innsbruck/Wien 1998.
SCHNEIDER, M./GEISSLER, Kh (Hg.): Flimmernde Zeiten – Vom Tempo der Medien, Stuttgart 1999.
SCHÖPFER, H.: Zeichen der Zeit als hermeneutische Grundlage für gesellschaftlich engagierte Theologie, in: ZMR 63 (1979) 81–103.

SCHRÖER, M.: Soziologie und Zeitdiagnose, in: G. Kneer u. a. (Hg.), Soziologie. Zugänge zur Gesellschaft. Bd. 1, Münster/Hamburg 1994, 225–246.

SCHULTE, R.: Zeit und Ewigkeit, in: CGG 22/1982, 117–186.

SCHULZE, G.: Die beste aller Welten. Wohin bewegt sich die Gesellschaft im 21. Jahrhundert?, München/Wien 2003.

SCHÜTZEICHEL, H.: Die Zeichen der Zeit erkennen: Fundamentaltheologische Überlegungen, in: TThZ 91 (1982) 304–313.

SELFERT, H. (Hg.): Flexible Zeiten in der Arbeitswelt, Frankfurt 2005.

SLOTERDIJK, P.: Eurotaoismus. Zur Kritik der politischen Kinetik, Frankfurt 1989.

STANKO, L./RITSERT, J.: „Zeit" als Kategorie der Sozialwissenschaften, Münster 1994.

THEUNISSEN, M.: Negative Theologie der Zeit, Frankfurt 1991.

VIRILIO, P.: Rasender Stillstand, München/Wien 1992.

WEINRICH, H.: Knappe Zeit. Kunst und Ökonomie des befristeten Lebens, München 2004.

WEIS, K. (Hg.): Was ist Zeit? Zeit und Verantwortung in Wissenschaft, Technik und Religion, München 1995.

WEIS, K. (Hg.): Was treibt die Zeit? Entwicklung und Herrschaft der Zeit in Wissenschaft, Technik und Religion, München 1998.

WEISS, J.: Die Soziologie als Gegenwartswissenschaft, in: R. Hettlage/L. Vogt (Hg.), Identitäten in der modernen Welt, Wiesbaden 2000, 425–433.

WENDORFF, R. (Hg.): Im Netz der Zeit, Stuttgart 1989.

WENDORFF, R.: Der Mensch und die Zeit, Opladen 1988.

WENDORFF, R.: Zeit und Kultur. Geschichte des Zeitbewußtseins in Europa, Opladen [3]1985.

WHITROW, G. J.: Die Erfindung der Zeit, Wiesbaden 1999.

WOLLBOLD, A.: „Nach den Zeichen der Zeit zu forschen und sie im Licht des Evangeliums zu deuten", in: B. Pittner/Ders. (Hg.), Zeiten des Übergangs, Leipzig 2000, 354–366.

ZOLL, R. (Hg.): Zerstörung und Wiederaneignung von Zeit, Frankfurt 1988.

Personenregister